서로가 아니라면 우리가 누구에게

Lean on Me

LEAN ON ME
Copyright © Lynne Segal 2023
All rights reserved.
Korean translation © 2025 by Nikebooks

이 책의 한국어판 저작권은 대니홍 에이전시를 통한
저작권사와의 독점 계약으로 니케북스에 있습니다.
저작권법에 의해 한국 내에서 보호를 받는 저작물이므로 무단 전재와 복제를 금합니다.

서로가 아니라면 우리가 누구에게

급진적 돌봄의 정치학

린 시걸 지음 — 정소영 옮김

Lean on Me

니케북스

추천의 글

영국 여성 해방운동에서 중요한 인물 중 한 사람이 전하는, 오늘날 정치를 위한 중요한 교훈이 담겨 있다. 시걸은 우리가 다른 사람의 돌봄에 의존하는 것은 삶의 불가피한 요구사항일 뿐만 아니라 더 나아가 그 의미의 궁극적 원천임을 상기시킨다.

—아미아 스리니바산, 《섹스할 권리The Right to Sex》 저자

회고록인 동시에 선언문이기도 한 이 멋진 책은 페미니스트 사회주의의 개인적인 역사를 정리해 보여주고, 린 시걸은 인도적인 지혜와 함께 더 나은 정치로 나아가는 방법을 제시한다.

—헬레나 케네디, 영국 왕실 고문

다른 사람들과 함께, 그리고 다른 사람들을 위해 살아온 삶에 대한 강력하고 정직하며 열정적인 이야기이며, 이 이야기는 개인주의 이데올로기를 관통한다. 상호의존은 우리가 생존하고 번영하는 방

법이고 시걸은 우리가 어떻게 이를 매일 평생에 걸쳐 실천하는지 보여준다. 우리 모두의 귀감이다.

―베브 스케그스, 랭카스터대학교 사회학 교수

시걸은 감동적인 회고록과 학제 간 분석을 결합하여 우리가 의존에 대해서 재고하고 자원을 사회화하고 세상을 다시 사로잡도록 가르치고, 재미와 함께 영감을 준다. 대단하다!

―조 리틀러, 《좌파 페미니즘 Left Feminism》 저자

시걸은 그녀의 법의학과 같은 분석적인 응시를 우리 시대의 가장 긴급한 사항에 돌린다. 서로 어떻게 돌보는가의 문제다. 현대 자본주의와 우리의 파괴된 지구와 부상하는 포퓰리즘을 통해 그녀의 주제를 살펴보며 시걸은 급진적인 해결책이 시급하게 필요하다는 사실을 분명히 한다. 급진적인 해결책만이 우리가 인간으로서의 상호의존성을 재확인하고, 서로에게, 특히 가장 도움이 필요한 이들에게, 인정과 돌봄과 지지를 제공할 수 있게 할 것이다.

―멜리사 벤, 《삶의 교훈들 Life Lessons》 저자

시걸은 더 배려하는 미래가 가능할 것이라는 희망을 계속 품고 있다. 복지 국가에 대한 절망이 커지는 시대에 힘을 북돋아 주는 메시지는 큰 도움이 될 수 있다.

―에이미 홀, 〈뉴 인터내셔널리스트 New Internationalist〉

집단의 힘을 불러일으키며 보낸 삶에 대한 직접적인 기록.

―레이첼 앤드류스, 〈아이리시 타임스 Irish Times〉

시걸은 좀 더 자비로운 사회를 위한 투쟁에는 몇 가지 주요한 정치적 변화가 필요하다는 점을 분명히 하고 있다. 이러한 변화들은 추상적인 것이 아니라, 보다 공정한 임금, 민주적으로 운영되는 서비스, 기후정의 운동에 뿌리를 둔 아이디어다. 시걸은 이것들을 연결하고 증폭시키라고 촉구한다.

―마이크 핍스, 〈노동 허브 Labour Hub〉

시걸은 급진적 페미니즘 정치에 대한 흥미로운 역사적 통찰과 함께 그 잠재적 미래에 대한 비전을 제공한다. 그 결과, 대중적인 좌파 사상의 한 흐름에 대한 낙관적이고 활기찬 해석이 탄생했다.

―〈퍼블리셔스 위클리 Publishers Weekly〉

독성이 강한 초개인주의 시대에 꼭 읽어야 할 책.

―〈커커스 리뷰 Kirkus Reviews〉

차례

추천의 글   4

서문
우리는 서로에게 의지하며 살아간다   8

1장_저런 사람을 엄마라고 불러야 할까?   33

2장_교육의 가치   75

3장_페미니스트의 삶   119

4장_어려운 문제는 누구에게나 있다   183

5장_지구 복구하기   231

6장_돌보는 미래   275

감사의 말   317

참고문헌/찾아보기   321

서문

우리는 서로에게 의지하며 살아간다

"나는 항상 낯선 사람의 친절에 의존해 왔습니다." 미국의 극작가 테네시 윌리엄스Tennessee Williams가 쓴 희곡 《욕망이라는 이름의 전차》에서 비극적인 인물 블랑쉬 뒤보아Blanche DuBois가 남긴 유명한 마지막 대사다. 나는 최근에 또 다른 블랑쉬, 연극평론가인 블랑쉬 마빈Blanche Marvin 으로부터 이 대사의 기원에 대해 새로운 사실을 알게 되었다. 이 대사는 생의 많은 시간을 정신병원에서 보낸 윌리엄스의 누나 로즈의 운명에 기초했다고 알려져 있는데 사실 마빈 자신이 한 말이었다고. 그녀의 좋은 친구였던 테네시가 늘 낯선 사람들에 둘러싸여 호텔 방에서 생활하는 것에 대해 불만을 토로할 때 그를 안심시키기 위해 했던 말이었다고 한다. 원래 마빈이 한 말은 "나는 낯선 사람에게서 친절만을 느꼈고 당신도 그럴 수 있어"였다.[1]

사실이다. 우리는 모두 낯선 사람들의 친절에 의존한다. 그러면서도 우리는 보통 우리의 자립성이 다른 사람의 돌봄과 존중으로 유지되는 것을 당연하게 여긴다. 돌봄이 없는 삶은 없다. 우리는 모두 살아남기 위해 여러 가지 방법으로 돌봄을 받고 돌봄을 제공한다. 물론 어떤 사람들은 좀 더 많은 돌봄을 받기도 하지만 말이다. 현재 영국에서는 많은 사람들이 심각한 돌봄 부족으로 고통받고 있다. 이는 사회계층에서의 위치와 사회적 불이익과 밀접한 상관관계가 있는 질병·사망률을 통해 나타나는 심화하는 불평등에서 명백히 드러난다. 우리가 주는 것과 받는 것이 우리의 자율성이나 의존성에 따라 일생에 걸쳐 상당히 변한다고 여겨진다. 그러나 내 경험뿐만 아니라 주변을 자세히 살펴보니, 아무리 오래 살아도 다른 사람에 대한 의존도는 우리가 생각하는 것만큼 많이 변하지 않는다. 적어도 유아기를 지나고 아주 나이가 많이 들기 전까지는 말이다.

  삶의 모든 단계에서 우리는 우리의 존재를 인정받고 생계를 위해 다른 사람에게 기댄다. 정말이지 다른 선택의 여지가 없다. 페미니스트 사상가들이 항상 강조했듯이, 우리가 저마다 개성 있는 자아가 되고 세상에서 우리의 위치를 알고 어떻게 끊임없는 도전을 극복할 수 있는지 알아가는 과정에서 우리는 개인적, 공적 관계를 통해 받는 지지에 평생 의존한다. 더 나아가 우리는 자신을 존중하기 위해 다른 사람들의 도움과 존중에 의존할 뿐만 아니라, 다양한 편집증적 유아론에 빠지지 않으려면 다른 사람들을 돌보고 배려할 수 있어야 한다. 특히 나이가 들면서 삶에서 가장 중요한 것들은 우리가 다른 사람들이 잘 살 수 있도록 도움을 주었던 다양한 방식에서 비롯될 가능성이 크다.

오랫동안 사랑받아온 아동문학 작가 루이스 캐럴Lewis Carroll은 예배와 성직을 중요하게 생각하는 고교회파 High Church 보수주의자였을지는 몰라도, 그가 친구인 배우 엘렌 테리Ellen Terry와 나눈 통찰은 "인생의 깊은 비밀 중 하나는, 진정으로 가치 있는 일은 우리가 다른 사람들을 위해 하는 일이다"[2]였다. 우리가 단순히 개인적 야망이 아니라 다른 사람을 향한 관심을 통해 번영한다는 것은 인간의 존재에 가장 세심한 관심을 기울인 이들의 사색에서 반복해서 나타나는 생각이다.

정신분석학자 에리히 프롬 Eric Fromm은 잘 사는 기술에 관해 글을 쓰면서 우리는 타인과의 관계와 이것이 불러일으키는 책임을 통해서만 번영할 수 있다고 주장했다. 그는 죽기 몇 년 전인 1976년에 평생의 임상 관찰을 요약하며 "나누고 주고 희생하고자 하는 욕구의 빈도와 강도는 인간이라는 종의 존재 조건을 생각하면 놀랍지 않다"고 밝혔다. 그러나 곧바로 "놀라운 점은 산업 (그리고 다른 많은) 사회에서 이기적 행위가 규범이 되고 연대의 행위가 예외가 될 정도로 이러한 욕구가 억압될 수 있다는 것"이라고 덧붙였다.[3]

——•——

지난 40년 동안 시장 규제 완화와 복지 지원 축소가 진행되면서,

국가의 직접적인 재정 지원이나 기타 복지 제공이 필요한 사람들은 '의존자'라는 낙인이 찍혔고 이들에 대한 경멸이 점점 심해졌다. 이러한 관행은 전 세계적으로 불평등의 심화를 초래했다. 이는 모두 '자수성가한 남자'(오늘날에는 성취도가 높은 여성일 수도 있다), 승리한 신자유주의적 주체, '승자'에 대한 지속적인 숭배와 맞닿아 있다. 이들은 '패자'의 징징거림으로 일축되는 것들에 대해 한 치의 시간도, 인내심도 허락하지 않는다.

개인의 독립성을 높이는 것과 인간의 의존성을 인정하는 것 사이의 싸움은 새롭지 않다. 많은 이들이 지적했듯이, 성인기의 완전한 자율성에 대한 강조는 자유주의의 아버지로 알려진 계몽주의 철학자 존 로크John Locke 사상의 중심이었다. 로크는 자신의 저서에서 개인의 자유에 대한 조건을 정립하면서, 개인의 자유를 "인간이 다른 사람의 허락을 구하거나 의지하지 않고, 자연법칙의 테두리 안에서 자신이 적절하다고 생각하는 대로 행동하고 자신의 소유물과 신체를 처분할 수 있는 완전한 자유의 상태"로 규정했다.[4]

100년 후, 서구 철학의 또 다른 핵심 사상가 임마누엘 칸트Immanuel Kant는 인간은 "자기 *자신이* 이해한 대로 행동할 용기"로 어린 시절의 미성숙함에서 벗어나 "다른 사람의 지도 없이도" 합리적 사고를 할 수 있음을 증명해야 한다고 주장하며 로크의 사상을 반복했다.[5] 이러한 끊이지 않는, 전적으로 자립적인 개인에 대한 찬양은 사유재산 및 현대 시민권 개념과 연결된다.

그러나 나는 성인으로 살아가면서 매우 다른 견해들을 접했다.

그것들은 수년에 걸쳐 주권적 자아의 개념에 대한 집착에 강력한 의문을 제기했던 페미니스트 사상가들에 의해 가장 명료하게 표현되었다. 이 학자들은 우리의 평생 취약성에 대한 인식에 기초해 대안적인 철학적 전통을 구축했다.

칸트 사상에 대한 최근의 페미니스트 비평에서 이탈리아의 철학자이자 페미니스트인 아드리아나 카바레로Adriana Cavarero는 여기서 작용하는 자아의 모델을 직립 남성, '호모 에렉투스'로 설명한다. 더 부드럽고 더 배려심이 깊은 '성향'을 지닌 여성들은 항상 이러한 남성들의 '고집스러운' 자율성과 독립성을 위협하고 그들이 유년기의 의존과 복종의 상태로 돌아갈 수 있다는 두려움을 자극한다. 카바레로는 '성향inclination'의 어원이 그리스 철학에서 유래했다는 것에 주목한다. 그리스 철학에서 'incline'은 몸을 숙이는 것lean down, *자신을 낮추는 것*을 의미한다.

철학자들은 대다수가 남성이었기 때문에, 그들은 역사적으로 사랑을 표현하고, 받고, 욕망하는 자신들의 욕구를 포함하여 (어쩌면 특히 더) 타인에 대한 이러한 필요를 일종의 불안감을 가지고 바라보았다. 카바레로의 관찰에 따르면 타인에 대한 욕구를 인정하는 것은 남성의 "자기중심적 수직성"을 약화한다. 더구나 여성들은 전통적으로 남성보다 덜 합리적이라고 여겨졌지만, 역사적으로는 겉으로는 의존성을 거부하는 남성들에게 도전할 수 있는 위험한 존재로 인식되었다. 그리고 여성이 일반적으로 위험한 성으로 여겨졌다면, 성숙한 남성성에 대한 근본적이고 원초적인 위협을 의인

화한 것은 특히 어머니였다.

또한 카바레로는 철학적 추상성에서 매우 구체적인 것으로 좁혀 내려가면서 "칸트는 어머니, 아이들, 유모를 사랑하지 않았으며, 대부분의 남성 철학자처럼 회개하지 않는 독신남이었고, 우는 아이들을 못 견뎌 했다"라고 지적한다.[6] 우리가 여러 세대에 걸쳐 남자들에게서 들어온 것처럼, 그는 이와 같은 점에서 혼자가 아니었다. 자신이 원하는 작가는 절대 될 수 없으리라는 것을 이미 알고 있던 비평가이자 작가 시릴 코널리Cyril Connolly는 1938년에 "좋은 예술의 가장 암울한 적(敵)은 복도에 있는 유모차"라고 경고했다.[7]

인간 조건의 가장 기본은 자율과 권력에 관한 주장이 아니라 관계성과 취약성에 대한 인정이다. 카바레로는 다른 페미니스트 사상가들을 따라 좀 더 화려한 방식으로, 관계성 전반의 가치를 중요시하는 모델로서 모성적 유대를 강조한다. "모성적 성향은 공동체의 핵심을 재고하는 것이 목적인, 색다르고 좀 더 파괴적이며 혁명적인 기하학의 모듈로 작용할 수 있다."[8]

카바레로가 쓴 《성향Inclinations》은 (부러움으로 비난받지 않을 때는) 존경받는 또 다른 페미니스트 철학자 주디스 버틀러Judith Butler의 에세이 모음집이 출간된 지 불과 10년이 조금 넘은 시점에 발표되었다. 《위태로운 삶》에서 버틀러는 증가하는 전 지구적 폭력에 맞서서 우리는 항상 우리의 "불가피한 상호의존성"을 인식하는 것부터 시작해야 한다고 주장했다.[9] 버틀러는 우리가 공유하는 취약성을 인정하는 것은 우리의 공통점이 추론하는 능력보다는 고통에 대한 잠재력에 있다는 점을 의미한다고 설명한다. 따라서, 전통적으로 약하고 무방비 상태로 분류되는 여성과 아이들뿐만 아니라 우리 모두 돌봄과 보호가 필요하다.

버틀러와 카바레로는 (버틀러보다는 다소 약하게) 메시아주의 유대계 철학자 에마뉘엘 레비나스Emmanuel Levinas와 같은 목소리로 연결된다. 레비나스에 따르면 우리는 관계성 속에서 태어나고, 이는 우리가 항상 타인에 대해, 특히 고통받는 타인에 대해, 어느 정도 *책임*을 져야 한다는 의미다. 언제나 우리의 개입을 요구하는 것은 필요와 고통의 얼굴이다.[10] 이것이 오늘날 많은 페미니스트 철학자가 인간성의 규범이 우리 취약성의 보편성을 받아들이는 데 기초한 새로운 형태의 인본주의를 주장하는 이유다.

그렇다면 우리는 다시, 의존성과 자율성 사이의 끊임없는 투쟁에 대한 유사한 평가를 위해 정신분석학을 불러올 수도 있다. 정신분석학에서 인간은 모두 의존 상태로 태어날 뿐만 아니라, 합리적이라고 추정되는 우리의 의식적 자아는 결코 실제로 주권을 갖지 않는다. 지그문트 프로이트 Sigmund Freud는 20세기 초에 "자아 ego는 자기 집의 주인이 아니다"라는 기억에 남을 만한 말을 했다.[11] 프로이트에게는 물론 우리의 생각, 감정, 행동을 결정하는 데 무의식이 중요한 역할을 하기 때문이었다. 이는 어린 시절의 타인에 대한 필요와 의존이 완전히 없어지지 않는다는 것을 확인해준다.

예리한 프랑스 정신분석학자인 장 라플랑슈Jean Laplanche는 어릴 때 형성된 의존이 평생에 걸쳐 미치는 영향에 대해 더욱 자세히 설명했다. 그는 우리를 맨 처음 돌봐준 사람, 보통은 엄마에게서 받은 메시지가 살아가면서 우리에게 점점 더 강력하고 설득력 있게 남는다고 말했다. 그 메시지들이 우리가 처음 받았을 때는 결코 해석하거나 이해할 수 없기 때문이다. 이런 처리되지 않은 의사소통은 삶의 마지막 순간까지 후속 사건과 상황에 의해 촉발되는 "수수께끼와 같은 기표"로 항상 남아 있다. 이는 정신적 삶이 결코 단순히 선형적이지 않다는 것을 의미한다. 언제든 우연한 일로 갑작스럽게 어린 시절에 겪은 사건이 소환될 수 있으며, 삶의 후반부에서 이런 일이 반복되면서 과거의 사건이 예기치 않게 되살아나거나 그것을 다시 경험하게 된다. 물론 그 경험 방식은 경우에 따라 다르겠지만 말이다.[12]

그러나 모든 정신분석가에 따르면, 아이는 항상 여전히 일반적으로 엄마인 첫 번째 양육자에 대한 전적인 의존과 에로틱한 애착 상태에서 생을 시작한다. 이것은 특히 남자아이에게 문제가 되는데, 사회와 양육자에게 단호히 지시받는 대로 '정상적인' 남성성을 향한 여정을 시작하면 어떻게든 초기의 의존 상태를 억누르거나 부인해야 한다.

우리가 평생 누군가에게 의존하고 공통적으로 취약한 점이 있다는 사실을 이와 같이 다양한 방식으로 강조하는 것은 역사적으로 법과 정치에 영향을 미치는 합리적이고 자율적인 주체에 대한 우리의 믿음을 깨는 데 도움이 될 것이다. 실제로 어떤 사람들은 단순한 성찰이나 주변 사람들에 대한 주의 깊은 관찰을 통해 쉽게 파악할 수 있는 것, 즉 우리는 서로 의존한다는 사실을 확인하기 위해 굳이 철학적 사상이나 정신분석학적 성찰을 통한 우회가 필요치 않다고 느낄 수도 있다. 그런데 슬프게도 그렇게 간단한 문제가 아니다.

'나는 당신 없이는 아무것도 아닙니다'라는 생각은 낭만적인 열정의 순간을 제외하고는 거의 표현되지 않는다. 우리는 더 넓은 사회적 소속의 산물인 다른 사람들, 즉 가족, 친구, 낯선 사람, 심지어 적과의 지속적인 유대 관계를 통해서만 우리의 자아의식을 형성한다는 사실을 거의 인식하지 못한다. 처음 숨 쉴 때부터 마지막 숨이 꺼질 때까지 우리는 인간으로서의 존재를 유지하기 위해 주변 사람들에게 의지한다.

우리가 누구이며 무엇인가에 대한 이해, 다시 말해 우리가 드러내려는 자신감이나 감추고 싶은 불안감, 삶을 설계하거나 또는 묻어두려고 하는 방식, 우리가 머릿속에 담아두지 못하거나 아니면 너무 쉽게 잊어버리는 것들에 대해 논의하는 일은 거의 없다. 하지만 이 모두가 현재 경험하고 있는, 또 지금까지 경험했던 다른 사람들과의 만남의 결과다. 그들의 기억은 우리의 기억을 형성하고, 그들의 통찰력은 우리의 비전을, 그들의 먼눈은 우리의 기억상실을 형성한다. 다른 사람에 대한 이러한 필요는 생존의 핵심이다. 심지어 죽은 후에도 우리는 다른 사람들의 마음속에서 '살아간다'.

우리의 상호의존성 그물망은 돌봄과 그 부족에 관한 문제를 모든 것의 중심, 그리고 확실히 (어떤 종류이든 간에) 진지하게, 진보적인 사고의 중심에 놓는다. 인간의 생존에 유리한 지속 가능한 세계에 대한 우리의 의존성을 고려할 때 그 문제는 인간의 협력을 넘어 확장되지만, 또 항상 인간의 협력을 포함한다. 이는 우리의 건강, 복지 및 보호를 위해 우리가 기댈 수 있는 (또는 거부되는) 모든 것에서 시작된다. 특히 영국과 미국에서 불평등의 증가로 인해 상황이 극적으로 악화되었는데, 가장 부유한 사람들과 가장 가난한 사람들 사이의 10년이라는 수명 격차가 이를 입증한다.

이러한 점을 고려할 때, 이 책 전반에 걸쳐 내가 되짚을 질문은 왜 '의존성'(다른 사람과 기본적인 돌봄 인프라에 대한 우리의 의존을 뜻한다.)이라는 개념이 계속 약점으로 인식되어 '의존하는' 사람들을 환자로 취급하거나 그들에 대한 비난을 조장하는가이다. 이러한 잘못된 사회 분위기는 신체적, 정신적으로 취약한 사람들에게 보이는 호의가 기껏해야 우월감에서 비롯된 것이면서도 장애와 노령에 대한 두려움이 사회 전반에 퍼져 있는 현실을 포함한다.

단언컨대, 우리는 모두 의존적이다. 그러나 차이가 있다. 부유할수록 일상적으로 타인의 도움에 더 많이 의존한다. 요즘에는 부유한 사람들을 위해 일하는 사람들을 '하인'이라 칭하지는 않는다. 그러나 저임금 노동자들로 이루어진 수행원들은 여전히 신분을 나타내는 명백한 표식으로 기능한다. 내 요점은 부자는 자신을 돌보는 사람에게 전적으로 의지하면서도 자신들의 온전한 주체적 의지와 권리를 유지한다는 것이다. 그들은 자신들을 도와주는 사람들을 언제든 해고하거나, 또는 한순간에 필요 없다고 결정할 수도 있다.

그러나 만성 질환자와 같이 가장 돌봄을 받을 자격이 있는 사람들은 국가에 자신들의 권리를 주장할 때 심한 굴욕을 감수해야 한다고 꾸준히 보고한다. 중증 장애가 있는 내 친구 사라 벤튼Sarah Benton은 노동연금부Department for Work and Pensions에 당시 장애 생활 수당이라고 불리던 수당을 처음 신청했을 때 계속해서 굴욕을 느꼈던 일에 관해 썼다. "부서의 의사소통에는 비난과 악의적인 분위기가 있다"며, 그것은 마치 "어떤 구실로든 청구인이 무조건 기분이 나빠져야만 하는 것 같았다"고 밝혔다. 몇 년 후 이름이 변경된 '개인독립수당Personal Independent Payment, PIP'을 받기 위해 평가를 받을 때 그녀는 "언제 직장에 복귀할 계획"이냐는 질문을 받았다. 평가자는 그녀가 67세이고, 진행성 다발성 경화증을 앓고 있으며, 거의 걷지 못하고, 바로 그런 상태 때문에 사랑했던 일을 그만두어야 했다는 사실을 알고 있었다.[13]

그래서 기본적인 의존의 필요 사항이 충족되지 않으면 우리는 자율성을 얻을 수 없다는 사실을 깨달아야 한다. 돌봄의 개념은 돌보는 사람과 돌봄을 받는 사람 모두의 역량을 증진하는 데 필요한 모든 자원을 통합하도록 확장되어야 한다. 동시에, 어떤 상황에서든 좋은 돌봄 관행에서 나타나는 상호관계적 공감의 가치를 이해하는 것이 중요하다. 부족한 시간과 자원으로 심한 압박에 시달리는 돌봄 관계일지라도 말이다. 우리는 모두 돌봄을 주고받아야 하지만 이를 잘 수행하려면 시간과 지원과 자원이 필요하다. 관계 안에서 상호 인정이나 연민과 공감이 없다면 돌봄은 통제, 학대, 심지어는 잔인함의 형태로 변질될 수 있다.

팬데믹과 돌봄 위기, 낯선 이들의 친절

내 평생 동안, 코로나19 팬데믹과 함께 한 2020년 초처럼 삶 자체에 위협을 느끼거나, 돌봄과 취약성에 관한 생각이 그토록 중요하게 다가왔던 적은 없었다. 이것이 바로 한동안 돌봄 문제가 갑자기 공적 토론의 중심으로 옮겨진 이유다. 지금까지 주류 언론은 주로 '일하는' 엄마들이 비난받는 '래치키 아이들 latchkey children'(래치키는 빗장을 여는 열쇠로 래치키 아이들은 집 열쇠를 가지고 다니는 아이들, 즉 부모가 모두 직장에 있어서 학교가 끝난 후 혼자 집 문을 열고 들어가고 스스로를 돌봐야 하는 아이들을 일컫는다. – 옮긴이)의 처지에 관해 도덕적 공황에 빠진 듯 집중했고, 실패한 요양원들에 대한 스캔들을 다루었다. 그런데 요즈음에는 우리의 모든 돌봄 기관이 붕괴 직전에 있다는 소식, 기본적인 편의 시설의 실종과 모든 면에서 심화하는 불평등으로 인해 많은 나라들이 상처받고, 그 결과 도움이 필요한 많은 사람들에게 심각한 돌봄 부족이 발생하고 있다는 이야기를 끊임없이 전한다. 이런 상황은 특히 영국에서 심한데, 팬데믹이 최고조에 달했을 때 병원의 역량이 한계를 넘어섰고 직원들은 늘 지쳐 있었다. 가정에서 돌보는 사람, 특히 엄마들은 일과 돌봄의 책무를 병행하며 아무 지원 없이 어찌할 줄 모르는 상태였다. 그러나 코로나19의 교훈은 쉽게 잊히는 듯 보여도 사실 이보다 훨씬 더 깊게 파고들었다.

첫째, 팬데믹은 우리가 공동의 세계에 살고 있다는 사실을 조명했다. 어떤 국경도 우리를 다른 곳의 재난으로부터 완벽하게 보호할 수 없다. 어떤 식으로든 그것은 모든 사람에게 영향을 미친다. 팬데믹은 너무나 분명하게 전 지구적인 재앙이었지만 우리가 전 지구적으로 대처하지 못해서 그 지속 기간이 길어졌다. 한가지 예는 부유한 국가, 특히 막대한 수익을 올리는 제약 회사가 가난한 국가와 코로나 백신을 나누기를 거부한 일이다.

더욱이 코로나19는 모두에게 영향을 미쳤지만, 건강, 사망률, 안보, 그리고 건강한 삶에 있어서 극단적인 불평등을 명백하게 드러냈다. 미국과 마찬가지로 영국에서도 더 빈곤한 지역의 주민들 사이에서는 더 열악한 생활 환경과 더 위험한 고용 형태로 인해 코로나19 사망률이 평균 사망률의 4배에 달했다.[14] 흑인과 소수인종 그룹도 훨씬 높은 코로나19 사망률을 경험했는데, 이는 고위험 생활 패턴과 노동 환경과 연관이 있을 뿐 아니라 제도적인 인종차별로 인한 차별과 배제의 지속적인 영향이 반영되었다.

또 다른 요소는 돌봄을 전문으로 하는 일에 자주 고용되는 흑인이나 소수인종 작업자가 적절한 개인보호장비와 기타 안전장치로 거의 보호받지 못했다는 점이다. 코로나19 사망자로 인해 분명히 더 극적으로 드러나긴 했지만, 이와 같은 차별적인 건강 관련 결과는 사실 팬데믹이 발생하기 오래전부터 보고되어 왔다. 영국의 전염병학자이자 공중보건 연구자인 마이클 마멋Michael Marmot은 수십 년 동안 건강 관련 불평등을 폭로해 왔다. 특히 팬데믹 이전 10년 동안 영국의 다양한 지역과 인종 간의 건강과 수명의 격차가 급격

히 확대되었다는 것을 밝혔다.[15]

 이는 영국이 왜 팬데믹 초기에 유럽에서 최악의 코로나19 사망률을 보였는지를 설명한다. 10년간 계속된 공공의료 지원 축소와 가장 높은 수준의 불평등이 결합된 결과다. 2010년 이후 이데올로기적으로 추진된 긴축정책으로 코로나19 이전 수년 동안 의료 지원이 거의 25퍼센트나 삭감되면서 의사, 간호사와 대부분의 돌봄 종사자가 급격히 부족해졌다. 정부의 부주의와 대규모의 비참함을 이용해서 얻어낸 폭리의 증가는 팬데믹 초기 2년 동안 계속되었다. 소생술에 필요한 인공호흡기가 부족한 상황에서, 또 팬데믹 초기에 코로나19 검사를 계속 해야 한다는 세계보건기구 WHO의 지시를 사람들이 따르지 않는 상황에서 의료진과 간병인들은 앞치마 대신 휴지통용 비닐을 입고, 위생 장갑 대신 정원용 장갑을 착용해야 했다는 드라마 같은 이야기도 있었다. 자유주의 저널리스트인 조나단 프리드랜드 Jonathan Freedland는 팬데믹이 발생한 첫 3개월 후 "영국의 코로나19에 대한 대응 실패는 영국의 오랜 역사에서 가장 심각한 공공행정의 실패 중 하나"라고 결론지었다.[16]

 사람들은 코로나19 재난으로 인해 뒤늦게나마 정부가 국가 돌봄 인프라를 재건할 것이라고 기대했을지도 모른다. 그러나 영국에서는 정반대의 현상이 나타났다. 의료 및 사회복지에 투자하는 대신 조사나 입찰 과정 없이 복지를 괄시하고 다국적 기업에 수십억 파운드를 쏟아부었다. 그중 다수는 이미 실패로 악명이 높다. 영국에서는 적어도 정부가 공공부문을 더욱 약화하는 다국적 기업 부문의 역할을 심화시키기 위해 팬데믹을 이용한 것이 분명하다. 당시 영국 총리였던 보리스 존슨Boris Johnson은 토리당 대회에서 다음과 같이 발표했다. "우리는 국가가 물러서고 민간 부문이 그 문제를 다루도록 해야 하는 순간이 온다는 점을 분명히 해야 합니다." 이러한 입장은 많은 토리당 기부자들에게 부정부패한 횡재의 기회를 만들어주었다. 그들과 연결된 기업들이 정상적인 조달 과정을 거치지 않고 뜬금없이 기존 기업 행보와 관련 없는 상품을 공급하며 이익을 취했다. 실제로 그 이후로 믿을 수 없을 정도로 많은 부패가 드러났다.[17]

코로나19 팬데믹이 전 지구적으로 국가 내외에서 불평등이 심화하는 결과를 초래했다는 것은 놀라운 일이 아니다. 억만장자들은 자신의 부가 치솟는 것을 목격했지만, 많은 다른 사람들은 빈곤과 방치와 악화되는 건강 상태에 더 깊숙이 갇혔다.[18] 세계은행 데이터에 따르면 평등을 향한 모든 진전이 역행되었으며 이제는 불평등이 더욱 고착될 위험이 있다. 우리는 지금 저소득층, 청년, 여성, 비정규직 근로자 등 모두 급격한 실직과 소득 손실에 직면해 있는, 모든 취약계층의 고통이 증가하고 있는 현실을 보고 있다.[19]

이와 같은 암울하고 분노를 일으키는 정부와 기업의 실패는 세계은행만을 괴롭히는 문제가 아니다. 영국에서는 증가하는 불평등과 불의를 비난하기 위해 노동조합과 다수의 캠페인 단체가 거리로 나서는 등 시위가 급증했다. 팬데믹 직전에 나는 몇몇 친구들과 함께 《돌봄선언》을 출간했는데, 이 책에서 코로나19 이전에 이미 널리 퍼진 돌봄 위기에 대처하는 방법들에 대해 말했다. 그것은 즉각적인 공감을 이끌어냈다. 많은 다른 사람들이 이제 비슷한 주장을 하고 있다. 좌파가 돌봄을 최우선으로 앞세우는 데 결코 충분히 기여하지 않았다고 지적하거나, 지난 반세기 동안 더욱 그 목소리가 커진, 돌봄에 기반을 둔 경제에 대한 페미니스트 요구를 장려하고 있다. 여성예산그룹Women's Budget Group의 페미니스트 경제학자들도 "돌봄 경제는 이제 때가 된 개념이다"라고 선언했다.[20]

또 다른 곳에서는 나오미 클라인Naomi Klein이 주축이 되어 작성된 《도약 선언The Leap Manifesto》이 돌봄에 기반한 캐나다를 요구한다. 이 선언문은 지역 경제 재건을 방해하는 모든 무역 거래에 반대하고 영리기업에 대한 규제와 자연을 훼손하는 채굴 사업을 거부할 것을 요구한다.[21] 유럽 전역에서는 유럽진보연구재단Foundation for European Progressive Studies, FEPS이 젠더평등과 돌봄을 개선할 방법을 모색하며 다음과 같은 질문을 하는 새로운 유럽 젠더전략으로 2020년을 맞았다. "유럽이 돌봄을 신경 쓰는가?"[22] 라틴 아메리카, 아시아, 사하라 이남 아프리카 출신 여성들FEMNET은 그들만의 〈돌봄선언Care Manifest〉을 작성했고 "페미니스트적이고 지속적이며 회복력 있고 포용적이며 배려하는 경제와 미래를 구축하기 위해 돌봄 경제에 대한 과감한 재고가 필요하다"고 주장했다.[23]

여전히 스스로를 세계에서 가장 부유한 국가(비록 가장 불평등하기도 하지만)라고 생각하는 미국에서는 현재 내로라하는 페미니스트 돌봄 이론가들이 돌봄의 체계적 실패는 민주주의 자체를 훼손

한다고 주장한다. 이들 중에는 조앤 트론토Joan Tronto를 비롯, 이바 키테이Eva Kittay, 낸시 폴브레Nancy Folbre, 다니엘 엥스터Daniel Engster 등이 있다. 트론토는 모두를 위한 적절한 돌봄을 보장하기 위해 사람들이 함께 일해야 하며 모든 사람이 그것이 이루어지기 위해 어느 정도 역할을 해야 한다고 주장한다. 즉, "돌봄 면제"가 있어서는 안 된다는 것이다. 마지막으로 트론토는 "의존은 우리 모두의 삶을 규정하는 사실"이기 때문에 진정한 자유는 "우리가 신경 쓰는 것에 관심을 가지고 헌신하는 우리의 역량"에 있다는 데 동의한다.[24] 또 정치 이론가인 낸시 프레이저Nancy Fraser나 인류학자인 로라 브릭스Laura Briggs 같은 사람들은 돌봄의 위기가 이제는 현대 자본주의의 주요 재앙이라고 수년 동안 지적해 왔다.[25]

팬데믹으로 인해 사람들의 돌봄에 대한 확신이 실제적인 방식으로 확장되었다. 처음부터 '상호지원'이라고 명명된 여러 그룹이 영국 전역에 급증했다. 그 이름은 1900년경 러시아 무정부주의자 피터 크로폿킨Peter Kropotkin이 개발한 개념에서 파생되었다. 바이러스가 발생한 바로 첫 달에 각계각층의 자원봉사자들이 자가 격리 중인 노인들을 돕기 위해 상호지원 그룹에 등록했다. NHS(영국 국민보건서비스)가 그들의 일을 도와줄 자원봉사자 25만 명을 요청했을 때, 세 배가 넘는 사람들이 응답했다. 상호지원 그룹은 영국 전역에 생겨난 푸드뱅크와 연계해 서비스를 제공하고 물건을 배달하겠다는 수많은 자원봉사자들을 배치하고 관리하는 일을 계속하면서, 다른 종류의 지원 작업에도 참여하려고 시도했다. 여기에는 집에서 고립되어 있거나 불안해하는 것으로 알려진 사람들, 특히 노인들을 방문하거나, 병원에 있는 사람들을 위해 휴대폰을 기부하고 아이들이 가정 학습을 할 수 있도록 노트북을 기부하는 활동이 포함되었다.

1년 안에 영국 여러 지역공동체에서 활동하고 있는 자원봉사자 300만 명이 기본적인 지원과 배달 서비스를 제공할 뿐 아니라 노숙인, 부채, 정신 건강 문제 같은 보다 복잡한 문제를 해결하기 위해 애쓰는 것으로 추산되었다. 런던정경대학교London School of Economics, LSE의 두 연구자 앤 파워Anne Power와 엘리 벤튼Ellie Benton이 상호지원 그룹에 관한 연구에서 언급했듯이 자원봉사는 사람들에게 목적의식을 제공하고 봉쇄 기간 동안 바쁘게 지낼 수 있도록 했다. 그러나 연구자들의 견해에 따르면 이러한 상호지원 그룹이 팬데믹 이후에도 생존하고 유용하게 유지되기 위해서는, 즉 "상호지원 그룹 자체가 번성하도록 돕기 위해서는 더욱 협력하고 지지하는 사회 인프라가 필요"하다.[26]

확실히 지난 10년 동안 영국 전역에서 민주적으로 운영되는 이웃 포럼과 돌봄 허브가 생겨나 지역공동체가 긴축 체제에 저항하고 살아남을 수 있도록 도왔다. 저널리스트 수잔나 러스틴Susanna Rustin은 런던 북서부의 퀸즈파크 주민들이 설립하고 운영하는 런던 최초의 '커뮤니티 의회'의 의장으로 활동했는데, 그 경험을 바탕으로 '나누는 이웃 관계'의 중요성을 강조한다. 이는 부분적으로 내가 1970년대에 관여했던 공동체 정치의 형태를 떠올리게 했는데, 러스틴은 이러한 공동체 참여가 사람들이 어려운 시기를 이겨낼 수 있게 도와주고, 더 큰 민주적 참여를 장려할 수 있다고 주장한다. 그녀는 "우리가 긴축의 가장 잔인하고 반사회적인 영향에 대항해 방어벽을 구축했다고 생각한다"고 밝혔다.[27]

팬데믹을 겪으면서 지방자치단체가 사회주의를 공식적으로 시도하는 일에도 관심이 증가했는데, 영국 북서부의 가난한 자치단체 중 하나에서 출범한 프레스턴 모델Preston Model이 모범적인 사례로 꼽힌다. 중앙정부가 복지 예산을 삭감한 후, 프레스턴 의회는 지역주의와 노동자 협동조합을 장려하기 시작했고, 공공부문의 우선순위를 지역 공급자와 노동자 소유 협동조합에 대한 투자로 돌렸다. 내가 속한 이즐링턴 지역을 비롯해 다른 지역에서도 외주화된 공공 서비스를 '지역 내'로 다시 가져오기를 희망하면서 비슷한 움직임을 시도했지만, 중앙정부의 가혹한 자금 삭감은 언제나 그러한 가능성을 제한했다.

영국 밖에서는 이미 급진적인 지방자치제를 위한 훨씬 더 야심 찬 노력이 있었다. 가장 두드러진 사례는 스페인 바르셀로나에서 2015년에 급진적인 사회활동에 참여했던 아다 콜라우Ada Colau가 시장으로 선출된 일이다. 미국에서 가장 빈곤한 지역 중 하나인 오하이오주 클리브랜드의 지방 정부에서도 비슷한 움직임이 있었다. 클리브랜드 모델Cleveland Model이라고 알려졌는데, 주 정부 부서가 지역사회경제 발전을 지원하고 노동자 소유 협동조합을 통해 직원들이 직접 사업체를 소유하고 운영하도록 장려했다.[28]

실제로 풀뿌리 활동이 가장 두드러졌던 곳이 미국이다. 심각한 수준의 불평등과 인종차별, 경찰의 만행과 투옥에 더해 정치인에 대한 극도의 불신이 있었기 때문이다. 2020년 3월 코로나19가 발생했을 때 주요 도시에서 광범위한 네트워크가 형성되기 시작했고 팬데믹에 직면한 사람들의 필요에 대응하기 위해 수많은 자원봉사자 단체가 형성되었다. 콜로라도에서는 도서관 사서들이 평소처럼 식사를 제공받지 못하는 노인들과 아이들을 위해 필수품 키트를 준비했다. 캘리포니아에서는 베이 지역의 장애인들이 상호 돌봄을 조직했고 시애틀에서는 하나의 대규모 네크워크가 형성되어 미등록 이민자 상태인 성소수자, 흑인, 원주민 및 기타 소수인종은 물론 위기에 처했을 때 가장 먼저 영향을 받을 것이라고 예상되는 노인들과 장애인들을 돕기 시작했다.

뉴욕시에서는 자원봉사자 수만 명이 즉각적으로 바쁘게 움직였다. 약과 식료품을 배달하고 아이들과 반려동물을 돌봤으며, 심지어는 식료품과 월세를 위한 돈을 마련하는 것을 도왔다. 그리고 연예계 종사자, 성노동자, 노점상인들을 위한 구호기금도 모금되었다. 영화관과 극장이 폐쇄되기 직전에 새로운 서비스 노동자 연합이 결성되어 노동자들을 위한 지원금이 2만 5000달러 이상 모금되었고, 이러한 움직임은 전국으로 퍼져나갔다. 마찬가지로 감옥 폐지론자들은 늘어나는 수감자들의 필요를 지원하기 위한 특별 기금을 모으려고 시도했다.

〈뉴요커〉 기자인 지아 톨렌티노Jia Tolentino는 2020년에 실린

〈무엇을 도와드릴까요? 상호지원이 팬데믹 기간 동안 할 수 있는 것〉이라는 기사를 쓰기 위해 조사하면서, 이와 같은 연대와 지원의 놀라운 폭발력이 갖는 장기적인 중요성에 대해 숙고했다.[29] 톨렌티노도 자신이 사는 동네인 브루클린의 상호지원 네트워크에 즉시 참여해 활동하며 실직한 프리랜서들을 지원하고 할렘에 보이지 않는 손Invisible Hands이라는 조직을 공동 창립한 리암 엘킨드Liam Elkind도 일찌감치 찾아갔다.

며칠 만에 보이지 않는 손은 자원봉사자 1200명을 모아 환자와 노인들에게 무료로 식료품을 제공했고, 이런 활동은 곧 다른 지역으로 퍼졌다. 엘킨드는 "진부한 표현일 수 있지만, 바이러스보다 더 빨리 퍼지고 있는 것 같다"라고 말했다. 머지않아 이러한 노력은 주류에서도 지지를 얻었는데, 알렉산드리아 오카시오-코르테즈Alexandria Ocasio-Cortez 같은 좌파 민주당 의원뿐만 아니라 〈뉴욕 타임스〉도 '코로나바이러스에 대해 무력감을 느끼십니까? 그렇다면 상호지원 네트워크에 참여하세요'라는 머리기사를 내보내면서 지지를 보냈다. 그러나 이런 기분 좋은 이야기는 항상 국가 복지프로그램보다 자발주의를 우월한 것으로 옹호하는 보수주의자들에게 이용당하기 때문에, 톨렌티노는 이러한 프로젝트가 공공 지원을 받는 경우에만 비상 상황 이후에도 지속될 수 있다고 강조했다. 런던 정경대학교 연구자들도 유사한 결론에 도달했다. 자원봉사와 상호지원이 장기적으로 유지되기 위해서는 어떤 형태로든 공공 기금이 필요하다는 것이다. 더욱이 2023년 이 책이 출간된 당시, 영국에서

자원봉사활동은 실제로 역대 최저 수준을 기록했다.[30]

그럼에도 불구하고, 활동가이자 영원한 낙관주의자인 레베카 솔닛Rebecca Solnit은 2020년 5월 〈가디언〉에 상호지원을 실천하는 활동이 증가하고 있다는 점을 다루며 급진적인 집단 활동의 순간들이 때때로 버텨 살아남고, 심지어는 영구적인 네트워크와 사회운동의 형태를 생성할 수도 있다고 말했다. 예를 들어, 솔닛은 2005년에 허리케인 카트리나로 인한 피해에 대응하기 위해 만들어진 공동진료소Common Ground Health Clinic가 15년 동안이나 무료 의료 서비스를 제공했다고 언급했다.[31]

팬데믹으로 인한 일자리 소실이 언제 끝날지 예측이 불가능한 상황에서 솔닛은 이와 같은 갑작스러운 관용과 연대감의 확산이 우리의 미래 생존을 위해 가능한 것이 무엇인지, 또 확실히 필요한 것이 무엇인지 암시한다고 생각한다. 많은 자원봉사자는 '정상적인 삶'으로 돌아갈 테지만, 일부는 자신이 누구인지, 어떤 사람이 될 것인지, 또 다른 사람과의 유대에 관해, 그리고 무엇이 가장 중요한지에 대해 새로운 깨달음을 얻을 것이다. 우리는 자주 우리가 걱정하는 것보다 훨씬 더 크게 느껴지는 슬픔과 기쁨을 포용하며 삶에 대한 애착을 새롭게 할 수 있다. 더욱이, 집단적인 공포와 절망의 순간에 함께 모여 공동의 기반을 다지는 일은 아주 작은 승리라도 집단적 기쁨의 순간을 경험하게 한다.

급진적인 트랜스젠더 변호사이자 활동가인 딘 스페이드Dean Spade는 좀 더 구체적이고 실용적인 조언을 내놓는다. 음식 배달, 정원 가꾸기, 기저귀 갈기부터 경찰의 폭력에 맞서 싸우고 모든 종류의 공격으로부터 지역공동체를 보호하는 것에 이르기까지 상호지원 프로그램을 위한 일종의 매뉴얼을 제안한다. 스페이드는 《상호지원Mutual Aid》에서 연대를 구축하는 것에 대한 가능성과 어려움을 모두 살펴본다. 그는 '번아웃burnout'을 언급하며 집단 갈등의 불가피성에 대해서도 말한다. 특히 여러 변혁적 정의 프로젝트 중에서도 경찰의 폭력에 맞서는 '블랙 라이브즈 매터Black Lives Matter(흑인의 생명도 중요하다)' 운동의 중요성을 언급하며, 스페이드는 다음과 같은 결론을 내린다. "상호지원 활동은 우리가 위기를 극복하는 데 즉각적인 역할을 한다. 하지만 동시에 그것은 우리가 사회를 변혁해야 하거나 종의 멸종을 초래할 강렬하고 불균형한 고통과 직면했을 때, 전적으로 새로운 삶의 방식에 필요한 기술과 역량을 구축할 수 있는 잠재력도 가지고 있다."[32]

보다 공평하고, 평화롭고, 공정한 세상을 그릴 때 참으로 특별한 에너지가 생긴다. 적어도 이러한 상상력을 공유한다면 말이다. 몇몇 심리학자들은 정치적 행동주의와 행복감 사이의 연관성도 보고했다. 예를 들면, 팀 카서Tim Kasser와 말테 클라Malte Klar는 독일 대학생 수백 명을 대상으로 그들의 정치적 참여도, 낙관주의, 전반적인 행복감에 관해 인터뷰를 했는데 활동가들이 일관적으로 다른 학생들보다 더 큰 행복감을 느낀다는 것을 알아냈다. 함께 하는 정치 활동은 그들에게 삶의 목적의식, 의미 및 기쁨을 주었다.[33]

그러한 발견은 내게 놀랍지 않다. 평화로운 세상에서 모두를 위한 더 나은 삶을 꿈꾸는 것이 내가 아는 1960년대 급진주의자들의 상식이었을 때 나는 성년이 되었다. 이것은 곧 2세대 페미니즘의 집단적인 희망으로 바뀌었다. 우리의 열망은, 실제로 아무리 어렵더라도, 모든 곳의 여성들과 친밀한 관계를 맺는 동시에 남성이 돌봄과 가사에 참여하도록 촉구하는 것이었다. 따라서 나는 앞으로 이 책에서, 희망이 살아 있도록 에너지를 제공하는 집단적 힘을 호소하는 동시에, 나의 개인적이면서도 공유된 역사를 다시 살펴볼 것이다. 우리 시대가 아무리 암울하고 위태롭게 보일지라도 말이다.

서로가 아니라면 우리가 누구에게 기댈 수 있겠는가? 나는 항상 낯선 이들의 친절에 의지해 왔으며, 우연한 만남이 반복될 때 종종 그런 낯선 사람들을 친구와 동료로 삼고자 노력했다. 그리고 우리가 가장 처음으로 만나는 낯선 사람은 대개 우리를 세상으로 데려온 사람, 즉 엄마다.

1장

저런 사람을 엄마라고 불러야 할까?

Lean on Me

"사방이 피야!" 엄마는 하루 동안 했던 일을 설명하면서 이렇게 말했다. 엄마가 어쩌다 시간이 나서 우리 세 남매, 그레이엄, 바바라, 그리고 나와 함께 저녁 식사를 할 때면 그날 있었던 일을 이야기해 주셨는데, 이번에는 응급 제왕절개 수술에 관한 것이었다. 엄마의 능숙한 손길은 난관을 헤치고 마침내 건강한 아기를 세상에 태어나게 한 것 같았다. 내가 태어난 순간부터 엄마는 거의 집에 있지 않았다. 열심히 일하는 산부인과 의사였던 엄마는 하루가 저물 무렵이 돼서야 집에 돌아왔고, 자신의 아이들과 보낼 시간은 거의 없었다.

오래지 않아 엄마는 또 다른 환자가 '진통을 시작'(출산하는 여성에 대한 흥미로운 표현이다)한다는 어디선가 걸려온 전화를 받고 기쁘게 자리를 떴다. 나가면서 엄마는 무엇이든 우리들이 아직 먹지 않은 것을 집어 갔다. 종종 엄마는 아예 앉지도 않고 전화 옆을 맴돌며 '부름'을 받기를 기대했는데, '응급상황'이라면 더욱 흥분했다. 빨리! 빨리!

저런 사람을 엄마라고 불러야 할까? 글쎄, 우리는 그랬고, 엄마에 대해 아무런 불평도 하지 않았다. 비록 엄마라는 덧없는 존재를 가장 그리워한 사람은 나였지만 말이다. 천식을 심하게 앓던 나는 가족 중에서 '약자'였고 내가 병원에 가면 가장 먼저 엄마가 왔다. 분명 나는 엄마를 사랑했고, 성인이 되어서야 적어도 모성적 돌봄을 제공하는 사람들에게 기대하는 지속적인 존재감을 주는 측면에서, 엄마의 부인할 수 없는 몇몇 결점들을 보았다. 그녀의 만성적인 부재는 소문난 바람둥이에다가 습관적으로 짜증을 잘 내던, 의사였던 아빠에 대한 강한 분노에서 비롯되었다. 엄마는 집에서 탈출할 기회라면 뭐든 환영했다.

어느 정도까지는 버지니아 울프Virginia Woolf가 《자기만의 방》에서 말한 것처럼 "우리가 여성이라면 우리는 어머니를 통해 되돌아본다"가 맞다. 그러나 울프가 20세기 초 중상류층 세계에서 염두에 두고 소설이나 일기에 묘사했던 어머니는 아름답고 이타적인 부르주아 아내인 줄리아 스티븐 부인Mrs Julia Stephen이었다. 울프의 어머니는 여성을 남성과 동등한 존재로 보고 여성으로서의 역할에 대해 확고한 견해가 있었지만, 그럼에도 불구하고 여성은 별도의 가정 영역에 속한다고 생각했다.

줄리아 스티븐은 가장 세심한 아내였지만 자선활동에 가정일 못지않게, 어쩌면 더 많이 헌신했다. 가난한 사람들, 병자들, 기타 고통받는 사람들의 필요 사항을 챙기느라 자신의 일곱 아이를 돌볼 시간이 거의 없었다. 남편이 최우선이고 그다음이 아들이었던 집안에서 버지니아나 여동생 바네사는 어머니의 관심을 많이 받지 못했다. 전기 작가에 따르면 두 딸 모두 모성적 보살핌을 갈망했지만, 그 결핍으로 고통받았다. 울프는 어린 시절 아팠을 때를 제외하고는 어머니와 단둘이 있었던 때를 기억하지 못한다고 일기에 털어놓았다. 그래서 그녀는 몸이 아픈 것을 조금은 환영했는데, 어머니의 보살핌을 받을 수 있는 기회였기 때문이다. 그러나 울프는 이타적인 어머니를 항상 좋아했고, 이는 가장 자전적이고 인기 있는 소설 중 하나인 《등대로》에서 램지 부인의 모습으로 가장 잘 묘사되었다.

하지만 나에게는 곰곰이 생각하거나 비유적 살인을 할 그런 천사가 집에 없었다. 아마도 이것은 내가 스물다섯 살에 예상치 못하게 임신한 사실을 알았을 때 극도의 공포심에 사로잡혔던 일을 설명하는 데 도움이 된다. 시드니대학교에서 박사 과정을 하고 있을 때다. 시드니 지역 예술가인 제임스 클리포드James Clifford와 사귀던 중이었는데 그는 곧 자신이 동성애자라는 결론을 내렸다.

나는 엄마가 되는 일이 어떤 것인지도 전혀 몰랐고, 그 사실이 오히려 두려웠다. 그뿐만 아니라 남자 친구와의 관계가 지속될 수 없으리라 생각했다. 모든 면에서 상황은 꼬여 있었다. 하지만 곧 나는 아름답고 건강한 남자아이의 엄마가 되었고 부모로서 기쁨과 위험을 어떻게 잘 맞이하고 처리해야 하는지 배우는 평생의 과업에 착수했다. 나는 아직도 배우는 중이고, 단 한순간도 쉬웠던 적이 없다. 내가 겪은 어려움에서 배운 것, 그리고 주변에서 점점 더 많이 보게 되는 것은, 어떤 관계에 있든지 간에 우리가 다른 사람들을 보살피기 위해서는 가까운 사람들의 도움과 지원이 필요하며, 동시에 우리 자신도 보살핌을 받아야 한다는 것이다.

실제 여성의 삶이 수 세기에 걸쳐 극적으로 변화했지만 보살핌의 보편적 원형인 모성의 신화적 이미지를 보존한 이유는 과연 무엇일까? 여성이 어머니로서 생명을 양육하고 지원하고 그 존재를 지속하게 하는 책임을 도맡아 온 이유는 무엇일까? 이런 이타적인 모성의 환상은 여성성의 초석으로 남아 있다. 어머니 부재의 불가피성, 어머니 역할의 부족함을 병적인 현상으로 규정하는 것, 잘 알려진 어머니 역할의 어려움, 언제인지도 모를 그 옛날부터 계속되는 어머니를 비난하는 문화적 윙윙거림, 이 모든 것에도 불구하고 말이다.

여성이 있어야 할 곳

여성들에게 엄마의 역할에 대해 가르치려는 책자들은 결코 부족한 적이 없었다. 성경을 아는 사람들은 좋은 아내에 대한 칭찬을 기억할 것이다. '그녀는 아직 어두울 때 일어나고 (…) 집안일을 살피고

게으름의 빵을 먹지 않는다.' 현대에는 자녀 양육, 건강, 위생에 대해 아내를 위한 더욱 구체적인 조언들이 나왔다. 빅토리아 시대의 중산층 여성들은 의사인 셜리 포스터 머피 경Sir Shirley Forster Murphy의 영향력 있는 책 《우리의 가정과 그것을 건강하게 만드는 법Our Homes and How to Make Them Healthy》이나 《비튼 부인의 가사 관리에 관한 책Mrs Beeton's Book of Household Management》에 설명된 대로 좋은 가사와 헌신적인 아내로서의 의무에 관한 의학적이고 일반적인 지침을 모두 따라야 했다. 이 두 책의 인기는 오랫동안 이어졌다.

19세기 미국에서도 유사한 책이 넘쳐났는데, 자신의 타고난 본능을 가장 잘 표현하는 방법에 대해 문화적 교육이 필요하다고 여겨진 여성이 그 대상이었다. 그러나 빅토리아 시대의 영국이든 북미든 노동자계급 엄마들을 위한 조언이나 도움은 없었다. 페미니스트 역사학자인 엘렌 로스Ellen Ross가 주장했듯이, 이런 엄마들은 보통 "게으르고 무책임하고 무지하다"는 이유로 폄하되었고, 특히 보어 전쟁Boer War, 1899년~1902년에 징집된 영국 남성 5명 중 1명이 군인으로서 책무를 다하기에는 너무 유약하다는 것이 증명된 후, "종족의 쇠퇴"에 대해 책임이 있다고 비난받았다.[1]

어떤 시대에서든, 어머니를 이상화하고 동시에 징계하는 지배적인 남성의 의견에 도전하기 위해서는 어떤 형태든 페미니즘적 상상력이 필요했다. 이것은 영국에서는 1790년대에 한때 '페티코트를 입은 하이에나'로 불리며 조롱당했던, 여성의 권리에 대해 대담하게 발언했던 메리 울스턴크래프트Mary Wollstonecraft로부터 시작되었다. 그녀가 쓴 《여성의 권리 옹호Vindication of the Rights of Woman》는 아내이자 엄마인 여성들이 자녀들에게 "질서 있는 미덕의 원천이 되는 인간에 대한 사랑"을 심어주려면 교육을 받고 강인해져야 한다고 주장했다.[2] 그러나 엄마로서의 역할 수행이 여성의 시민으로서의 참여를 막아서는 안 된다는 울스턴크래프트의 열정적인 소망은 보수와 급진파 모두의 가부장적 의견이라는 단단한 바위와 충돌했다.

울스턴크래프트의 생각은 100년이라는 시간과 1세대 페미니즘의 부상을 거쳐서야 다시 한번 전파되었다. 여성들이 각자의 가정 공간에만 갇혀 지내는 것이 여성들에게도, 건강한 사회를 만드는 데도 좋지 않다는 것이다. 이와 같은 주장은 모성에 관해 글을 쓰는 샬롯 퍼킨스 길먼Charlotte Perkins Gilman과 같은 미국의 사상가들에 의해 강력하게 표명되었다. 길먼은 유토피아적 글 중 하나인 《내가 깨어났을 때》에서 진정으로 배려하는 가정의 모습을 묘사했는데, 그곳에서는 집안일을 분담하고, 여성이 경제적으로 독립할 수 있으며, 문화생활이 있고, 공예품과 아름다운 것들을 누릴 수 있다.[3]

그때부터 2세대 페미니즘이 등장할 때까지 여성 개혁가들은 여성의 삶과 그들이 제공할 수 있는 돌봄의 가치를 정당화하고 또 개선하기 위해 반세기 넘게 투쟁했다. 그러나 이 투쟁은 여전히 모성과 필연적으로 얽혀 있는 것으로 보였다. 엄마의 의무는 특히 노동자계급의 여성들에겐 힘든 일이었으며, 그들의 자녀들이 가질 기회에도 영향을 미쳤다. 참정권론자이자 노동조합을 조직한 에이다

닐드 츄Ada Nield Chew가 1914년에 〈기혼 직장 여성의 문제The Problem of the Married Working Woman〉에서 주장한 것처럼, 공공 어린이집이 필요했고, 이는 "여성에게 새롭고 찬란한 직업 분야를 제공할" 수 있었다.4 다른 곳에서는 영국 사회운동가이자 무소속 하원의원인 엘리노어 래스본Eleanor Rathbone이 남성에게 전적으로 의존하는 것을 완화하기 위해 모성적 책무에 대한 국가 기금을 여성에게 직접 지급해야 한다고 수년간 주장했다. 《행복할 권리The Right to Be Happy》를 쓴 도라 러셀Dora Russell 같은 좀 더 급진적인 사상가들은 아빠와 엄마의 "감정"이 "융합"하기를 원한다며, 공동 양육을 주장했다.5

그렇다면 엄마 역할에 대한 전통적인 기대와 관행을 바꾸기가 왜 그토록 어려웠을까? 각 세대는 이전 세대의 전투를 다시 치르도록 강요받는 것 같다. 연대와 평등에 대한 여성의 호소는 이제 한 세기가 넘었지만, 모성이나 돌봄의 본질에 관해서는 매번 새롭게 주장되어야 한다. 오늘날에도 여전히 엄마에게만 지워진 특유의 부담으로 인해 점점 더 많은 여성들이 아예 엄마 역할을 거부한다. 60여 년 전 엄마 역할과 집안일에 일부러 등을 돌려야만 자율성과 창조적 성취감을 얻을 수 있다고 시몬 드 보부아르Simone de Beauvoir가 회상한 이후 아무것도 변하지 않은 것 같다. 보부아르는 "나는 거의 모든 여성에게 지워지는 의존의 저주를 피했다. 스스로 생계를 유지하는 것은 그 자체가 목적이 아니라, 내적인 독립성을 확보할 수 있는 유일한 방법이다"라고 말했다.6 내가 어렸던 전후 기간에도 여성들은 전쟁이 끝난 후 경제 성장을 촉진하기 위해 새롭게 증가하는 가계소비로 바쁘게 지낼 것으로 예상되었다. 정부의 우선순위는 갑자기 영향력이 커진 정신분석학적 사고와 함께 작용해 전업 엄마 역할의 필요성에 주목했고, 존 볼비John Bowlby와 도널드 위니코트Donald Winnicott 같은 임상심리학자에게는 새삼 중요해진 공적인 역할이 맡겨졌다.

이러한 유형의 사고는 20세기 중반 복지국가의 확장을 한동안 지지했던 '신 모성주의new maternalism'를 조장했다. 오늘날 위니코트의 아이디어에 관한 관심이 다시 높아지고 있다. 그가 엄마와 아이들의 욕구와 취약성을 강조한 것은 이들에게 도움이 되는 의료 및 교육 개혁과 함께 전후 아동 복지를 늘리는 데 이바지했다고 평가받았다.

그러나 페미니즘 전성기에 대부분의 페미니스트들이 비난했듯이, 그러한 개선은 '남성 생계부양자' 복지 논리를 중심으로 이루어졌다. 여기에서 여성의 위치는 우선적으로 집이고 남편에 달려 있다. 볼비는 세계보건기구의 의뢰를 받아 작성한 보고서이자 그의 권위있는 책《산모 돌봄과 정신 건강Maternal Care and Mental Health》에서 설명한 대로 산모에 대한 돌봄을 중단하면 아이에게 영구적인 심리적 해를 끼칠 수 있으며, 이는 결과적으로 아이의 반사회적 행동으로 이어질 수 있다고 심각하게 경고했다. 이에 따라 엄마의 삶에 대한 관심이 잠시 복지 확대와 연결된 적도 있었다. 하지만 이런 관심은 오래가지 못했는데, 전업주부들 사이에서 높은 수준의 고통이 있다는 인식이 늘어나면서 엄마 역할을 제대로 하지 못할 것이라는 우려가 훨씬 더 커졌기 때문이다.

'베이비 블루스baby blues'라고 알려진 산후 우울증의 유행은 다른 형태의 산모 우울증 및 불안증과 함께 개인적인 병리 현상으로 판단되고 취급되었다. 따라서 전후에 벤조다이아제핀 신경안정제와 다른 기분 전환 약물이 빈번하게 처방되었다. 제약 회사의 공격적인 마케팅으로 인해 1950년대부터 향정신성 약물을 복용하는 여성이 급증했으며 약물을 복용하는 여성의 수가 남성의 두 배나 되었다. 또 한편으로는, 다른 종류의 진정제인 발륨이 1970년에 '엄마의 작은 도우미Mother's Little Helper'라는 별명으로 불리며 세계에서 가장 널리 처방되는 약물로 등장했다.[7]

그러나 엄마들은 무슨 일을 하든 비난의 대상이 되었다. 볼비의 '모성박탈Maternal Deprivation' 가설은 엄마의 부재는 단기간이라도 아이에게 장기적인 인지적, 사회적, 정서적 손상을 초래할 수 있으며, 어쩌면 성인기의 비행이나 감정이 없는 정신병증으로 이어질 수 있다고 주장했다. 엄마가 아이를 지속적으로 지켜보는 것은 아이뿐만 아니라 사회 전반의 안녕을 위해서도 꼭 필요한 일이었다.

불과 10년 후 R. D. 랭R. D. Laing과 다른 급진적인 임상의들은 볼비의 가설을 뒤집고 순종적인 전업주부들의 해로운 영향을 널리 알렸다. 지시에 따라 늘 자녀 곁에 있으면서 지켜봐야 한다고 생각했던 충실한 엄마들은 이제 자녀들을, 특히 딸들을 '질식'시키고 심지어는 미치게 만든다는 비난을 받게 되었다. 더욱이 볼비와 마찬가지로 랭은 1960년에 베스트셀러였던 그의 책에서 "과하게 소유적"

인 엄마들의 실패에 대한 자신의 생각을 확장해 세상의 전반적인 문제를 설명했다.

랭이 1969년에 쓴 《가족의 정치The Politics of the Family》에서 우리는 부모(랭의 사례연구에서는 항상 어머니만)가 자녀에게 아낌없이 베푸는 사랑이 폭력의 한 형태라고 배웠다. 사랑이 조건 없이 주어지는 것이 아니라, 부모들이 자녀들에게 기대하는 것을 끌어내기 위한 시도이기 때문이다. 한마디로 "가정과 학교와 교회는 우리의 아이들에게는 도살장이다."⁸ 급진적이든 아니든 그 시대의 모든 남성들과 마찬가지로 랭이 결코 언급하지 않은 것은 육아와 사랑과 돌봄을 제공하는 노동이 어떻게 다른 방식으로 분배될 수 있는지였다.

따라서 남성 전문 지식의 반대쪽 끝에서 협공 운동을 벌이는 볼비와 랭은 페미니스트들이 나중에 정통적인 임상 책략이라고 지적한 관점에서 만나는데, 그것은 바로 모성을 비난하는 전술이었다. 영국의 아동심리학자 애덤 필립스Adam Phillips가 지적했듯이, 어머니의 부재 때문이든 또는 지속적인 존재 때문이든, "여성은 필연적으로 실패하게 되어 있다."⁹

―――•―――

나의 엄마는 헌신적이고 쾌활한 1950년대 주부의 이상화된 환상, 즉 꽃무늬 앞치마를 입고 티끌 없는 마룻바닥을 유지하며 쿠키를 굽는 집에 갇힌 여성과는 거리가 멀었다. 엄마는 거의 집에 없었고, 바쁜 수술 스케줄과 병원 일에 전념했다. 그러나 우리는 이제, 더 전통적인 엄마들도 그들의 직업으로 여겼던 집안을 돌보는 일에 완벽하게 맞지 않았다는 것을 안다. 무력감, 좌절감, 우울로 고통받았고 신경안정제를 먹어야 할 정도였다. 실제로 1960년대 말 여성해방운동이 폭발적으로 진행되자, 초반에 열성적으로 모이기 시작한 젊은 여성들은 종종 불만족스러운 엄마로부터 도망쳐 나온 경우가 많았다. 그들의 엄마는 원한과 불평으로 가득 차 있지는 않더라도 자신들의 처지에서 분노를 억누르려 애쓰고 있었다.

  나도 그 젊은 여성 중 하나였다. 엄마는 발륨을 복용하지는 않았지만, 남성의 권리를 내세우는 아빠의 태도에 항상 화가 나 있었다. 이는 겉으로 드러난 외도 문제뿐 아니라 모든 가사의 책임에서 완전히 물러나 있는 아빠의 태도와도 관련이 있었다. 아빠는 엄마가 의사로서 자신보다 더 자격 있고 더 오랜 시간 일하는데도, 그의 가정적 욕구를 항상 채워주기를 기대했다. 엄마는 아빠가 끊임없이 잘못을 찾아내 짜증 내는 것을 달래려고 노력했고, 반면 우리 자식들은 종종 혐오에 가까운 그녀의 분노를 감내해야 했다. 보부아르의 통찰은 틀리지 않았다. "우리 문화에서 어린아이를 위협하는 가장 큰 위험은 그 아이가 무력한 상태로 꼼짝없이 함께 갇힌 엄마가 거의 항상 불만스러운 여성이라는 사실이다."[10]

비밀 누설하기

이것이 바로 2세대 페미니즘이 출현한 배경이었고, 여성의 사회적 지위를 둘러싼 이전의 투쟁들이 마침내 공적 영역에서 다시 한번 폭발했다. 이번에는 그 결과가 지속적이었고, 이전 세대 투쟁 못지않게 도전적이었으며, 때로는 예측할 수 없었다.

이 운동이 어디에서 발생하든 모성과 돌봄에 대한 문제가 그 중심에 있다는 것은 놀라운 일이 아니다. 실제로 영국여성해방운동 초기 네 가지 요구 중 두 가지가 모성 문제를 다루었다. 그들은 여성의 출산 선택권을 지지해야 한다는 주장과 여성이 일과 가족 사이에서 하나를 선택하도록 강요당해서는 안 된다는 주장을 결합했다. 객원 연구자였던 미국의 심리학자 셸리 워티스Sheli Wortis는 영국에서 열린 최초의 여성해방 컨퍼런스에서 "사회에서 여성에 대한 평가절하가 멈추려면 우리는 처음부터 다시 시작해야 한다. 육아와 가사 노동을 좀 더 공평하게 분배하는 것으로부터 말이다"라고 말하고 커다란 박수를 받았다.[11]

나는 컨퍼런스 개회식을 놓쳤지만, 이 메세지는 내 귀에도 닿았다. 나에겐 단비와도 같은 말이었다. 그때 나는 시드니에서 뜻하지 않았던 엄마 역할의 무게에 짓눌려 있었고, 남자 친구와의 관계는 실패했다. 그리고 나와 같은 상황에 처한 엄마들을 위한 사회적 지원은 전혀 없었다.

50년 전인 1970년 2월에 옥스퍼드대학교 러스킨칼리지에서 열린 이 컨퍼런스는 많은 여성들의 삶을 영원히 바꾸었다. 특히 가장 큰 변화를 경험한 여성들은 남자들, 어떤 경우에는 그날 행사의 상징적인 사진에 포착된 어리둥절한 표정의 마르크스주의 사회학자인 스튜어트 홀Stuart Hall 같은 아빠들이 운영하는 탁아소에 아이를 맡긴 젊은 엄마들이었다. 그것은 모두 워티스의 요청을 구체적으로 보여주었다. 그녀의 말은 1969년 에세이 〈결혼 계약A Marriage Agreement〉으로 큰 논란을 일으킨 뉴욕 출신 앨릭스 케이츠Alix Kates의 말과 일치한다.[12] 케이츠는 당시 남편에게 집안일과 어린 두 자녀를 돌보는 일을 동등하게 나눌 것을 요구했고, 관련된 작업을 자세히 설명했는데, 이 내용은 〈삶, 빨간 책, 밑에서부터 위로Life, Redbook, Up from Under〉와 〈미즈Ms.〉에 실려 널리 알려졌다.

러스킨컨퍼런스에 참석한 다른 엄마들도 똑같이 강력하게 변화를 요구했다. 런던에 새로 설립된 페컴라이여성단체Peckham Rye Women's Group에 참석한 사람들은 거의 전업주부들이었다. 그들은 다음과 같이 극적인 발언이 담긴 문서를 준비했다. "우리에게 세상을 향한 창은 싱크대에 손을 담근 채로 내다보는 것이었고, 이제 우리는 그 싱크대와 그것이 의미하는 모든 것을 증오하기 시작했다. 이렇게 우리의 의식이 깨어난다."[13]

페미니스트들의 책임은 엄마들 사이에 불만을 조장한 것이 아니라 침묵을 거부한 데 있다. 우리는 모두가 뻔히 보는 앞에서 숨겨온 사실, 완전히 무시되지는 않았을지라도 늘 병적으로 치부되었던 엄마들의 만연한 고통이 실재한다는 것을 신속하게 밝혀냈다. 그것은 젊은 엄마들이 직접 표현하거나 그들의 엄마들의 불평을 기억하는 여성들에 의해 페미니스트 의식고양그룹에서 빠르게 표면화되었다. 이는 영국의 〈슈루Shrew〉, 〈스페어 립Spare Rib〉, 미국의 〈오프 아워 백Off Our Back〉, 〈미즈〉를 포함한 2세대 페미니즘의 초기 뉴스레터와 잡지에서 논의되었다. 페미니스트 연구자들은 여성의 가정생활에 대한 데이터도 수집하고 있었는데 드러나는 상황은 좋지 않았다.

이 주제에 있어 영국 최초이자 가장 영향력 있는 연구자인 신진 사회학자 앤 오클리Ann Oakley는 1970년대 초 주부의 경험에 대해 지금까지는 상상할 수 없었던 실증적 연구를 수행했다. 오클리 자신도 1968년에 둘째 아이를 낳은 후 심각한 산후 우울증에 시달렸는데, 이때 자신의 삶이 '그냥 의미 없다'고 느꼈다. 의사들은 그녀에게 강력한 향정신성 약인 스텔라진Stelazine을 포함해 다양한 약을 처방했고 오클리는 충실히 그것들을 복용했다. 그 약물 덕분에 오클리는 매우 기계적이긴 하지만 그런대로 기능을 할 수 있었다. 곧 영화와 텔레비전을 통해 불멸의 존재가 될 이라 레빈Ira Levin의 스릴러 영화 〈스텝포드 와이프The Stepford Wives〉에 나오는 상징적인 인물처럼 말이다.

오클리는 지도교수를 당황하게 한 '집안일'을 학위 주제로 삼아 런던정경대학교에서 박사 과정을 시작했을 때 비로소 진정으로 치유되었다. 자신의 산후 우울증의 근원을 찾으면서 오클리는 이제 그것이 집에 갇힌 젊은 엄마들이 느끼는 고립감, 무의미함과 그들이 앞서 품었던 더 넓은 세상에 참여하고자 했던 열망 사이의 근본적인 불일치를 표현한다고 여겼다.

물론 오클리는 《주부 Housewife》에서 아이를 돌보는 산모의 외로움, 지루함, 낙담이 얼마나 흔한 감정인지 기록했다. 오클리가 인터뷰한 전업주부 40명 중 70퍼센트가 절대적으로 많이 보인 반응은 불만족이었다. 그중 절반은 노동자계급이고 절반은 중산층이었다. 개인적인 것과 정치적인 것을 연결하는 오클리의 연구 결과는 1970년대 초 페미니즘의 상식으로 빠르게 부상하던 것과 맥을 같이 했다. 이는 전통적인 핵가족의 본질에 도전하고, '보다 개방적이고 가변적인 관계'에서 친밀감의 형태를 확립하는 것을 의미했다.[14] 1970년에 어린 아들과 함께 혼란스럽고 외로운 미혼모로서 런던에 도착한 나는 곧 이러한 새로운 움직임의 일부가 되었다. 보다 개방적이고 집단적인 가정에서 대안적인 삶의 형태를 열정적으로 창조하고 있던 다른 여성들과 힘을 합치자 모든 것이 나아지기 시작했다. 우리는 동거하는 남자들이 육아, 요리, 청소 등 집안일에 그들의 몫을 온전히 할 것이라고 당연하게 생각했다.

이것은 실제로 내 소유인 커다란 집(당시에도 그랬고 현재도 마찬가지다)에서 의심할 여지 없는 관행이었으며 1970년대 대부분의 시기에 다른 두 미혼모와 몇몇 남자와 함께 이 집을 공유했다. 신중하게 계획된 집안일은, 다른 문제로 말다툼이 일어났을 때는 물론 심지어 이성 문제로 인한 질투심으로 가정의 화목이 어긋났을 때도, 단 한 번도 논쟁의 원인이 되지 않았다. 거의 10년 동안 이러한 방식은 잘 작동되는 듯했다. 세 명의 엄마가 아이들을 돌보며 세상에 온전히 참여할 수 있었다. 동시에 우리는 '엄마 역할'이 아이를 낳은 사람에게만 국한되지 않고, 또 성별로 정의되는 것도 아니라고 주장하면서 육아 활동에 참여하는 모든 사람의 삶을 개선하기 위한 캠페인을 진행했다. 이는 전업 엄마 역할에 따르는 공통적인 고립감과 좌절감뿐만 아니라 소위 '일하는' 엄마들에게 가해지는 추가 부담을 드러내는 것을 의미했다. 또한 더 많은 어린이집과 청소년 클럽 및 기타 공공자원(페미니스트들이 종종 설립하고 유지하는 데 도움을 준)을 확보하기 위한 지속적인 지역공동체의 투쟁이 필요했다.

남성이 가사와 돌봄 책임을 분담하면서 얻을 수 있는 다양한 이점에 관한 주장이 수반되었으며, 대부분의 남성들은 기꺼이 동의했다. 그러나 우리 중 일부, 특히 사회주의 페미니스트들이 알고 있었던 것처럼, 노동자계급과 가난한 가정에서 남성이 집안일을 더 많이 분담할 수 있도록 그들의 직장 생활 여건을 바꾸기가 어려운 데에는 많은 이유가 있었다. 이런저런 수단을 통해 우리와 함께 살았던 남성들은 대부분 좀 더 유연한 근무 방식을 가질 수 있었다.

우리는 낮은 임금으로 장시간 노동을 해야 하는 경우가 많은 노동자계급과 소수민족 여성들에게 일하는 엄마의 이중 부담이 더 크다는 것을 알았다. 더욱이 이때는 전업주부가 전성기였음에도 불구하고 전후 시간제 근로가 확대되면서 실제로 많은 엄마들이 일자리를 찾고 있었다.[15] 역사학자 사라 크룩 Sarah Crook이 지적했듯이, 1971년에는 다섯 살 미만의 자녀를 둔 50만 명에 달하는 엄마들이 유급 노동에 종사했다.[16] 그들을 일하게 만든 것은 단지 페미니즘만이 아니었다.

그러나 이들 여성의 일은 무급 가사노동과 비슷해서 그들의 노동은 기술이나 전문성이 부족하다고 여겨졌다. 따라서 고용된 여성의 대부분은 지속적으로 과소평가되었고 저임금을 받았다. 또 그들의 일자리는 승진 기회가 거의 없고 '주부'라는 지위보다 높지 않았다. 일을 마치고 집에 돌아온 후에도 그들은 집안일과 육아에 대해 과중한 책임을 지는 경우가 대부분이었다.

분명히 광범위한 변화는 광범위한 정치적 의제를 포함해야 했다. 그러나 내가 아는 모든 페미니스트들은 모든 면에서 남성 친구와 동지들의 지원을 받으며 자신들의 목표를 달성하기 위해 열정적으로 나섰다. 2세대 페미니스트들은 모든 형태의 가정 내 친밀감, 돌봄, 가사 유지를 주로 담당하는 하위 성별로서 여성이 직면하는 다양한 어려움을 체계적으로 밝히는 데 그치지 않았다. 우리는 또한 기존의 제약을 벗어나 사회 전반의 혁신을 위한 캠페인을 선도하고 우리가 일상에서 보고 싶은 변화를 구현하겠다고 결심했다.

우리 집에서는 집안일을 하지 않을 때면 모두 바쁘게 사회, 정치 생활에 참여했다. 풀타임으로 일하는 정규직 외에도 우리는 런던 이즐링턴의 에식스로드Essex Road에 여성센터를 열고 운영하는 일을 돕고 있었는데, 그곳은 1973년부터 수년간 번창했다. 나는 또 다른 페미니스트와 함께 학교와 어린이집을 방문하여 특히 어린이집에서 일하는 사람들이 노조 결성을 통해 그들의 임금과 처우를 개선하도록 장려했다. 실제로 나는 실라 로보섬Sheila Rowbotham과 할로우 뉴타운Harlow New Town까지 기차를 타고 가면서 오랫동안 지속될 우정을 쌓았다. 우리 둘 다 서로에게 말한 것 외에 그날 누구를 만났는지, 무엇을 말했는지는 전혀 기억이 안 나지만, 기차에서 함께 한 시간은 뚜렷하게 기억한다.

페미니스트 활동가들은 때때로 지방자치단체에 속해 있는 빈집들을 점유해 살았는데, 이 집들은 나중에 주택조합으로 발전하기도 했다. 아니면 큰 규모의 공동 주거 시설이나 임대주택, 혹은 개인 소유의 집에서 살았다. 이때는 런던 시내 같은 곳의 주거 비용이 완전히 감당 불가능한 시기는 아니었다. 로보섬이 기록했듯이 "1970년대에는 대부분의 대도시에 지역사회 어린이집, 식품협동조합, 불법거주자 그룹, 주택협동조합, 임차인단체, 법률센터 및 청구인연합뿐만 아니라 여성지원센터와 강간위기센터가 형성되어 있었다."[17]

이런 지역사회의 노력을 통해 사람들은 서로를 보살피는, 특히 가정 학대나 성폭력을 당하는 여성들을 돌보는 더 나은 방법들을 찾을 수 있었다. 우리의 생활방식과 다른 공동 프로젝트는 모두를 위한 더 나은 삶을 위해 투쟁하는 데 필요한 연대를 도모하는 동시에 좀 더 탄력적인 상호의존 형태를 구축하는 것을 목표로 했다.

이러한 돌봄과 연대의 형태를 유지하려면 분명히 시간과 노력이 필요한데, 이는 사회복지와 대부분의 일자리에 대해 압박이 덜했던 1970년대 활동가들에게 더 유리한 조건이었다. 여성 연극과 밴드를 비롯해 글쓰기, 시, 기타 수많은 다른 집단 활동에 이르기까지 모든 문화 장르에 걸쳐 꽃피운 창의적 활동을 통해 정치적 참여도 유지되었다. 질 휴즈Jill Hughes와 크리스 휘트브레드Chris Whitbread를 포함한 우리 가족공동체 구성원들은 해크니·이즐링턴음악워크샵 Hackney and Islington Music Workshop을 설립하는 데 도움을 주었고, 1976년과 1981년 사이에 자신들의 노래를 작곡하고 연주해 몇 개의 노래집을 제작했다. 크리스의 〈불법거주자의 불평Sqautter's Rant〉과 〈실업수당 대기열 셔플Dole Queue Shuffle〉은 많은 인기를 끌었고, 레온 로젤슨Leon Rosselson의 〈소녀들이여, 결혼하지 말아요Don't Get Married, Girls〉는 박수갈채를 받았다.

여성들의 재능을 키우고 창작 활동을 지원하기 위해 페미니스트 작가 그룹도 생겨났는데, 처음에는 보통 단편 소설이나 시를 공동 제작하는 형태로 등장했다. 런던에 있던 이와 같은 글쓰기 집단 중 하나는 조 페어번즈Zoe Fairbairns, 사라 메이트랜드Sara Maitland, 발레리 마이너Valerie Miner, 미셸 로버츠Michèle Roberts, 미셸린 완도Michelene Wandor, 그리고 앨리슨 펠Alison Fell(당시에 우리집에 살고 있었음)이 참여했는데 《내가 엄마에게 하는 이야기Tales I Tell My Mother》를 시작으로 여러 출판물을 제작했다. 그들은 곧 모두 인정받는 페미니스트 작가가 되었다.

돌이켜보면, 몇십 년간의 공동생활은 어떤 불안정감, 가끔의 갈등, 약간은 경직된 안락함에도 불구하고 나에게 잘 맞았다. 실제로 나는 여전히 대부분의 사람들보다 더 집단적으로 살고 있다. 회고록《메이킹 트러블 Making Trouble》에 썼듯이 불안감에 휩싸여 우연히 엄마가 된 나는 가정을 공유하면서 자신감과 절실히 필요했던 지원을 얻었다. 아들과 나는 내가 자란 다툼과 원망이 가득했던 집과는 다른 환경에 살면서, 아들의 어린 시절 내내 함께 성장해 나가는 것 같았다. 아들은 아직도 자신의 '멋진' 어린 시절에 관해 이야기한다.

지금 생각하면 나의 엄마로서의 역할 수행은 확실히 여러모로 의심이 든다. 느긋하고, 경쟁을 강조하지 않으며, 지나치게 허용적이었던 분위기가 아들이 성인이 되어 마주하게 될 치열하고 경쟁적인 세상을 위해 그를 거의 준비시키지 못했다는 점에서 말이다. 내가 실수를 저질렀다는 것을 안다. 아마도 너무 많은 일에 관여하면서, 아들에게 도움이 되었을지도 모르는 개인적 관심을 최우선으로 하지 않았던 것 같다. 그럼에도 우리 가정생활의 개방적인 포용성은 내가 여전히 소중히 여기는 것이며, 아들도 그 시절을 즐거운 기억으로 회상한다. 그러나 오늘날 터무니없이 높은 부동산 가격과 집세로 인한 끔찍한 주택 위기로 우리가 공유했던 것과 같은 생활공간을 더 이상 구할 수 없게 되었다.

내가 편집한 모음집인 《가족에 관해 무엇을 할 것인가? What Is to Be Done about the Family?》를 포함한 다양한 출판물들은 현대사회에서 전통적인 가정, 친족관계 및 성적 관계의 가부장적, 배타적, 퇴행적인 역할을 분석했다. 미셸 바렛 Michèle Barrett과 메리 매킨토시 Mary McIntosh가 《반사회적 가족》에서 설명한 것처럼, 우리가 전통적인 가족에 대한 순응을 넘어서기 전에는 결코 성평등, 성적 다양성, 그리고 무엇보다도 유연하고 대응적인 형태의 사회적 지원과 돌봄을 진정으로 가능케 하는 대안 모델을 확립할 수 없다. 결과적으로 대안적인 사회제도는 약화한다. "가족이 그 주변 모든 것의 에너지를 빨아들이고 다른 제도의 성장을 저해하고 왜곡한다." 바렛과 매킨토시는 "가족이 그들만을 위한 것이라고 주장하지 않는다면 보살핌과 나눔과 사랑이 더 확산될 것이다"라고 결론지었다. 그들은 또한 "주부로서의 삶이 여성을 미치게 만들 수 있다"는 오클리의 의견에 동의한다.[18]

    우리는 이러한 성찰이 문화적 변화를 자극해 모성이 돌봄 자체의 독특한 원형이라는 전통적인 개념을 넘어서거나 제쳐둘 수 있기를 바랐다. 그러나 그 후로 몇 년 동안 페미니즘에 대한 반발을 촉발한 것은 바로 이러한 열망이었다. 비록 결혼이라는 승인된 테두리 안에서만 가능하지만, 출산이 여성의 충만한 삶과 동일시되는 오래된 등식 때문에 모성에 대한 신화에 도전하는 것은 주류 문화에서 널리 거부되었고, 여성들 자체로부터도 저항을 받았다. 하지만 다행스럽게도, 우리는 미혼모들과 그들의 아이들을 항상 할퀴었던 수치심과 차별을 없애는 데 성공했다. 그러한 수치심과 차별은 여성들이 결혼 밖에서 엄마가 되기로 선택하는 것을 막고, 그렇게 한 여성들을 처벌하기 위해 고안된 것이었다. 1970년대 말에는 이러한 관행이 너무 널리 퍼져 그 오명의 효력이 지탱될 수 없었다. 그러나 여성의 개인적 성취의 상징으로서 모성의 매력은 대체하기가 더욱 어려웠다.

모성 예찬

여성해방운동은 가정 내 여성들을 특히 전업주부로서 직면했던 고립과 무시로부터 해방시키기 위해 노력했다. 그러나 몇 년 안에 페미니스트들은 엄마 역할을 둘러싼 복잡한 기쁨, 양면성, 그리고 혼란에 더 많은 관심을 기울이기 시작했다. 이러한 변화의 상징은 이제는 전설적인 아드리엔느 리치Adrienne Rich의 《더 이상 어머니는 없다: 모성의 신화에 대한 반성》이었는데, 이 책은 모든 분야의 페미니스트들이 읽었다.

 리치는 이 책을 쓰기 전에 미국에서 권위 있는 시인이자 수필가로 이미 인기 있는 공인이었다. 《더 이상 어머니는 없다》는 자신의 경험을 바탕으로 엄마로 살아가는 일이 풍부하고 힘을 갖게 되는 경험이 *될 수 있지만*, 남성이 지배하는 가정 밖에서*만* 가능하며, 모든 여성이 엄마의 역할을 할지, 한다면 언제 어떻게 할지에 대해 스스로 결정할 수 있을 때만 가능하다고 주장했다. 특히 리치는 지금까지 가부장적 제도 안에서 왜곡되어 엄마들을 과로하고 고립되게 만든 지속적인 모녀 유대 관계를 찬양했다. "노동자는 노동조합을 결성하고 파업에 나설 수 있다. 어머니들은 각자의 집에 분산되어 있으며 연민의 유대로 자녀들과 묶여 있다. 우리의 무모한 파업은 신체적, 또는 정신적 형태를 취하는 경우가 가장 많다."

 이 책의 끝부분에서 리치는 가부장적 통제에서 벗어나 "여성들이 자신들의 몸에 대한 소유권을 되찾는 것"이 불러일으킬 파장을 축하하며, 이것은 "노동자들의 생산수단 장악"보다 중요할 수 있음을 시사한다. "그런 세상에서 여성은 아이들(우리가 선택한다면)뿐만 아니라 인간의 존재를 유지하고 위로하고 변화하는 데 필요한 비전과 사고를 낳아 진정으로 새로운 삶을 창조할 것이다 – 우주와의 새로운 관계 (…) 사고 자체가 변화될 것이다. 이것이 우리가 시작해야 할 곳이다."[19] 이는 찬란한 비전으로 남아 있다.

동시에 페미니스트 저술은 아이가 어릴 때 아빠의 역할, 즉 공동 육아의 중요성에 대해서 강조하기 시작했다. 낸시 초도로우Nancy Chodorow는 《모성의 재생산》에서 엄마의 부담을 덜어줄 뿐만 아니라 기존의 성 불평등을 뒤집고 더 배려하는 사회를 만들기 위해 아빠의 역할이 중요하다고 보았다. 그녀는 친밀한 관계를 두려워하는 남자아이나 다른 사람과의 관계를 통해서만 자신을 정의하는 여자아이에게서 보듯이, 양극화되고 불평등한 성정체성을 만들어낸 것은 양육에 있어서 독특한 여성의 역할이라고 주장했다. 초도로우는 기존 양육 패턴의 찬양이 아닌 변화를 보고 싶었다.[20]

그러나 리치와 초도로우의 엄마 역할에 관한 주제는 '모성적 사고'와 '모성적 실천'의 새롭고 비교적 전통적인 찬미를 불러일으키는 데 도움이 되었다. 이는 그 후 10년간 많은 페미니스트 저술에서 빠르게 드러났다. 가장 잘 알려지고 가장 영향력 있는 작품은 캐럴 길리건Carol Gillian의 《침묵에서 말하기로: 심리학이 놓친 여성의 삶과 목소리》와 사라 러딕Sara Ruddick의 《모성적 사유: 전쟁과 평화의 정치학》이었다. 길리건은 여자아이들이 엄마와 일찍 동일시하는 것은 일반적으로 여성이 남성보다 더 관계적으로 생각한다는 것을 의미한다고 주장했다. 한편 러딕은 여성들이 실제로 모성 활동에 참여하면서, 모성의 취약성과 다른 사람에 대해 참을성 있고 주의 깊은 사랑이 필요하다는 것을 더 크게 깨닫게 된다고 주장했다. 이와 같은 작가들은 모성적 실천으로 거슬러 올라갈 수 있는 돌봄의 새로운 윤리를 이론화했지만, 적절하게 평가된다면 더욱 배려하는 세상을 만드는 데 도움이 될 수 있다.[21]

따라서 1980년대에는 더 많은 여성들이 엄마로서의 경험이 사회가 돌봄을 과소평가하는 방식을 드러냈을 뿐만 아니라 더욱 친절하고 배려심 많으며 평화로운 세상을 요구하도록 영감을 주었다고 강조했다. 실제로 오클리가 1983년에 반추한 것처럼, 페미니스트들은 처음에는 엄마 역할의 어려움을 전면에 내세웠지만, 이제는 더욱 긍정적인 측면을 보았다. 또한 오클리는 이것이 여성에게 특정한 힘을 부여하고 "비할 데 없는 친밀감을 창조하려는" 여성의 열망을 충족시킬 수도 있다는 것을 깨달았다.[22]

토니 모리슨Tony Morrison, 앨리스 워커Alice Walker, 패트리샤 힐 콜린스Patricia Hill Collins를 포함한 흑인 페미니스트들은 조상에 대한 인식과 마찬가지로 모성의 근본적인 중요성에 대한 인식을 더욱 강력하게 주장하는데, 그들은 모성을 흑인 여성이 힘을 가질 수 있는 기반으로 본다.[23] 역시 미국 출신인 흑인문화 평론가인 벨 훅스bell hooks는 1980년대 초에 백인 페미니즘을 비판하면서 "흑인 여성들이 모성에 대한 견해를 밝혔다면, 모성은 여성으로서의 자유를 가로막는 심각한 장애물로 여겨지지 않았을 것"이라고 말했다.[24] 그러나 이때쯤에는 많은 백인 페미니스트들 역시 모성의 중요성을 찬양했으며, 이를 더욱 배려하는 세상을 소망하는 기반으로 보았다.

새로운 올가미와 함정

그러나 모성을 찬양하는 새로운 시대에 박수를 보낼 때 신중해야 한다. 1980년대 영국과 미국에서 정치적 우파가 집권하고 시장 규제를 철폐하고 정부 지출을 줄이면서 내가 속한 사회주의 페미니즘 브랜드는 빠르게 역사의 황야로 물러나고 있었다. 우리는 모두를 위한, 민주적으로 운영되는 사회적 보장을 위해 싸웠지만, 이제는 가장 필수적인 공공자원조차 줄어드는 상황에 직면했다. 그 결과 오늘날 너무 많은 엄마들이 경제적 생존을 위해 길고 힘든 유급 노동을 하고 있지만 임금 대부분은 급증하는 보육 비용으로 사라지고 있다. 이를 두고 일부 사람들은, 심지어는 모린 프릴리Maureen Freely와 매들린 번팅Madeleine Bunting과 같은 옛날에 활동하던 페미니스트들조차 "우리는 페미니즘에 배신당했다"라고 한탄했다.[25]

이 같은 견해는 일반화되었는데, 여성들이 직장 생활을 우선시하게 된 것이 바로 페미니즘의 영향 때문이며, 그 결과 우리 모두가 지속적인 돌봄 부족을 겪게 되었다고 암시한다. 하지만 사람들은 대부분 이러한 상황에 다소 혼란스러워하는 것 같다. 나중에 나는 번팅이 자신의 책《사랑의 노동》이야기를 할 때 더 정확하게 "사실 그것은 페미니즘을 배반하는 우리 세대의 사례에 가깝다"라고 말하는 것을 들었다. 나라면 그런 식으로 말하지 않을 것 같다.

오히려 이 어려운 시기에 많은 여성의 선택권은 계속해서 줄어들고 있다. 그리고 페미니즘은 그것과 아무 상관이 없다. 페미니즘을 비난하는 것은 우파와 시장 자체가 여성이 유급, 무급 노동에 긴 시간을 사용하는 것을 '라이프스타일 선택'이라고 여기면서 복지 축소, 공공자원 감소, 재정적 필요 증가 등의 맥락을 무시하려는 양동작전이다. 일부 페미니스트들이 이에 속아 넘어가는 모습이 안타깝다.

예를 들면, 1990년대 후반에 미국에서 실시된 광범위한 여론조사에 따르면 여성의 81퍼센트가 20~30년 전보다 지금 엄마가 되기가 어렵다고 보고했다. 한편, 56퍼센트는 오늘날 엄마들이 예전보다 그 역할을 잘 못한다고 느낀다고 답했다.[26] 서구 세계 대부분의 상황은 지난 10년 남짓 동안 영국과 다른 곳에서 강화된 긴축 체제하에서 더욱 악화되었다.

마리안 레비Marianne Levy의《잊지 말고 비명을 질러라Don't Forget to Scream》는 오늘날 출산과 엄마로서의 역할 수행에 관한 외롭고 소외된 경험을 다룬 가장 최근에 나온 책 중 하나에 불과하다. 이 책은 오늘날 많은 엄마들이 감내하고 있는 거의 불가능에 가까운 사회적, 경제적 어려움을 생생하게 묘사하고 있다. 연구 결과에 따르면 엄마들은 이전 세대보다 더 많이 일하고 더 적게 자는 것으로 나타났다. 현재 미국에는 이 문제에 대한 공식적인 의학적 명칭이 있다. '고갈된 엄마 증후군 Depleted Mother Syndrome, DMS'은 엄마 역할에 대한 요구는 늘어나는 반면 자원은 감소함에 따라 엄마들이 경험하는 신체적, 정서적 피로를 묘사하는 용어다.[27] 엄마 역할 수행의 험난하고 위험한 여정에 관한 책들이 홍수처럼 쏟아져 나와 있으니, 사실 새로울 것도 없다. 유머러스한 어조든, 가슴 아픈 어조든, 이 책들이 주로 전달하는 것은 두려움, 실패, 좌절, 또는 불길한 느낌이며, 이는 성취된 욕망, 기쁨 또는 축하에 수반되는 감정을 무색하게 한다. 내가 엄마 역할을 하던 시절에는 이 정도는 아니었다. 그때는 육아를 함께 나누고, 한편으로는 돌봄의 역할에서 여성의 몫을 개선하기 위한 캠페인을 했었다.

엄마가 되는 것에 관한 지속적인 문제들

"모든 면에서 사과하기 Apologies all round"는 아일랜드를 대표하는 소설가 앤 엔라이트 Anne Enright가 《아기 건사하기: 순탄치 않은 엄마 노릇에 들어서다 Making Babies: Stumbling into Motherhood》에서 이 문제에 대한 자신의 성찰을 시작한 방법이다. 엔라이트는 분명 뛰어난 성취를 이룬 작가지만, 이 책이 성공할 수 있었던 것은 사과와 자조, 그리고 혼란으로 가득 차 있었기 때문이다. 오늘날 대부분의 글 쓰는 엄마들과 마찬가지로 엔라이트는 이타적인 엄마에 대한 신화를 거부한다. 그녀의 경험에 따르면, 아기와 가족을 위해 모든 것을 소모하는 사랑은 "한 번의 울음소리"로 사라질 수 있다. 실제로 그녀는 때때로 "그녀의 아기, 남편, 자기 자신" 중 누구를 가장 미워해야 하는지 생각했던 때를 회상한다.[28]

최근 엄마들이 직접 쓰고 소비하는 '엄마 문학Mums-lit'이 급증했는데, 여기에 보살핌의 즐거움이나 육아 책임을 나누는 내용은 거의 없다. 전반적으로 그 작품들은 육아와 가정생활을 위해 모을 수 있는 시간, 에너지, 그리고 즐거움을 느낄 여력이 부족한 것에 대한 죄책감을 자세히 설명한다. 로베르타 개럿Roberta Garret같이 이 장르를 연구하는 사람들은, 저자들이 모성의 완벽주의를 거부하는 것처럼 보여도 이런 글들이 불안하고 질투심 어린 감정들을 드러내며, 다른 엄마들이 종종 풍자의 대상이 되는 것을 발견한다.[29] 이 책들은 안젤라 맥로비Angela McRobbie와 다른 문화 평론가들이 '엄마 역할의 강화'라고 설명했던 것을 보여준다. 이 장르는 불안정하지만 야심 차고 성적으로 자신감이 있는 중산층 엄마를 강조하며, 미혼모라는 단정치 못하고 정부 혜택에 의존하는 '하층계급' 엄마의 대조적이고 비참한 이미지와 지속해서 대비시킨다. 후자는 미국의 '복지 여왕welfare queen(미국에서 사회복지 제도를 이용하여 부당하게 혜택을 받는다고 여겨지는 사람들을 비하하는 용어. 1970년대 레이건 대통령이 사용하면서 대중화되었고 복지 혜택을 받는 사람들에 대한 편견을 조장하는 데 기여했다. - 옮긴이)'에 해당하는 영국의 경우다.[30]

엄마 역할을 수행하는 것과 대부분의 돌봄 노동은 자율성, 생산성 및 성공의 정반대로 여겨지고 현재의 경제 환경과 점점 상충한다. 이러한 환경에서 엄마가 되는 것에 대한 불안은 거의 불가피해 보인다. 캐서린 로튼버그Catherine Rottenberg가 《신자유주의 페미니즘의 부상The Rise of Neoliberal Feminism》에서 강조했듯이 우리는 시장의 계량법에서 벗어날 수 없다. 우리는 승자가 되기 위한 경주에서 항상 자신의 가치를 높이면서 끊임없이 자기 점검을 해야 하고, 엄마라면 자녀도 이러한 시대정신에서 경쟁할 수 있게 오로지 '완벽한' 사람으로 키우려고 노력해야 한다. 이는 취약성, 의존성 또는 돌봄노동에 대한 인내심 있고 지속적인 참여를 거부하는 또 다른 표현이다. 이러한 활동이 우리 자신이나 자녀의 즉각적인 이익에 도움이 되지 않는 한 말이다.[31]

이것이 바로 많은 돌봄노동이 유급 노동으로 다른 사람에게 아웃소싱되는 이유이며, 바로 이 저임금의 불안정한 돌봄 분야가 수십 년 동안 급증한 이유다. 한편, 언론은 놀랍게도 마치 정부 수당을 받는 엄마들이 긴축 체제와 우리의 광범위한 사회적 실패의 희생자가 아니라 그것에 대해 책임이 있는 것처럼 비방을 한다. 이러한 이야기는 엄마들이 얼마나 쉽게 대중의 비난의 대상이 될 수 있는가를 보여준다. 영국에서는 현 보수당 정부가 한부모 가정을 수치스럽게 만들고 그들을 재정적으로 압박하고 있다. 이는 2019년 유엔의 신랄한 보고서에서 강조되었는데, 한부모가 복지 혜택 삭감으로 가장 큰 타격을 받았을 뿐 아니라, "여성, 특히 가난한 여성이 의도적으로 표적이 된 것 같다"고 비난했다.[32]

그러나 소득과 자산의 극단적인 계층 구분의 반대편에서는 불안과 분노의 수준도 높아진다. 페미니스트 미디어 학자 샤니 오르가드Shani Orgad는 《집으로: 모성, 일, 그리고 실패한 평등의 약속Heading Home: Motherhood, Work, and the Failed Promise of Equality》에서 이전에 보수가 좋았던 직장을 떠나 풀타임 육아를 '선택한' 전문직 여성 그룹을 인터뷰했다. 개인적인 자원에 접근할 수 있음에도 불구하고 오르가드는 집에 갇힌 엄마들이 우리 세대의 페미니스트들이 따라 하기 단호히 거부했던 1950년대 주부들과 같은 증상으로 고통받고 있음을 알아냈다.

오르가드가 인터뷰한 '특권을 가진' 여성들은 남편에게 의존하고 있다는 사실에 불편함을 표현하고 그들의 이전 경력이 무엇이든 이제는 남편에게 종속되어 있다고 느끼면서도 자신들이 '올바른 결정'을 했다고 주장한다. 그들은 반세기 전 여성 해방주의자들이 '주부들'에게서 발견한 것과 유사한 외로움과 고립의 경험을 인정했다. "여성이 항상 집에만 있는 것은 상당히 외로운 일이다"라고 최근 집에 갇힌 엄마들은 오르가드에게 고백한다. 그중 한 명은 "자신의 삶을 뒤로 제쳐놓아"서 생긴 "정서적, 심리적 트라우마"에 대해 공개적으로 말한다.

이 엄마들이 자신들의 선택이 옳았다고 치켜세우는 동안에도 그 밑바닥에는 분노와 원한이 있었다. 그들은 감히 맞서기도 어려운 무언가를 직감했다. 이전 직장 생활의 엄청난 요구 사항과 남편들의 경직된 직장 생활이 합쳐져 그들을 '집으로 돌아가게' 만들었다는 사실이었다.³³ 당연히 상대적으로 부유한 이 주부들은 자신들의 선택이 유지되는 데 일조했던 성 불평등을 극복할 수 있다는 점에 대부분 냉소적이었다. 이 엄마들은 장시간 근무와 영구적인 가용성을 요구하는 유해한 고용 조건에 반대하는 대신, 남편의 경력을 활용하기로 결정했고, 이제는 성 불평등의 근본인 구조적인 조건에 도전하기가 불가능하다고 주장했다.

집에 갇힌 엄마들이든, 지친 '일하는' 엄마들이든, 어떤 형태로든 해방이나 도피가 시급히 필요하다는 점은 최근 대중 매체에서 모성을 묘사하는 일이 급증하는 것에서 분명하게 드러난다. 그들은 모두 엄마 역할에 대한 불가능한 요구를 풍자한다. 또 다른 영국 미디어 학자인 조 리틀러Jo Littler는 〈배드 맘스Bad Moms〉나 〈마더랜드Motherland〉 같은 최근 코미디에서 주로 중산층 엄마들이 일상의 혼란을 비롯해 일과 집안일로 느끼는 압박감에 대처하면서 겪는 트라우마를 완화하기 위해 술이나 다른 무모한 쾌락주의에 의존하는 모습을 묘사하고 있다고 지적한다.

안타깝게도 현대의 과로 문화에 대한 직접적인 공격이나 복지 축소, 적은 비용으로 이용할 수 있는 지역사회 자원의 부족에 대한 비판은 없다. 바로 이런 것들 때문에 엄마들이 적절한 양육을 하는 데 어려움을 겪고 아빠들은 전적으로 공동 양육에 참여하기를 꺼리거나 대체로 그렇게 할 수가 없는데도 말이다. 또한 가장 큰 타격을 입은 미혼모나 노동자계급의 엄마들에 대해 관심을 기울이는 미디어는 거의 없다. 아마도 그들 삶의 극심한 불안정성과 고난은

코미디의 소재가 될 여지가 거의 없기 때문일 것이다.[34]

결과는 신자유주의적 합리주의의 또 다른 승리다. 이 승리는 엄마들이 스스로 '선택'을 한다는 생각을 옹호함으로써 많은 여성들이 성 불평등의 뿌리인, 정상적 기능이 불가능한 가사 분담 구조에 대해 대안이 있을 거라고 믿거나, 심지어는 상상조차 하지 못하게 하는 현실을 은폐한다. 미국 사회학자인 앨리 혹실드 Arlie Hochschild 가 2014년에 주장한 것처럼, 모성은 여전히 "정지된 혁명의 긴장을 끌어당기는 자석"으로 남아 있다.[35] 페미니스트들이 한때 선언했듯이, 그 혁명에는 직장을 변화시키기 위한 대규모 투쟁과 가정 내 진정한 성평등을 이루기 위한 단호한 실천이 필요하기 때문이다.

그럼에도 불구하고 그러한 혁명을 상상하기가 그리 어렵지는 않다. 수십 년 동안 우리는 북유럽 국가, 특히 덴마크, 노르웨이, 스웨덴에서 그와 같은 일이 진행되는 것을 봐왔기 때문이다. 이들 국가는 각각 나름의 방식으로 육아 방식을 보다 진정성 있게 선택할 수 있도록 관대한 국가 지원 가족 정책을 만드는 데 막대한 투자를 해왔다. 유급 육아휴직 연장, 전액 보조금을 받는 어린이집, 그리고 가장 중요하게는 육아의 의무를 위해 남자들의 휴직을 요구하는 정책 등이다. 이러한 정책들은 아동을 위한 최선의 이익과 성평등을 목적으로 추진된다.[36]

모성을 다시 정치적인 문제로

영국의 운동가들은 '엄마가 되는 것에 대한 벌칙Motherhood Penalty'에 대해 이야기하는데, 여성이 아이를 가질 때 직면하는 사회적, 재정적 손실을 의미한다. 이는 남성이 부모가 되면서 얻는 것, 즉 '아빠가 되는 것에 대한 보너스'와 대조된다. 영국 여성단체 포셋 소사이어티Fawcett Society는 "부모가 되면 여성에게는 뚜렷한 임금 '벌칙'이 있고, 남성에게는 임금 '보너스'가 있다"고 지적한다.37

마찬가지로 일레인 글레이저Eliane Glaser는 《모성 선언Motherhood: A Manifesto》에서 페미니즘의 "미완성 사업"에 대해 논의하면서 "너무 많은 영역에서 시계가 거꾸로 가고 있다"고 주장했다. 그녀가 말하는 통계는 오싹하다. 모든 산모의 50퍼센트가 출산 전후에 정신 건강 문제를 겪는다. 처음 출산을 하는 초보 엄마의 50퍼센트는 늘, 아니면 대부분의 시간 동안 외로움을 느낀다. 자살은 아기가 태어난 첫해에 산모의 주요 사망 원인이다. 글레이저는 자신이 여러 종류의 지원을 활용할 수 있는 페미니스트이고 서로 배려하는 관계에 있었음에도, "11년 전 아들이 태어난 이후 매일 실패하는 느낌"이라고 고백한다.38

이러한 생각은 많은 사람들이 엄마 역할을 수행하는 데에는 필연적으로 희생과 상실이 따른다는 체념적 결론을 내리게 할 수 있다. 이는 의심할 여지 없이 영국의 출산율이 미국처럼 급감해 현재 기록적인 최저치를 보이는 이유다. 실제로 오늘날 20세기 후반에 태어난 여성들 중 거의 절반이 서른 살 생일까지 자녀가 없는 반면, 20세기 중반에 태어난 여성들의 경우 그 숫자가 20퍼센트가 조금 넘는다.

하지만 흥미롭게도 아빠가 육아에 더 많이 참여해야 한다는 페미니스트의 요구는 어느 정도 성공을 거두었다. 요즘 아빠들은 베이비부머 세대보다 자녀에 관해 훨씬 더 적극적으로 관여하고 있다. 그들은 종종 자녀들과 놀아주거나 아이를 안아주기도 하고, 심지어는 기저귀를 갈아주는 모습도 보여준다. 그러나 이것이 집안일까지 확장되지는 않는다. 7퍼센트 미만의 아빠들만이 집안일을 여성과 동등하게 분담한다고 알려졌다. 더욱 놀라운 점은 조산사가 수년 동안 보고한 것처럼 가정 폭력이 여성이 임신했을 때 종종 시작되거나 심해진다는 사실이다.

그러나 많은 엄마들이 결국 비난받거나 경멸을 당하는 지속적인 이유는 이 책의 핵심 주제 중 하나로 되돌아가는데, 바로 의존에 대한 두려움이다. 우리 중 많은 사람들, 특히 남성들은 자신들이 무기력하고 도움이 필요했던 때의 기억과 연관시켜 가장 오래 애착을 형성했던 엄마와의 관계를 불편해한다. 이는 모성과 관련된 어떠한 관여도 완고하게 회피하는 것으로 바꿔 나타날 수 있다. 성인이 되면 다른 사람에 대한 의존이 더 이상 필요치 않다는 환상에 집착하는 것이다. 아동심리학자 애덤 필립스가 낙담하며 지적했듯이 "남자아이는 엄마에게 의존했다는 트라우마를 남성의 힘에 대한 승리주의로 전환해야 한다. 이 설정에서 취약성은 남성성의 더러운 비밀이며, 남성은 오직 폭력적인 사람이 되는 것만이 달랠 수 있는 무기력함에 끊임없이 시달린다."[39]

이것이 바로 여성의 '신성한 소명'에 대한 칭송이 실제 엄마에 대한 반복되는 적대감으로 그늘지는 이유 중 하나다. 영국의 문학 연구자 재클린 로즈Jacqueline Rose도 이에 동의한다. 로즈는《숭배와 혐오: 모성이라는 신화에 대하여》에서 엄마가 "우리의 개인적, 정치적 실패와 세상의 모든 잘못된 것에 대한 궁극적인 희생양"으로 남아있다고 주장한다. 우리는 여전히 엄마들에게 불가능한 일을 수행하고, 우리를 모든 개인적·정치적 약점에서 구해내라고 요구하고 있으며, 그런 다음 이러한 절망적인 일에 실패한 것에 대해 엄마들을 비난한다.[40]

로즈에 따르면, 사회가 엄마들에게 하는 일은 "승인된 잔인함"이며, 그 정도가 더욱 심해지고 있다. 예를 들어, 직장 내 차별을 보고하는 임산부와 아이가 있는 여성들의 77퍼센트는 10년 전의 45퍼센트에 비해 크게 늘었으며, 직장을 잃는 임산부의 수는 두 배나 늘었다. 로즈는 모성의 미덕이라는 개념은 누구에게도 도움이 되지 않는 신화라는 점을 인식하는 게 중요하다고 지적한다. 이는 많은 경우 육아라는 힘든 일을 이민자들이 부분적으로 대신한다는 점을 생각하면 분명해진다. 심지어 직업적인 상황이 허락한다면 자녀들과 더 많은 시간을 보내고 싶어 하는 사람들도 마찬가지다.

2016년부터 영국 정부는 아이가 세 살이 되면 30시간의 육아에 대해 보조금(현재 위협받고 있음)을 제공했다. 그러나 이러한 지원은 정규직으로 일하는 부모들에게만 제공되기 때문에 대체로 전문직 여성에게 혜택을 준 정책이다. 가난한 부모들은 일주일에 35시간 이상 일해야 하고, 적자를 메우기가 어렵다. 이러한 국가 보조금은 보통 육아 바우처나 맞벌이 부모를 위한 세금 감면을 통해 지급되며, 이는 기업 보육 서비스 제공자에게 막대한 이익으로 이어진다. 이러한 접근 방식은 공적 자금을 지원받는 보편적 보육 시스템에 대한 페미니즘의 초기 비전에 반한다.[41]

코로나19 팬데믹은 모든 엄마들의 딜레마를 가중시켰다. 세계 곳곳에서 나오는 보고에 맞추어 언론인 매디 세비지Maddy Savage는 BBC에서 코로나19가 여성의 삶 전반에 피해를 입히고 있다고 발표했다. "일하는 엄마들이 더 많은 육아를 수행하고 고용 불안이 증가함에 따라 코로나19가 수십 년 동안 이루었던 발전을 망쳐놓았을 것이라는 우려가 있다."[42]

그러나 전적인 책임이 전염병에 있는 것은 아니었다. 오늘날 엄마 역할과 양육을 전문으로 연구하는 또 다른 영국 사회학자 모드 페리에Maude Perrier는 지난 20년 동안 보육 서비스 제공이 지속해서 악화되고 있는 것을 추적했다. 공공자금 지원이 급격히 감소했고, 이는 이를 제공하는 기업 시장에 막대한 이익으로 이어졌다. 페리에는 《육아 전쟁, 모성 노동자와 사회적 재생산Childcare Struggles, Maternal Workers and Social Reproduction》에서 봉쇄 기간 동안 직업과 돌봄 책임을 병행하기 위해 애쓰는 일하는 엄마들이 직면한 새로운 위협에 대해 언론이 가끔 보도했지만, 유급 육아 노동자들에 대해서는 전혀 관심을 기울이지 않았다고 지적했다. 그들은 최저임금을 받는 가장 취약한 노동자일 뿐만 아니라 대부분 노동자계급, 이민자, 소수민족 여성 근로자들이다.[43]

팬데믹 첫 해에 코로나19로 사망한 65세 미만 여성의 대다수가 사회복지사와 가사도우미였다는 사실보다 돌봄 근로자를 돌보지 못한 우리의 실패에 대한 비난을 더 잘 표현하는 것은 없다. 페리에가 지적한 것처럼 전 세계적으로 일부 보모는 고용주가 봉쇄규칙 준수를 거부할 때 더 큰 위험에 직면했다. 또 다른 사람들은 직장을 잃고, 일부는 고용주의 처분으로 노숙자가 되거나 발이 묶였다. 따라서 팬데믹 기간 동안 우리가 들었던 일부 주요 근로자를 위한 박수 소리는 모든 곳에서 일어나는 유급 육아 노동자에 대한 경제적, 상징적 평가절하와 동시에 일어났다. 페리에는 일하는 엄마로서 유급이든 무급이든 전통적으로 달성하기 힘든 모든 육아 노동자들의 단결을 촉구하는 데 동참했다. 하지만 오늘날 이러한 요구를 하는 데 있어서 그녀는 결코 혼자가 아니다.

현재, 미국에서 특히 두드러지는 흑인, 소수민족, 퀴어 여성들의 흥미로운 움직임이 있다. 그들은 더 나은 삶과 더 배려하는 세상을 위한 투쟁에 반드시 필요한 부분으로서 자신들만의 급진적인 모성 비전을 제시한다. 저널리스트인 대니 맥클레인Dani McClain은 《우리는 우리를 위해 산다: 흑인 모성의 정치적 힘We Live for the We: The Political Power of Black Motherhood》에서 흑인 엄마들이 자신과 자녀의 파멸에 가담하지 않으려면 해방을 위해 싸워야 한다고 말한다.[44]

워싱턴에 거주하는 흑인 작가 안젤라 가베스Angela Garbes는 《필수 노동: 사회적 변화로서의 엄마 역할Essential Labor: Mothering as Social Change》에서 엄마 역할을 흑인 여성과 소수민족 여성이 역사적으로 늘 수행해 왔던, 주로 다른 사람들을 위한 저임금 돌봄 노동과 연결한다. 가베스는 지금은 흑인 여성들이 자신들의 가족과 지역사회를 위해 하고 있는 모든 창조 활동, 양육, 삶의 긍정에 찬사를 보내야 할 때라고 썼다. 결정적으로 그녀는 자녀를 돌보는 일이 단순히 개인적인 일이 아니라 "지역사회의 강력한 지원이 필요하다"고 강조한다. 다른 사람들과 함께, 가베스는 '*엄마 역할mothering*'이 동사이며, 아이를 기르는 일, 즉 엄마 역할을 하는 것은 "모든 성별의 사람들과 부모가 아닌 사람들까지도 포함"하기 때문에 성별이 정해진 것이 아니라고 선언하기를 열망한다.

이렇게 보면 아이를 키우는 일이 우리의 상호의존성을 축하하고 그것을 바탕으로 발전시키는 것이 되어야 하고 또 그럴 수 있음에도 불구하고, "외롭고, 파산을 초래하고 지치는" 일이 되어버린 현실에서 무엇이 잘못된 것인지 분명해진다.[45] 이렇게 말하면 엄마 역할을 수행하는 것은 다시 한번 사회 변화를 위한 중요한 수단이 된다. 엄마들이 돌봄 공동체를 재건하기 위한 투쟁에 모든 곳의 돌봄 노동자들과 합류하면, 엄마 역할은 개인의 외로움에 저항할 수 있는 기반일 뿐 아니라 더 넓은 반란을 위한 혁명적인 수단이 된다.

《필수 노동》에 관한 서평에서 〈뉴요커〉 기자 지아 톨렌티노는 필리핀계인 가베스와 같이 "엄마 역할 수행이 반란의 방식이 될 수 있을까?"라고 묻는다. 톨렌티노는 팬데믹 기간 동안 젊은 엄마로서 자신의 경험을 되돌아보고 가베스가 "여성(보통 백인 여성)이 출산으로 인해 지적, 창의적으로 억압받는다고 묘사되고 모성이 개인의 가능성에 대한 본질적인 위협으로 여겨지는 현시대의 내러티브를 벗어날 수 있는 신호를 보낸다"고 주장했다. 대조적으로 톨렌티노는 엄마가 되면서 "그 어느 때보다 더욱 시민적으로 유능하고 실존적으로 유연하다"는 점을 느꼈다고 썼다.[46]

따라서 육아 및 돌봄 노동의 모든 측면을 재고하는 것은 다시 한번 광범위한 페미니스트의 목표가 되고 있으며, 전반적인 사회 복지에 대한 우리의 비전에 필수적이다. 또 다른 미국 페미니스트 학자이자 재생산 정치를 연구하는 역사가 로라 브릭스Laura Briggs가 《어떻게 모든 정치는 재생산 정치가 되었는가How All Politics Became Reproductive Politics》라는 제목을 붙인 이유가 바로 여기에 있다. 마찬가지로 보스턴에 기반을 둔 정신분석학 이론가인 린 레이턴Lynne Layton은 신자유주의가 돌봄 환경의 체계적 실패를 낳은 방식을 더 많은 사람들이 알아차리고 있으므로, 그렇지 않은 경우를 상상하는 것은 결코 불가능한 일이 아니라고 주장한다.[47]

레이튼과 보조를 맞춰 많은 호평을 받고 있는 모성에 대해 연구하는 젊은 역사가 세라 놋Sarah Knott은 《엄마의 역사》에서 수 세기에 걸쳐 침묵 당한 엄마들의 목소리에 대한 자신의 모성적 친밀감에 관해 썼다. 그녀는 로즈, 글레이저, 맥클레인, 가베스, 톨렌티노와 함께 긴급 행동 촉구에 동참했다. "양부모든, 친모든 모든 입장의 돌봄 제공자들이 말하는 후기 자본주의 하의 돌봄에 대한 방어; 여성, 남성, 레즈비언, 게이, 트랜스젠더 등은 정말 광범위한 연합이 될 수 있다."[48]

나처럼 나이가 많은 페미니스트에게는 우리의 상호의존을 강조하고 돌봄노동이 공적이고 보편적이야 한다고 주장하는 이 모든 새로운 목소리들이 무척 기쁘다. 그들은 돌봄 실패에 대처하기 위해 가능한 한 가장 광범위한 연합을 구축해 나가야 한다고 말한다. 또한 돌봄 환경이 없으면 어떤 엄마들은 어려움을 헤쳐 나가지 못할 것이 분명하고, 엄마로부터 분리되어 '보호' 체제로 맡겨지는 아이들의 수가 2010년 이후 해마다 증가해 현재 연간 10만 건 이상인 이유가 이것이다.

페미니스트들은 한때 엄마 역할을 할 수 있는 더 나은 환경을 조성하는 것이 더욱 친절하고 돌보는 세상에 대한 요구로 이어지기를 희망했다. 훨씬 더 큰 장애물을 직면했음에도 불구하고 오늘날 많은 젊은 여성운동가들에게 그 생각이 다시 돌아왔고, 이제 그들은 복지 축소 취소, 보육 제공을 위한 공공자금 증가와 함께 주당 노동 시간 단축을 주장하는 캠페인 그룹에 합류했다. 내가 젊었을 때는 긴축과 극심한 일자리 압박이 있기 전으로, 가사의 분담과 공동 양육은 우리 중 일부가 가정생활에 중대한 변화를 가져오는 데 성공했다는 것을 의미했다. 실제로, 우리 중 많은 사람들이 직장에서 다른 삶을 살 수 있었던 것은 덜 힘든 가정생활 덕이었다.

2장

교육의 가치

Lean on Me

어렸을 때 천식 때문에 병원에 자주 입원하면서 나는 툭하면 학교를 빠졌다. 그러나 매우 존경할 만한 부모의 빼빼 마른 딸이라는 나의 연약함과 지위 때문에 몇몇 선생님들로부터 따뜻함과 때로는 세심한 관심을 받았다. 나는 초등학교, 중학교, 고등학교와 대학에서의 시간을 즐겁게 보냈고, 선생님이나 나보다 나이가 많은 여학생, 또는 다른 멘토들에게 자주 반하곤 했다. 우리 집에서는 학문적 능력이 제일 중요했는데, 이는 흔히 유대인 가정의 특징으로 여겨졌다. 엄마와 남동생은 둘 다 학업 성적이 높아, 각각 '주 1등 학생'으로 칭찬받았으며, 마지막 학년에는 뉴사우스웨일즈 전역에서 가장 높은 시험 결과를 얻었다.

'성취'라는 공공 지표가 교육의 모든 측면을 평가하는 데 가장 중요한 요소가 되기 훨씬 전, 나는 시험 결과가 가장 중요하고 가치를 나타내는 유일한 지표라는 견해를 받아들였다. 여동생과 나는 둘 다 이 근시안적인 견해에 반항했지만, 그 대신 무엇이 중요한지에 대해서는 답하지 못했다.

그러나 교육 그 자체에 가치를 두어야 한다는 것이 그 어느 때보다 분명해졌다. 이는 우리가 더욱 평화롭고, 배려하며, 포용적인 세상을 만드는 방법을 이해하는 데 결정적이다. 나에게는 교육의 목적을 고민하는 일이 해가 갈수록 중요해졌다.

교실과 돌봄

미국 철학자 마사 누스바움 Martha Nussbaum은 교육의 기능을 분석하면서 프랑스 철학자 장 자크 루소 Jean-Jacques Rousseau의 고전 《에밀》을 활용한다. 결정적으로, 인간성에 대한 존중을 키우고 "탐욕스러운 자아의 과잉"을 억제하기 위해 우리의 감정을 교육해야 한다는 누스바움의 논리는 설득력이 있다. 누스바움은 정말로 이것이 배려하는 시민을 양성하는 유일한 방법이라고 확신한다.

> 인간의 공통된 약점과 취약성에 대한 교육은 모든 아이들 교육의 매우 심오한 부분이 되어야 한다. (…) 그들은 다른 사람들의 고통을 해독할 수 있어야 하며, 이 해독이 의도적으로 아이들을 멀리 떨어져 있는 다른 사람과 동물의 삶을 포함하여, 가깝거나 먼 곳에 있는 다른

사람의 삶으로 이끌어야 한다.¹

누스바움 이전에는 브라질의 유명한 교육자이자 기독교 마르크스주의자인 파울루 프레이리Paulo Freire가 교사, 학습자, 사회 간의 새로운 상호작용 관계를 구축하는 방법에 관해 20권이 넘는 책을 출판했다. 항상 소외된 사람들의 편에 선 그의 가장 영향력 있는 책인《페다고지》는 브라질 성인과 칠레 농민들에게 읽고 쓰는 법을 가르쳤던 개인적인 경험을 바탕으로 저술되었다. 그는 착취당하는 사람들이 비인간화에 맞서 싸우고, 더 강한 정체성을 확고히 하며, 그들이 속한 세상의 사회적 변혁에 참여하도록 돕기 위해서는 교육이 필요하다고 주장했다.²

많은 사람들이 프레이리의 영향을 받았지만, 미국 흑인 벨 훅스와 같은 페미니스트들은 그의 생각을 추종하면서도 그의 언어에 드러난 성차별을 지적했다. 훅스는 또한 프레이리의 계급을 우선시하는 논의가 젠더 및 인종 문제에 대한 무시로 이어진다고 느꼈다. 훅스는《벨 훅스, 경계 넘기를 가르치기》에서 현재 '비판적 교육학'이라고 알려진 새로운 종류의 교육이 필요하다는 점에 동의했다. 이 교육은 다문화 공동체를 구축하고 사람들이 불의에 저항하고 변화를 위해 힘쓰도록 장려하기 위해 설계되었다. 교사로서의 경험을 바탕으로 훅스는 관행을 넘어서는 교육적 실천이 보람되긴 하지만 결코 쉽지 않을 것이라는 점을 인정한다. 훅스는 다음과 같은 생각으로《벨 훅스, 경계 넘기를 가르치기》를 끝맺는다.

모든 한계에도 불구하고 교실은 가능성의 장소로 남아 있다. 그러한 가능성의 분야에서 우리는 자유를 위해 힘쓰고, 우리 자신과 동지들에게 우리가 함께 뭉쳐 경계를 넘어 관행을 넘어설 방법을 상상하는 한편 정신과 마음을 열어 현실을 직면하라고 요구할 기회를 얻는다. 이것이 자유의 실천으로서의 교육이다.3

사람들의 고유한 능력이 무엇이든, 포용적이고 지원적인 교육적 실천만이 강한 주체성과 다른 사람들과의 연결감을 구축하는 데 도움이 될 수 있다는 것을 분명히 해야 한다. 오직 실용적 목표에만 관심을 두는 일방적이고 무관심한 교육 방식은 무시되거나 부적절하다고 느끼는 사람들을 낙인찍거나 소외시키는 역효과를 가져올 가능성이 높다. 안타깝게도 내가 교육 분야에서 보낸 반세기 동안 관찰한 변화로부터 결론을 내릴 수밖에 없는데, 그러한 포용적이고 학습자들에게 능동성을 부여하는 교육은 오늘날 모든 교육 기관의 지배적인 추세와는 정반대다. 그 결과 커리큘럼이 점점 더 외부적 목표와 취업 시장에 맞추어졌고 우리는 그 자체를 위한 교육이라는 아이디어에 더욱 격렬하게 쏟아지는 공격을 목격하고 있다.

역사에 관심 있는 사람들은 알고 있듯이 교육을 둘러싼 깊은 정치적 분열은 항상 존재했으며 모든 학습의 수준에서 사람들의 교육 경험에 영향을 미쳤다. 이러한 전쟁은 19세기 말 산업화된 국가에서 어린이들에게 최소한의 교육이 의무화되자 시작되었다. 특히 영국은 기이하게도 '공립학교'로 알려진 엘리트 사립학교에 다니는 사람에게 평생 특권이 부여되는 것으로 악명이 높다. 진정한 공공 부문에서는 1944년부터 보편적인 무상 중등교육이 시작되면서 선택적인 공교육과 포괄적인 공교육을 두고 논쟁이 벌어졌다. 어린이의 80퍼센트가 일반중등학교 secondary modern schools(입학시험으로 학생을 선발하는, 주로 대학 입학을 목적으로 운영되는 그래머스쿨이나 기술학교에 가지 못한 학생들이 가는 중등학교로 1970년대에 점차로 폐지되었다. -옮긴이)에 배정되었고, 초등학교 말에 일레븐플러스시험 11-plus exam(초등학교의 최종 학년인 11세에 치르는 시험으로 중등학교 진학에 중요하다. -옮긴이)에서 좋은 점수를 받은 20퍼센트만이 그래머스쿨 grammar schools에 진학했다. 그래머스쿨은 일반중등학교보다 학생당 4배 더 많은 돈을 받았다.

모든 연구에서 압도적인 숫자의 그래머스쿨 학생들이 중산층 배경 출신이라는 사실이 밝혀졌음에도 불구하고, 이 시스템이 똑똑한 노동자계급 아이들에게 사회적 상층부로 이동할 기회를 제공했다는 신화는 오늘날까지도 계속되고 있다. 그래머스쿨을 다니는 노동자계급 청소년은 대학에 진학하는 경우가 거의 없었고, 설사 진학했다 하더라도 그들은 종종 자신들이 그곳에 어울리지 않는다고 느꼈으며 학교생활을 혐오했다고 회상했다. 그들 중 한 명인 영국의 문화 이론가 아네트 쿤 Annette Kuhn은 감동적인 회고록 《가족의 비밀: 기적과 상상의 행위 Family Secrets: Acts of Memory and Imagination》에서 "확연한 위화감"을 느꼈던 경험을 묘사했다. 한편, 일반중등학교에 "남겨진" 아이들은 종종 이미 실패자라는 이름표가 붙여진 느낌이었다고 표현했다.

젊은 시절 스튜어트 홀은 1950년대 후반 일반중등학교 교사로 처음 일하면서 영국 교육 시스템의 한계에 대해 고심했다. 홀은 학교가 학생들에게 비판적으로 생각하도록 가르치는 대신 "학생들이 사회가 이미 부여한 교육과 문화에 대한 사회적, 계급적 장벽에 익숙해지도록" 하기 위한 프로파간다 엔진이었다고 회고했다. 홀은 대부분의 동료 교사들이 붐비는 교실과 열악한 장비와 씨름하며 자신들의 학교가 열등하다고 간주된다는 사실을 너무 잘 알고 있다는 점을 발견했다. 그들은 자신들이 가르치는 학생들의 가정 배경을 경멸했고 "자신들과 학교 사이에 안전거리"를 유지하도록 노력했다.[4] 이것을 배려하는 환경이라고 부를 수 있을까?

이와는 대조적으로 크리스 설Chris Searle은 영국에서 가장 급진적인 교사 중 한 명으로 유명해졌다. 설은 50여 년 전에 학생들이 사회의 기존 가치와 위계에 도전할 수 있도록 모든 학생들, 특히 가장 사회적으로 불리한 계층의 학생들에게 관심을 기울여야 한다고 주장했다. 이는 설이 런던 동부 스테프니Stepney의 가난한 지역에 있는 일반중등학교인 서 존 카스 앤드 레드코트 중학교Sir John Cass and Redcote Secondary Modern의 하위권 학생들을 대상으로 한 수업에서 영어를 가르칠 때 처음으로 공개적으로 실천에 옮긴 신념이었다. 글쓰기를 장려하기 위해 설은 지금까지 스스로를 학교에서 거부당했다고 여기던 학생들이 쓴 시를 모아 책으로 만들었다. 그러나 학교 운영진은 아이들이 이스트엔드East End 빈민가에서의 어려운 생활에 관해 썼기 때문에 "너무 암울하다"며 그 시집을 거부했다.

설은 어쨌든 방법을 찾아 그 시집을 《스테프니의 말Stepney Words》(1971)이라는 제목으로 출간했고, 예상한대로 해고되었다. 이로 인해 500명의 학생이 수업을 거부하고 학교 밖으로 나갔다. 이 시위에 인근 세 개 학교 학생들도 빠르게 합류했으며, 시위는 트라팔가 광장에서 설의 복직을 촉구하는 대규모 집회로 이어졌지만 성공하지는 못했다. 그러나 《스테프니의 말》은 성공을 거두었고 설은 곧 다른 학교에서 자신의 아이디어를 성공적으로 추진할 수 있게 되었다. 《스테프니의 말》의 세 번째 판은 몇 년 전에 출판되었는데, 최초 출판된 시집에 글을 실었던 학생들이 거의 50년 만에 출간행사에 참석했다.

1960년대와 1970년대 학교에 미친 인종차별의 영향이 일부 학생들에게 가장 끔찍하고 무관심한 상황을 안겨주었다는 사실이 나중에 널리 인정되었다. 이때가 영국 전역에서 흑인 어린이 수백 명이 '교육적으로 정상 이하'라는 잘못된 분류를 받고 지능이 낮은 아이들을 위한 ESN학교에 잘못 배정된 때였다. 후에 그레나다에서 사회주의 정부에 대항한 쿠데타 실패로 악명을 떨친 런던의 교사 버나드 코드Bernard Coard가 그의 신랄한 논쟁을 담은 《서인도 제도 어린이가 영국 학제에서 교육적으로 정상 이하가 되는 방식How the West Indian Child Is Made Educationally Sub-normal in the British School System》에서 이러한 관행을 가장 강력하게 비난했다.[5] 참으로 인종차별은 교육 시스템 전반에 만연해 어떤 학교에서든 백인이 아닌 아이들의 성공을 방해했으며, 그 이후로 거의 변하지 않았다. 세계경제포럼은 2020년 최신 종합 보고서에서 영국 대부분의 흑인 어린이들이 학교에서 인종차별을 경험했다고 밝혔다.

셀리나 토드Selina Todd는 인종의 문제든 계급의 문제든 간에, 영국 학교의 실패를 강조하는 또 다른 유명한 교육 역사가이다. 토드의 광범위한 연구에 따르면 그래머스쿨이 그들이 표방한 모호한 능력주의 목표조차 달성하지 못했고, 분열을 격화시키고, 노동자계급 아이들에게 자신의 무가치함을 확신시키는 데 더 많이 일조한 일이 확인됐다.6 사실 사회적으로 상위 계층으로의 이동이 가장 활발했던 시기는 그래머스쿨이 폐지되고 종합중등학교comprehensive school(성적에 상관없이 입학할 수 있는 영국의 중등학교 유형으로 대부분의 공립학교가 여기에 속하며, 우리나라의 평준화 학교와 비슷한 개념이다. – 옮긴이)가 구축되었을 때 비로소 도래했다.

1970년대부터 성별이나 인종에 관계없이 더 많은 노동자계급 아이들이 고등학교나 대학교를 갈 수 있게 된 것은 종합중등학교 때문이었다. 그러나 종합중등학교 제도의 황금기는 오래가지 못했다. 교사들은 그 이유가 전반적으로 정부가 더욱 엄격한 시험, 시찰, 교직원 모니터링 제도를 시행하고 있기 때문이라고 한다.

최근에는 새로운 형태의 학교 관리주의가 광범위하게 상업화된 경쟁을 정착시켰다. 1988년에 시작된 학교 공개 순위는 더 부유한 학부모들이 '더 나은' 학교를 선택할 수 있게 되면서 사회계층 간의 분리를 격화시켰다. 이러한 움직임은 더 이상 지역사회가 운영하지도, 책임을 지지도 않는 사립학교independent schools와 아카데미의 성장을 위한 길을 열었다. 한편, 2014년부터 종합중등학교에 강제하던 국가 커리큘럼의 범위가 더욱 좁아지면서 예술 분야는 확실히 배제되고 소위 STEM(과학science, 기술technology, 공학engineering, 수학mathematics 융합교육.-옮긴이) 과목이라 불리는 영어, 수학, 과학에 집중하게 되었다.

멜리사 벤Melissa Benn은 《삶의 교훈: 국가 교육 제도의 사례Life Lessons: The Case for a National Education Service》에서 이러한 어려운 상황을 확인했다. 그녀는 창의성과 놀이가 이미 시험이 도입된 유치원 환경에서도 밀려나고 있다고 보고한다. 이러한 시장형 경쟁, 끝없는 시험, 스켈레톤 커리큘럼skeleton curriculum(학생들이 성인이 되어서 필요한 스킬만 제공하는 커리큘럼.-옮긴이)의 영향으로 "생애 초기부터 대학까지의 교육 경험이 유해하게 좁아졌다."

안타깝게도 이러한 요인들이 합쳐져 영국 학교들은 창의적 학습 부분에서 유럽 최하위권에 머물게 되었다. 불평등을 해결하고, 배려심, 연민, 그 외 가치 있는 다양한 삶의 기술을 가르치려는 어떠한 형태의 비판적 교육학도 설 자리가 거의 없다. 당연히 우리는 이제 매일 교사들의 불만을 듣고 있으며, 2021년 전국 교육 연합National Education Union의 조사에 의하면 세 명 중 한 명은 5년 이내에 교직을 그만둘 계획이 있다고 응답했다.

비록 내가 가장 익숙한 것은 영국 교육 시스템의 변화지만, 이는 대부분 미국의 과정을 모방한다. 워싱턴의 선구적인 교육학자이자 전직 정부 고문인 다이앤 래비치Diane Ravitch는 《미국 교육 제도의 죽음과 탄생: 시험과 선택이 교육을 훼손하는 방법The Death and Life of the Great American School System: How Testing and Choice Are Undermining Education》을 출간했다. 래비치 자신도 시험과 선택을 지지했지만, 시험, 책임, 시장, 이른바 선택의 강요가 미국 학교 교육을 훼손하는 결과를 가져왔다는 것을 알게 되었다. 래비치는 이러한 변화가 실제로 대학 진학 여부에 관계없이 학생들의 지적 능력과 창의성을 위축시킨다고 결론지었다.7

그 후로 수많은 보고서들이 미국 교육 시스템이 악화되고 있는 다양한 양상들을 계속해서 기록해 왔다. 래비치의 보고서가 나온 지 6년 후인 2016년에 전 세계 어린이의 읽기 능력을 측정한 결과, 열 살 미국 아동의 읽기 능력은 10년 전보다 훨씬 저하된 것으로 나타났다. 이는 미국이 전반적으로 세계적 등급에서 더욱 뒤처지고 있다는 신호였다. 연구자들은 이러한 쇠퇴를 교실 안팎의 모든 면에서 보살핌이 부족한 것과 연관시킨다. 아무리 유능하고 배려심이 깊은 교사들이라도, 그들은 점점 더 많아지는 극빈층 학생들을 마주하고 있다. 이 학생들은 굶주림과 노숙, 집에서 생기는 여러 가지 문제에 대처하면서 읽고 명확하게 생각하는 법을 배우려고 노력한다.

아이들이 참여하고 또 그럴 의지가 있다면 교실은 확실히 배려하는 공간이 될 수 있다. 그러나 최근 코로나19 팬데믹 기간 동안 1년 가까이 학교를 폐쇄하면서 가난하거나 사회적 취약계층에 속한 학생들의 상황은 더욱 나빠졌다. 물론 유엔이 수많은 교육 보고서에서 강조한 것처럼 그들의 상황은 전 세계적으로 명백히 드러났다. 어떤 사회에서든 불평등 수준이 높을수록 자원이 부족한 학교는 점점 더 커지는 디지털 격차를 넘어 가난한 학생들에게 다가가기 어려웠다. 영국 교육부는 2022년에 중등학교에서 가난한 학생과 또래 학생 간의 격차가 10년 만에 가장 크게 벌어졌으며, 교육예산이 삭감될 경우, 격차는 더욱 커질 것이 분명하다고 지적했다.

교육의 목적

일부 학생의 성적이 떨어지고 있는 것 같지만, 대학 학위는 여전히 전 세계 대다수 젊은이와 그들 가족의 목표다. 영국 런던대학교 교육연구대학원Institute of Education에 의하면 97퍼센트의 부모가 자녀의 대학 진학을 원하며, 여기에는 분명히 자신들은 고등교육을 받지 못한 부모들이 포함된다. 실제로 2017년에는 영국에서 약 50퍼센트의 젊은이들이 고등교육에 참여하고 있었다. 하지만 2022년에는 그 수치가 5퍼센트 감소했다.[8] 정부 지원 축소로 인해 많은 대학이 심각한 위기에 처해 있는 상황에서 그러한 감소는 놀라운 일이 아니다. 팬데믹 기간 동안 유학생 수가 줄어들면서 재정이 더욱 악화된 많은 영국대학들이 붕괴 위기에 처해 있다고 보고되었으며, 14~40개 기관은 심각한 위협을 받고 있다는 이야기가 들린다.

우리는 무엇이 그렇게 잘못되었는지 이해해야 한다. 어떤 상황에서든 교육은 건강하고 배려하는 세상을 위한 비전의 근본적인 요소로서 싸워서 지킬 가치가 있다.

첫째, 우리는 배움의 장소에 대한 상품화의 결과를 인정해야 한다.

전 세계적으로 고등교육에 대한 위협에 가장 큰 경고를 제기한 사람들은 고등교육이 갖는 공공재로서의 근본적인 의미에 대한 가장 분명한 비전 또한 전달했다. 대학의 목적이 상업적 사고를 장려하는 것이라는 어떤 생각도 거부하며, 그들은 고등교육의 핵심적인 기능은 항상 비판적 사고와 자율적 연구를 장려하는 것이었고 이 둘은 그 자체로서 필수라고 주장한다. 영국의 문학평론가 스테판 콜리니Stefan Collini가 주장하듯이 대학은 "현재 이해의 한계를 뛰어넘는 것이 (…) 대학 자체의 존재 이유"가 되는 곳이어야 한다.9

이것이 또한 고등교육이 모든 사람에게 최대한 접근 가능하게 만들어야 하는 이유이기도 하다. 이는 입학 요건을 이리저리 바꾸는 것으로는 달성할 수 없는 일이다. 오히려 그것은 생을 시작하는 순간부터 최고의 교육과 지원이 모든 사람에게 열려 있는가에 달려 있다.

런던대학교 골드스미스컬리지의 사회학과에서 30년 동안 강의한 레스 백Les Back이 최근에 낸 성찰적 에스노그래피ethnography를 담은 저서에는 대학 생활의 득과 실이 감동적으로 그려져 있다. 백의 《아카데믹 다이어리Academic Diary》는 행정적 업무로 인한 시간 낭비,

현재 학생들이 빚을 지고 있는 상황, 학위과정의 시장화, 동료들의 더해지는 불안에도 불구하고 가르치는 직업의 만족스러운 측면을 예찬한다.

백은 진정한 보상은 지금도 선생들이 학생들의 삶에 실제로 변화를 일으킬 수 있음을 아는 일이라고 단언한다. 이것은 중요하며, 그는 이를 소중히 여긴다. 이는 급진적인 교사의 격려와 지원을 받았던 노동자계급의 소년으로서 자신이 학교에서 경험한 최고의 순간과 이어진다. 현재 런던시티대학교에서 사회학을 가르치고 있는 사회학자 로잘린드 길Rosalind Gill의 우아한 에세이에도 비슷한 감정이 표현되어 있다. 불행하고 말썽 많은 아이로 퇴학당한 후, 길은 FE칼리지에서 만난 두 명의 뛰어난 사회학 교사에 의해 구조되었다. 길은 "나는 그들이 열어준 모든 대화, 가능성 그리고 관점들에 대해 영원히 감사하고 있다"고 말한다.[10]

백은 가르칠 때 가장 중요하고 보람 있는 것은, 학생들이 관심 있는 것들에 대해 흥미를 유지하게 하고 그것들에 대해 스스로 생각하고, 연구하고, 글을 쓰도록 시간을 주는 일이라고 말한다. 성취감을 주는 가르침은 배려하는 가르침이다. 백의 지적처럼 이는 학생들의 말을 듣고 그것들이 중요하다고 확신을 주는 일에서 시작하는데, 무엇보다도 아이디어가 중요하다는 감각을 전달하는 일에서 출발해야 한다. "대학은 고급 이론의 미로를 통하든, [스튜어트 홀의 말을 빌리자면] 익숙한 것을 낯설게 만드는 하찮은 작업을 통하든 간에 마음이 방황할 수 있는 장소일 때 가장 좋다."[11] 어쩌면 더 중요한 것은 낯선 것을 익숙하게 만드는 일이다.

20년간의 학계 생활을 돌이켜보며, 조 리틀러도 같은 감정을 표현한다. 오늘날 거의 모든 곳에서 고등교육 분야에 종사하는 수많은 근로자들의 생각을 표현하며, 특히 영국(영국의 다른 대학들과는 다르고 덜 상업화된 무료 대학 시스템을 갖춘 스코틀랜드와 더 관대한 학생 지원을 제공하는 웨일스를 제외)에서 리틀러는 관료적 미세 경영이 어떻게 대학의 학자들을 경쟁적으로 분열시키고 유아화하며 과로로 지치게 하는지를 보면서 사기가 꺾였다고 고백한다. 그러나 특정한 보상은 지속된다고 말한다. "동시에 그것은 특권이자 즐거움이다. 대학에서 일하는 것은 특권이고, 다른 사람들과 함께 듣고 배우는 것은 즐거움이다. 그리고 이 둘은 우리가 구체화할 수 있는 모든 형태의 민주화를 향해 일해야 하는 책임감을 수반한다."[12]

이것은 나의 교육 여정을 통해서도 명백하게 드러났다. 나는 마지못해 고등교육 분야에서 경력을 시작했고, 내 전공에 따라 내가 보기에는 대체로 별로 영감을 주지 않는 심리학과에서 가르쳤다. 실제로 나는 1968년에 심리학 분야의 혼란과 불모성에 관한 비트겐슈타인의 도발적인 말로 박사 논문을 끝냈다. "심리학에는 실험 방법과 개념적 혼란이 있기 때문이다"라고.[13]

많은 다른 사람들, 특히 젊은 여성들처럼 나도 인간의 행동과 감정을 더 많이 이해하기 위해 심리학을 공부하고 싶었다. 실망스럽게도 당시 우리의 주요 연구 프로젝트에는 이러한 것이 아예 없었고, 대신 먹이를 모으기 위해 미로를 달리는 쥐에 대한 연구가 있었다. 이것은 인간의 사고와 행동의 복잡성은 고사하고 쥐의 일상적인 행동에 대해서도 아무것도 가르쳐주지 않았다. 1969년에 취득한 나의 박사 학위는 심리학의 '과학에 대한 질투'로 인해 인문학과 거리를 두고 인간이 경험하는 기쁨과 비참함에 대한 모든 관심을 포기한 학문적 어리석음을 비판하는 내용이었다.

"그것이 얼마나 터무니없는 일인가?" 나는 반복해서 물었다. 이는 '관찰 가능한 행동'에만 초점을 맞추기 위해 생각이나 감정에 대한 것들을 피하는 당시 헤게모니적 행동주의 심리학 학파의 잘못된 개념들을 철저하게 비판하는 것을 의미했다. 목표나 의도에 대한 개념을 거부함으로써 실험심리학은 그것이 집착하는 행동의 뉘앙스에 대해 적절한 설명을 결코 할 수 없었다. 기침이 코로나19의 징후였을까, 아니면 관심을 끌기 위한 시도였을까? 행동주의 심리학자들은 말해줄 수 없을 것이다.

당연히 시드니에 있는 소수의 전통적인 심리학과에서는 나를 채용하는 것을 고려조차 하지 않았다. 반면에 내 박사 논문을 심사한 북미의 저명한 교수인 지그문트 코치Sigmund Koch와 윌리엄 로즈붐William Rozeboom은 각각 텍사스와 앨버타에 있는 자신의 학과에 자리를 제안했다. 그러나 그 지역에 아는 사람이 아무도 없었던 나는 아는 사람이 몇 있었던 런던으로 떠났다. 1970년 9월, 나는 14개월 된 아들과 함께 런던에 도착했다.

1960년대 영국에서 고등교육이 확대되면서 새로 박사 학위를 취득한 졸업생, 심지어 자신의 학문에 대해 냉소적인 해외 졸업생도 대학에서 자리를 잡을 수 있는 기회가 많았다. 나는 가장 먼저 알게 된 일자리 중 하나인 엔필드공과대학Endield College of Technology의 제안을 즉각 수락했다. 미혼모에게는 완벽한 근무 조건이었다. 나는 친구들의 추가 도움, 지역사회에서 무료로 운영하는 놀이그룹, 그리고 우리가 설립을 위해 애를 썼거나 도왔던 어린이집 덕분에 일상적인 육아와 수업 시간을 조율할 수 있었다.

직장을 옮겨 다니며 항상 자신의 시장 가치를 높이려고 노력해야 한다는 압박감은 당시에는 거의 상상할 수 없는 일이었으며, 정치적 활동가들에겐 확실히 그랬다. 그래서 나는 30년 동안 그 자리에 머물렀다. 1972년에 엔필드공과대학은 미들섹스폴리테크닉Middlesex Polytechnic으로 바뀌었고, 20년 후 미들섹스대학교Middlesex University가 되었다. 한편, 10년마다 고등교육에 흥미로운 새로운 가능성이 생겼고, 그 덕분에 나는 내내 좌파 페미니즘 정치를 끌어낼 수 있었다.

지식의 본질

예상대로, 나는 직장에서 심리학의 좁은 이론적 틀과 학문적 경계를 비판하는 한편, 동시대 사회 문제에 심리학이 관여할 수 있는 잠재력을 넓히는 데 에너지를 쏟았다.

공식적으로 나는 '사회심리학'을 가르치고 있었지만, 그 분야에서 기본으로 여겨지던 고전적인 실험에 대해 논의하는 데는 시간을 거의 할애하지 않았다. 여기에는 피험자가 바람에도 눈을 깜박이지 않도록 훈련하는 눈 깜박임 실험이나 한 사람이 잘못된 정보를 주장함으로써 다른 사람의 행동에 어떤 영향을 미칠 수 있는지 관찰하는 동조 실험이 포함되었다. 이 실험들은 쥐가 아닌 인간 피험자를 대상으로 했지만, 기존 관행에 따라 피험자들의 실험실 외부의 사회적, 역사적 세부 사항이 완전히 제거된 조건에서 데이터가 수집되었다. 교과서에는 미국의 솔로몬 애쉬Solomon Asch나 옥스퍼드대학교의 마이클 아가일Michael Argyle 같은 저명한 학자들이 실험실 환경에서 엄격하게 통제된 피험자들의 행동(계급, 인종, 성별 또는 기타 개인 고유의 특성에 상관없이)을 자세히 측정한 결과들이 실렸다. 이것이 전 세계에서 관찰되는 행동과 어떻게 관련되는지는 여전히 단순한 추측에 불과했다.[14]

우리가 세상에 태어날 때부터 언어, 문화, 다양한 힘의 그물망에 깊숙이 얽힌 사회적 존재라는 개념이 주류 심리학에서 거부되었다. 그러나 그것은 좌파 페미니즘, 반인종차별주의자, 내가 속한 마르크스주의 환경의 기반이었고 나는 수업에서 그것을 전달하려고 노력했다. 그러한 수업은 당시 나에게, 또 종종 학생들에게도 가장 관심 있는 문제로 이어졌기 때문에 학생들에게 인기가 있었다. 예를 들어, 정치적으로 재규정되고 R. D. 랭의 이론을 발전시킨 '정신질환' 개념은 여성에게서 특히 높게 나타나는 우울증을 질환으로 수용하는 한편, '엄마의 작은 도우미'라는 별명으로 판매되는 중독성

벤조다이아제핀을 사용하는 일상적인 치료에 의문을 제기했다.[15]

'편견'에 대한 이해는 더 이상 개인의 '태도'로 규정되거나 측정되지 않고 특히 프란츠 파농Frantz Fanon과 스튜어트 홀을 중심으로 백인 식민주의, 인종차별, 차별의 다양한 역사의 여전히 확고한 결과의 맥락에 놓이게 되면서 극적으로 바뀌었다.[16] 1952년에 나온 파농의 고전 《검은 피부, 하얀 가면》에서부터 언어 자체에 구조적으로 엮인 백인 세계의 흑인 세계에 대한 끊임없는 비하에 대해 생각하는 것이 가능했다. 더욱 복합적으로 스튜어트 홀은 항상 특정한 맥락에 놓여 있고, 상상되며, 다중적이라고 여겨지는 인종 정체성에 문화적 초점을 도입했다. 계급, 민족, 성별의 영향을 피할 수 없는 우리의 독특한 감각을 폭넓게 이해하는 일은 학제를 넘나들며 세상에서 사람들의 위치에 대한 우리의 이해를 대단히 풍부하게 했다.

비슷한 구조적 힘은 다행스럽게도 미들섹스에서 나의 동료이자 친구였던 조크 영Jock Young, 존 레아John Lea, 로저 매튜스Roger Matthews를 포함한 '신범죄학자new criminologist'가 개념화한 '범죄 행위'에 대한 새로운 이해를 제공했다.[17] 그들은 노동자계급 범죄에서 소외와 상대적 박탈이 중요한 역할을 할 뿐만 아니라 그러한 범죄를 줄이거나 통제하는 데 있어 지역사회 돌봄 프로그램이 중요하다고 지적했다.

각 주제는 매 순간 새로 부상하는 젠더 지형에 의해 틀이 잡혔다. 내 분야에서는 여전히 어이없게도 젠더는 '성별 차이'라고 알려진 개인적 속성으로 축소되었으며, '본성nature, 타고나는 것' 대 '양육nurture, 사회적으로 만들어지는 것'으로 입장이 나뉘어 끊임없이 싸웠다. 예를 들어 우울한 전업주부의 문제는 앤 오클리나 미국 사회학자 제시 버나드Jessie Bernard의 연구에 비추어 보면 매우 다르게 보였다. 두 사람 모두 자신을 '그냥' 주부라고 묘사하는 대다수의 여성들이 경험하는 고립과 지위의 상실을 탐구했다. 주부는 더 넓은 세상과 좀 더 큰 관계를 맺고자 소망했던 그들이 앞서 가졌던 희망과는 종종 상충하는 직업이다.

이제는 젠더 관계가 지금까지는 대체로 배제되어 왔던 인간의 생각과 행동에 관한 모든 영역과 교차한다는 점을 보여줄 수 있게 되었다. 특히 여성의 주체성은 줄리엣 미첼Juliet Mitchell, 자넷 세이어스Janet Sayers 또는 낸시 초도로우의 비판적 정신분석학 관점을 사용함으로써 더욱 복잡한 것으로 다루어졌다. 매주 폭력, 성, 육아, 가족생활 문제부터 미디어 이미지, 심지어 패션에 이르기까지 여성들의 삶의 모든 면을 다루는 새로운 연구와 논의가 등장했다.

나는 미들섹스의 정통 심리학과에서 괴짜로 용인되었지만, 우리 학교에서는 그 누구의 수업이나 교과과정을 간섭하려는 시도는 없었다.

나는 동료 몇몇하고만 가깝게 지냈고 그들에게 직접적인 지원을 받았지만, 대부분의 교직원들이 학생들에게 헌신적이고 도움을 준다고 느꼈다. 대부분 나는 대학 외부 활동을 통해 자신감과 지지를 얻었고, 이를 통해 내 교육 활동에 있어서 특정한 목적의식을 갖게 되었다.

이때는 정치사회학의 전성기였다. 정치사회학은 급진 철학에서 나온 비판적 사고와 급성장하는 문화 연구 및 미디어 이론 분야와 결합하여 진보적인 교사들이 학계로 자리를 옮겨 교수나 연구자로서 학문적 기반을 찾을 수 있게 했다. 이는 특히 젊은 급진주의자들이 마음껏 기존의 체제를 비판하고 공격할 수 있는 붉은 벽돌 대학redbrick universities(19세기 영국 주요 산업 도시에 세워진 6개 대학.-옮긴이)과 폴리테크닉은 물론, 심지어는 내가 속한 보수적인 학문 분야 내에서도 일어났다.

대부분 지방 당국이 설립하고 자금을 지원했던 1970년대 폴리테크닉에서는 우리가 원한다면 마음껏 창의성 계발에 전념할 수 있었다. 이는 중앙정부의 통제를 받는 오래된 엘리트 대학과는 대조적이었다. 우리 학과는 자율적이었고 어떤 종류의 관료주의도 다룰 필요가 없었다.

학생 수가 꾸준히 증가했고 여전히 정부 지원을 상당 부분 받으며 학계에서의 생활은 수십 년 동안 비교적 편안하게 유지되었다. 1970년대 초에는 영국에서 대학에 다니는 젊은이들의 비율이 5퍼센트 조금 넘는 정도였지만 10년이 지나면서 그 비율은 거의 세 배가 증가해 14퍼센트로 늘어났다. 더욱이 우리의 근무 조건은 우리가 선택한다면 모든 학생들과 가깝고 보살피는 관계를 발전시킬 수 있는 시간의 사치를 누릴 수 있었다.

1970년대 중반에 쓰이고 앤서니 셔Anthony Sher가 주연을 맡은 텔레비전 미니시리즈로 방영된 말콤 브래드버리Malcolm Bradbury의 베스트셀러 소설 《역사의 남자The History Man》와 같은 주류 미디어에서는 우리와 같은 좌파 학자들을 풍자했다. 주인공인 노동자계급 출신 하워드 커크Howard Kirk는 열렬한 좌파 학자로 그의 급진적인 정치를 자신의 이익을 위해 교묘히 사용하여 학생들과 잠을 자고 아내를 무시한다.

그럼에도 불구하고 당시의 지적 생활은 여전히 진보적 사고를 선호했고, 1970년대와 1980년대 정치운동이 꽃피운 것은 우리의 '급진적' 사상 중 일부가 단순히 풍자나 조롱이 아닌 주류 문화의 언어로 나타나기 시작했음을 의미했다. 일단 그 단계에 도달하면 항상 변이가 발생하고 새로운 논쟁이 벌어질 수 있다. 이는 특히 젠더와 인종 문제와 관련하여 더욱 그랬다. 질 트위디Jill Tweedie의 화려한 페미니스트 컬럼에서 분명히 알 수 있듯이 선도적인 자유주의 신문인 〈가디언〉은 1970년대 중반쯤 여성 해방을 놓치지 않고 따라잡았다. 1978년 빅토리아 공원에서 열린 〈인종차별에 맞서는 록Rock against Racism〉 콘서트에 10만 명이 모인 것을 널리 보도했다. 리처드 라이트Richard Wright, 제임스 볼드윈James Baldwin, 마야 안젤루Maya Angelou, 토니 모리슨Tony Morrison, 앨리스 워커Alice Walker를 시작으로 다수의 잘 알려진 북미 예술가들에 이어 다커스 하우Darcus Howe, 린턴 퀘시 존슨Linton Kwesi Johnson, 하니프 쿠레이시Hanif Kureishi를 포함한 흑인 소설가, 극작가와 시인들이 영국 언론에 언급되기 시작했다.

한편 인문학과 사회과학의 대중적 확장은 수십 년 안에 이전에 아웃사이더였던 많은 사람들이 갑자기 오래된 대학에 흡수된다는 것을 의미했다. 1970년대 이후 우리 자신의 고유한 지식 영역에 대한 이론적 간과, 역사적 배제, 개념적 및 방법론적 경직성을 강조하느라 바빴던 우리들은 20년 후 고등교육의 더 오래되고 보다 전통적인 섹터로 흡수되었다.

그러나 유감스럽게도 이 일은 우리의 급진적인 교육적 변혁을 마지못해 지탱했던 기관들이 자금이 부족해졌고 자신들이 실패했다고 선언한 바로 그 순간에 일어났다. 리틀러는 2000년 미들섹스 대학교에서 첫 직장을 구한 일을 이렇게 회상한다. "1990년대 후반과 2000년대 초반 이전에 폴리테크닉이었던 대학들은 나에게 흥미로운 작업이 진행되고 있던 곳이었다. (…) 나는 대학 외부의 조직, 공동체들과 협력했던 그들의 개방적인 태도가 좋았다. 이러한 활동들이 '*영향력 사례 연구* the impact case study'라고도 알려진 불필요하고 시간 소모적인 천편일률적인 감사라는 과정을 거치기 이전 시절의 이야기다."[18] 점점 더 많은 활동들이 감사의 대상이 되고 있었다.

복지 제공을 전반적으로 확대하는 계획의 일환이었던 진보적인 〈로빈스 보고서 Robbins Report〉의 영향 속에서 1970년에 교사 일을 시작한 나는 교육 정책에 대해 별로 의식하지 않았다. 〈로빈스 보고서〉의 권고는 많은 대학을 새로 세우고 고등교육이 크게 확장되는 시작점이 되었다. 또한 배움 자체와 사회 전체의 이익을 위한 학습의 가치를 확고히 강조했다. 결정적으로 〈로빈스 보고서〉는 고등교육의 민주적, 사회적 가치를 강조하면서, 이런 가치가 인정받으려면 대학에 진학할 능력과 의지가 있는 모든 사람이 대학에 다닐 수 있게 정부 지원이 뒷받침되어야 한다고 주장했다.

학교에 시장 논리를 도입한 정부

1970년대에는 고등교육이 무료였을 뿐 아니라 많은 학생들이 집세와 생활비 보조금을 받았기 때문에 학자금 대출, 초과 인출로 인한 은행 부채, 신용카드 부채로부터 자유로웠다. 내 경험에 따르면 1970년대와 1980년대의 좀 더 여유 있는 일정에서 가르치는 일은 항상 보람이 있었다.

그러나 마가렛 대처Margaret Thatcher 정권에서 공공부문 전반에 걸쳐 상황이 바뀌기 시작했다. 산업과 공공부문 모두에서 좋은 일자리는 대학 졸업 후 자격증을 요구하는 경우가 많아졌고, 이에 학급 규모는 커졌지만, 고등교육에 대한 자금 지원은 줄었다. 이와 함께 무조건 개인의 선택을 강조하는 풍조가 나타났고, 이는 누구나 충분히 열심히 노력하기만 하면 학교 교육이나 배경과 무관하게 높은 성취를 이룰 수 있다는 허울뿐인 주장을 동반했다.

두 번째 주요 교육 보고서인 〈디어링 보고서Dearing Report〉가 1997년에 작성되었는데, 이는 앞으로 닥칠 문제들을 다룰 토대를 마련했다. 이 보고서는 극빈층을 제외한 모든 학부생들에게 수업료를 받고, 그들에게 지원하던 생활 보조금을 상환이 가능한 대출로 대체할 것을 권고했다. 그러나 이것이 확실한 전환점이었는데도 불구하고 〈디어링 보고서〉는 고등교육의 목적이 개인이 최고의 잠재력을 달성하고 업무에 적합한 능력을 갖추도록 할 뿐 아니라 "자신들을 위한 지식과 이해를 높이고", "민주적이고 문명화된 포용적인 사회"를 형성하는 데 중요한 역할을 하도록 만드는 데 있다고 여전히 주장했다.

이 보고서는 노동당 당수인 토니 블레어Tony Blair가 총리가 된 지 불과 두 달 만에 나왔다. 블레어 총리는 고등교육을 확대해 인구의 절반 이상이 혜택을 받을 수 있게 하겠다고 약속했고, 학생 수는 1990년대 후반에 급격히 증가했다. 그러나 한편으로는 1998년에 학생들에게 연간 1000파운드의 '추가' 비용이 부과되면서 무료 교육이 종료된 때이기도 한다. 이 수업료는 2006년에 3000파운드로 세 배 증가했고, 2010년 연합/토리당 정부에서는 다시 세 배가 증가해 무려 9000파운드나 되었다. 이는 세계 다른 어떤 공립대학과 비교해도 높은 금액이었다. 〈로빈스 보고서〉를 정면으로 뒤집은 보수 정치인들은 항상 고등교육을 사회적 이익이나 국가 자산이 아닌 개인적 투자로 여겨왔기 때문에 시장 원칙을 도입하기로 했다.

1990년대 후반 미들섹스대학교에서는 한 강의실에서 수백 명의 열정적인 젊은이들의 얼굴을 볼 수 있었다. 이러한 추세는 미국과 유럽 전반에서 좀 더 일찍 시작되었으며 부분적으로는 여성의 고등교육 참여가 증가함에 따라 나타났다. 실제로 내가 맡은 심리학 수업들도 남녀 학생의 숫자가 비슷했다가 대부분 여학생으로 확연히 바뀌었다. 그럼에도 불구하고, 수업 규모는 아직 감당할 만했고 수업을 보조하는 조교들을 위한 지원도 어느 정도 있었다. 나는 특히 심리학 전공 학생들이 일반적으로 경멸하도록 배운 정신분석 같은 주제를 소개할 때는 항상 농담으로 시작했다. "다른 남성의 아내의 품 안에서 보낸 우리의 가장 행복했던 시간을 위해 (…) 우리의 어머니들을 위해 (…)!"와 같은 말들로 말이다.

1992년에 폴리테크닉은 대학으로 명칭이 바뀌었는데, 당시 지원이 줄어들고 대학 간의 위계가 커지는 상황이어서 아이러니했다. 명칭 변경으로 인해 대학에서 공부하는 노동자계급 청년의 수가 마술처럼 세 배로 늘어났다. 그러나 대학 순위를 매기는 새로운 정책으로 인해 고등교육의 불평등이 해소되기는커녕 오히려 확고히 자리 잡았다. 나는 우리 학교에서 가장 유명한 트로츠키주의 강사인 이안 버숄Ian Brichall이 다음과 같이 농담했던 것을 기억한다. "그것은 사람들을 거리로 내쫓으면서 메달을 주는 일 같다."

일원화된 국가 시스템에 편입되면서 이제는 대학이 된 기존 폴리테크닉들이 지역사회의 요구에 대응할 수 있는 범위도 축소되었다. 이는 모두 웨스트민스터의 권한 집중화의 일부였으며, 지방정부와 지역의회의 역할을 의도적으로 약화시켰다. 미들섹스를 포함한 이들 신생 대학의 경영진은 즉시 기존의 대학을 따라잡아야 한다는 압박감을 느꼈다. 우리 교수들은 어디에 있나요? 우리의 박사 과정 학생들은요? 세상에, 우리의 출판물들은 어디에 있나요? 대학이 더 많은 학생들을 유치하기 위해 지속적인 경쟁을 벌이면서 전반적으로 교수진들이 더 큰 압박을 받았다.

다행스럽게도 나는 1980년대부터 출판을 해왔으며, 주제는 늘 페미니스트와 좌파 정치에서의 상충되는 논쟁과 다양한 전략에 관련된 것이었다. 나의 글은 사회운동 참여의 파생물이었다. 나는 《미래는 여성형인가? 현 페미니즘의 고뇌Is the Future Female? Troubled Thoughts on Contemporary Feminism》에서와 같이 사회주의적 관점을 확증하기 위해 페미니즘 논쟁에 참여하고 싶었다. 또 반대로《파편을 넘어서: 페미니즘과 사회주의의 특성Beyond the Fragments: Feminism and the Making of Socialism》과 같이 페미니스트 입장을 주장하기 위해 좌파 논쟁에 참여하고 싶었다. 그것이 힐러리 웨인라이트Hilary Wainwright와 크나큰 격려로 이끌어 준 주 저자 실라 로보섬과 같이 쓴 나의 첫 번째 책이었다.[19] 이 책은 원래 내가 무보수 시간제로 일을 하고 있었던 이즐링턴 커뮤니티 출판사Islington Community Press에서 1979년에 소책자로 자체 출판한 공동작업이었는데, 그 책의 인기는 이듬해 리즈Leeds에서 대규모 회의를 촉발했다.

정치 활동에서 얻은 자신감과 지원은 학계에서의 경력에 도움이 되었다. 시리즈의 각 책을 그 시대 젠더의 영향을 받은 정치에 대해 다루는 속편으로 정기적으로 출판할 수 있게 되었다.[20] 나는 심리학 저널에 논문을 한 편도 내지 않았지만, 미들섹스가 대학으로 바뀐 지 2년 후인 1994년에 교수가 되었다. 오늘날 성공적인 출판은 각각의 학문 분야에서 엘리트 저널들의 위계가 부여하는 편협한 명성에 의해 주로 평가된다. 이런 환경에서 학자들은 불가피하게 더 큰 압박감을 느낄 뿐 아니라 동료나 독자들의 관심과 지지를 덜 받는다고 느낀다.

1990년대 말에 나는 런던대학교의 버크벡칼리지Birkbeck College에서 기념 교수직에 지원하라는 권유를 받았다. 이 학교는 '런던의 노동자들을 교육하기 위해' 설립되었으며, 1830년에 여성의 입학을 허가한 최초의 대학 중 하나였다. 버크벡은 그 이후로 어느 정도 진보주의의 결을 유지했으며 1920년 런던대학교의 일부가 되었다. 다만 현재도 그렇듯이 야간 수업을 계속 제공한다는 조건하에서였다.

175년 전의 그 기원을 기념하기 위해 버크벡이 찾았던 사람은 학문적 전문가보다는 학문적 삶과 더불어 공적인 일에 참여해 넓은 층의 청중을 얻은 소수의 학자였다. 이는 이러한 특정 교수직이 대학 간, 심지어 대학 내에서 만들어진 새로운 자금 조달 경쟁에서 공식적으로 자신의 학문 분야로 평가되는 분야에만 국한되지 않는다는 것을 의미했다. 이것은 나에게 매우 행운이었다.

돌이켜보면 나는 가르치는 일을 항상 즐겼는데, 나의 정치적 참여와 서로를 응원하는 좌파 페미니스트 환경에 속해 있다는 소속감과 완전히 얽혀 있었기 때문이었다. 그 당시에 그렇게 느끼는 사람은 나 혼자가 아니었다. 적어도 이론과 참여가 긴밀하게 공존했던 일부 여성 해방 조직 내에서는 말이다. 일부 페미니스트 활동가들과 이론에 '과잉 투자'하고 풀뿌리 투쟁에는 적극적으로 참여하지 않는 다른 활동가들 사이에 종종 긴장이 있었다는 점은 부인할 수 없다. 결과적으로 페미니스트 연대는 1970년대 말쯤이 되자 다소 약화되었다.

그러나 페미니스트들은 더 넓은 독자층을 위한, 학문과 실천을 결합하려는 시도를 담은 잡지를 계속 개발했다. 예를 들면, 1979년 창간 후 몇 년 만에 가입해 10년 동안 참여했던 〈페미니스트 리뷰 Feminist Review〉는 다양한 페미니즘 연구와 정치적 관점 및 전략에 대한 논쟁에 전념하는 저널이었다. 이 저널의 목표는 명백히 '학문적 작업과 정치적 작업의 틈을 연결'하는 것이었다. 물론 이 임무는 결코 쉬운 일이 아니었다. 특히 그때나 지금이나 인종과 민족 문제를 둘러싼 복잡한 긴장을 다룰 때는 더욱 그렇다. 창간호에서 다룬 주제는 고용 시장 내에서 영국의 동일 임금과 성차별 법안의 영향을 평가하는 것부터 이탈리아 파시즘 이데올로기, 여성성의 위치에 이르기까지 다양했다. 또 현재 시점에서도 주목할 만한 예멘 인민민주공화국의 탄생으로 영향을 받은 예멘 여성들과의 인터뷰도 실렸다.

1979년 대처가 영국 총리로 당선된 일은 나에게 있어서 교육과 정치 사이의 유대가 더욱 강화되었음을 의미했다. 1980년대 내내 좌파와 페미니스트 투쟁의 저항과 패배를 따라가야 했으며, 항상 우리 주변 세계에 대한 더 큰 이해를 장려하고 더 혹독한 시기에 다른 사람에 관한 관심을 넓히기 위해 노력해야 했다. 인종 봉기와 거리로 폭발해 나오는 노조 투쟁부터 영국의 그린햄Greenham에 미국 핵미사일 배치를 반대하기 위해 1981년 그린햄커먼Greenham Common에 설립한 그린햄커먼여성평화캠프에 이르기까지 논의할 것이 너무 많았다. 때때로 나는 교실에서 영국 제국의 유산이 미치는 영향에 관해 이야기하는 동시에 거리에서 일어나는 경찰 폭력과 괴롭힘에 맞서는 흑인 저항에 연대를 표하느라 바빴다. 또 다른 때에는 광산 폐쇄에 반대하는 광부들을 위한 광범위한 지원과 정신 건강에 대한 지역사회 유대의 중요성을 연결하고 있었을 것이다(1984~1985년 대처가 전국광부연합과 잔인하고, 결국은 성공한 대결을 벌이기 전). 또한 그린햄커먼의 여성평화캠프에서 활동을 하던 날도 있었는데, 이때는 '여성적'인 것과 비폭력과의 연관성에 대해 학술적 토론도 함께 진행했다.

새로워진 이론전투

안타깝게도 대처가 세 번째로 연속해서 당선되었을 때, 무적처럼 보이는 보수당 헤게모니에 대한 정치적 저항은 모든 곳에서 시들해지고 있었고, 나는 내 생애에서 가장 조용한 10년을 맞이했다. 그린햄에서의 여성 점령 시위와 에이즈 피해자들을 위해 더 많은 지원을 요구하는 게이 남성들의 주기적인 시위를 제외하고는 거리 활동이 줄어들었다. 그러나 고등교육계는 1980년대와 1990년대가 활기차고 전투적인 시기였다.

예를 들어, 전 세계적으로 여성 연구의 성장은 이제 줄지어 대학에 입학하는 일부 젊은 여성들에게 지지와 영감을 주는 데 도움이 되었다. 여성 간의 차이와 다양성에 대한 보다 깊은 이해와 함께 '*모든*' 여성의 존재를 인정하고 돌보는 방법에 대한 열띤 토론으로 활기에 찬 흥분되는 시간이었다.

미국에서는 1982년 뉴욕 바너드대학Barnard College에서 열린 '성의 정치학' 컨퍼런스에서 페미니스트들 사이의 치열한 논쟁이 벌어졌고, 이로 인해 검열과 노골적인 성적 표현 문제를 둘러싸고 소위 페미니스트 성 전쟁이 시작되었으며, 이는 오늘날까지 계속되고 있다. '포르노에 반대하는 여성'이라는 기치 아래 안드레아 드워킨Adrea Dworkin과 캐서린 맥키넌Catharine MacKinnon의 뒤를 잇는 강압적인 로빈 모건Robin Morgan을 포함한 일부 급진 페미니스트들은 '포르노'가 여성을 대상으로 한 남성 폭력의 원인이며 이를 금지하는 법이 있어야 한다고 선언했다. 반대 진영에는 회의 주최자들과 참가자들이 있었으며, 국가 검열의 잠재적 위험에 대해 논의할 시간을 허용하지 않고 '굴욕'으로 간주될 수 있는 성적 이미지를 검열하라는 요구에 비판적이었다. 주최자들은 또한 여성을 대상으로 한 남성 폭력을 남성 권력의 전체적인 구조가 아니라 포르노와 동일시하는 것이 축소적이라고 우려했다. 한창 열기가 뜨거웠던 와중에 급진적 페미니스트들은 주최자들을 비난했고, 대학 고용주들에게 항의를 제기했는데, 몇몇 경우 학문적 경력이 위험에 처하기도 했다.

비판 이론, 즉 '진실'이나 확실성을 창조하는 데 있어 언어의 역할에 초점을 맞춘 '포스트모더니즘'이라고 느슨하게 분류된 이론이 1990년대 전반에 걸쳐 주요 페미니스트 사상가들의 저술을 지배하면서 더 많은 갈등이 일어났다. 반대자들은 주관성과 표현에 학문적 초점을 맞추는 것이 사회경제적 또는 계급 문제에 대한 무시를 수반한다고 반대했다.

특히, 젠더 정체성을 '지속적인 *담론적* 실천'을 통해 '되어가는 과정' 중인 것으로 규정하고, 이 밖에 고정불변한 젠더 정체성의 기반이 과연 가능한지에 대해 철학적 의문을 던지는 주디스 버틀러의 이론은 공통의 페미니즘 주체와 구체적인 투쟁의 가능성에 대한 공격으로 여겨졌다. '젠더'는 고도로 규제되고 시간이 지남에 따라 굳어지는 반복적인 행위로 인식되지만, 그럼에도 불구하고 항상 개입과 재의미화 resignification에 열려 있다는 그녀의 주장에도 불구하고 말이다. 더욱이 버틀러는 페미니즘 정치에서 종종 기초로 여겨지는 바로 그 정체성 분류가 페미니즘이 펼칠 수 있는 특정한 문화적 가능성을 제한하고 규제하는 데 작용할 수 있다는 점을 고려할 때, 자신의 분석은 사실 페미니스트 저항의 가능성을 확장할 수 있다고 주장했다. 따라서 버틀러가 자신의 상징적인 저서인 《젠더 트러블》에서 자신 있게 결론지었듯이, 정체성의 해체는 정치의 해체가 아니라 오히려 "정체성을 구성하는 바로 그 용어를 정치적인 것으로 확립하는 것이다."[21]

그러나 이는 세심하게 잘 설명된 경우에도 항상 이해하기 쉽지 않다. 우리를 정치로 이끄는 것은 여자로서, 엄마로서, 교사로서 등등 항상 어떤 집단적 정체성에 기반을 둔 투쟁의 형태이기 때문이다. 버틀러의 생각과 다르지 않지만, 투쟁의 형태는 대부분 우리가 그러한 정체성 위치에서 어떻게 보이고 대우받는지에 대해 *거부하는 것*을 포함한다. 예를 들면, 내가 '여성'이란 무엇인지 의문을 제기한 것은 여성으로서였고, 내가 모성의 신화를 거부한 것은 엄마로서였다. 또 내가 심리학자라는 직업에 대해 질문한 것은 심리학자로서였다. 그러나《젠더 트러블》은 영향력이 있었던 만큼 여전히 악명도 높다.

동시에 인종 연구, 반식민지 사상, 퀴어 연구가 대학 커리큘럼에서 페미니스트 학문에 합류했고, 기본적으로 점점 더 다양한 배경을 가진 더 많은 학생들이 특정 과정에서 인정받고 관심을 받는 느낌을 받을 수 있었다. 내 수업에서도 발견했듯이, 1970년부터 새로운 학문 형태가 성장하는 과정에서 가장 흥미로웠던 점은 당면한 시국의 긴박한 문제들에 관한 관심을 넘어 '초학제성'을 포용했다는 사실이었고, 이는 모든 종류의 경계를 넘어 서로 듣고 배우려는 욕구를 촉진했다. 초학제성은 지식의 상호의존성을 인정하면서 서로 다른 학문적 전통뿐만 아니라 대학 밖의 일상적 습관과 의견에 밀접히 관여해서 배울 수 있는 것을 중시했다.

이는 '페미니스트 방법론'에 의식적으로 개괄되어 있는 새로운 방법론의 성장을 통해 표현되었다. 이러한 탐구 관행은 연구자들이 자신이 조사한 대상에 미치는 자신들의 영향에 대해 숙고하는 자기 성찰과 연구 대상자들에게 연구 대상이 되었을 때 받는 영향에 대해 피드백을 제공하고 논의하도록 권한을 부여하는 것을 목표로 했다.

그러나 1990년대 후반쯤에는 새로운 프로그램과 아이디어를 수업에 도입하거나 강의실이나 연구 상호작용에서 배려하는 관계를 우선시하려는 초기의 희망은 예산 삭감과 전 세계적인 고등교육의 상업화로 인해 꾸준히 약화되었다. 이제 학자들은 가르치는 사람으로서 직장에서 살아남기 위해 필수인 개인적인 경력 쌓기와 개인적인 인정과 함께 경쟁력 있는 평가를 받아야 하며, 학생들은 더욱 효율화된 고용 시장에 대비해야 한다. 앞으로 살펴보겠지만, 결과적으로 고등교육 환경에서 강의실 수업이든, 창의적인 연구든 또는 일반적인 지적 교류든 상호작용하며 배려하는 참여가 계속해서 줄어들고 있다.

줄어드는 예산, 가속화되는 상품화

10여 년 전 나는 은퇴할 나이가 되었고, 다행스럽게도 2008년부터 시간제 계약을 체결할 수 있었다. 이는 악화되는 직장 환경에서 벗어날 수 있음을 의미했다. 영국과 전 세계에서 대학이 중대한 변화를 겪고 있다는 것은 한동안 분명했다. 그러나 영국은 세계 각지에서 학생들을 끌어들이는 학문의 중심지로 항상 유명했다. 이것이 바로 토니 블레어가 1990년대 후반에 고등교육을 대대적으로 확장하기 시작한 계기였다. 정책 시행의 초기에 학생 35만 명이 등록했는데, 10년 후에는 200만 명 이상으로 급증했다.

그러나 상업적 계약을 위해 국가의 지원을 축소한다는 신자유주의 신조에 따라 영국의 고등교육 비용은 학자금 대출을 통해 국가에서 학생에게 이전되었다. 그러나 스테판 콜리니가 지적한 것처럼 해당 영역의 실제적인 민영화는 그 효과에 관한 증거 없이 진행되었다.

실제로, 현재 학생들에게 부과되어 종종 생의 후반부까지 연장되는 부채 부담으로 인한 정부의 지출 감소는 전체 지출에 비해 미미하다. 새로운 체제는 배려하는 교육 실천을 장려하는 것은 물론 경제나 사회 전반에 뚜렷한 이점을 주지 않는다. 콜리니는 현재 영국에서 대학 총장들이 종종 50만 파운드가 넘는 터무니 없이 높은 급여를 받는 것으로 상징되듯이 새로운 체제의 최우선 목표는 순전히 대학의 성격을 변화시키는 것이라고 결론지었다.

그 결과 대학은 이제 시장 도그마를 따르도록 강요받는다. 한때 대학은 배움 그 자체를 추구하는 가치를 주장함으로써 상업 세계에 대한 대안적 윤리, 심지어는 해독제까지 제시했고, 그 과정에서 지식인과 지식 사회를 창출했는데 말이다. 콜리니는 그 비참한 결과가 "일부 일류 대학을 삼류 기업으로 바꾸는 것"이라고 주장한다.[22]

2010년 이후 정부 지원 거부와 관리주의 시행으로 대학 생활이 지속적으로 침식되는 현상을 설명한 것은 콜리니뿐만이 아니다. 이 과정은 매우 포괄적이어서 또 다른 학계의 증인인 명민한 영국 사회학자 윌 데이비스Will Davies는 이를 "고등교육에 대한 국가적 보복"이라고 표현한다.23 더 기가 막힌 역설은 정부 보조금의 철회가 고등교육에 대한 더 큰 간섭을 수반했다는 점이다. 신자유주의의 기존 관료주의의 규제에 대한 비난과 그럴듯한 계층적 경쟁력을 강화하는 *새로운* 관료적 관리주의, 감시, 공공 기관에 대한 통제 사이에는 노골적인 모순이 있다.

교육학과 시장 논리를 결합하려는 목표를 향해 나아가면서 대학은 습득한 지식, 개인적 만족도 또는 획득한 자신감의 측면이 아니라 졸업 후 기대되는 소득 측면에서 졸업생의 결과에 대한 데이터를 제공해야 한다. 대학들은 시장 문제와의 관련성을 보여주는 강의를 개발하도록 권장된다. 따라서 대학들은 매우 중요시되었던 영문학과와 역사학과를 폐지하고 비즈니스에 더 적합한 맞춤형 과정으로 대체하도록 권장받았다.

비즈니스 중심 코스는 전통적인 과목에 비해 초점이 훨씬 좁다. 이러한 과정에서 영국 정부는 최근 예술과 디자인에 대한 예산을 50퍼센트 추가 삭감해 STEM 과목에 배분하기로 승인했다. 이는 보수 영국 언론과 정부의 보수적인 발언들이 인문학에 대한 지원을 중단하라는 추가 요청에 대한 대응으로, 이로 인해 영국의 여러 대학들이 일부 전통적인 과정을 없애기 시작했다. 셰필드핼럼

대학교Sheffield Hallam University는 영문학 강의를 중단했고, 한 강사는 인문학이 "문화 파괴 행위"를 당하고 있다고 절망적인 트윗을 올렸다. 2022년이 끝나기 전에 로햄튼대학교Roehampton University는 인문학부를 대폭 축소할 것이라고 발표했으며 울버햄프튼대학교Wolverhampton University를 포함한 다른 신생 대학들은 시각 및 공연 예술 과정의 폐지를 제안했다.[24]

한편, 논문이나 저서를 출판하고, 점점 사라지는 연구 보조금을 찾아 지원하라는 끊임없는 압력과 늘어나는 행정적 책임, 그리고 대학 생활의 모든 수준에서 일어나고 있는 모니터링, 평가 및 인증의 경쟁적 관행은 가르치거나 창의적인 참여를 공유하는 데 쓸 시간을 앗아간다. 전문 엘리트 저널에 출판하기 위해서는 여전히 시간을 할애하지만, 이런 저널들은 소수만 읽는다. 이러한 안타까운 상황으로 인해 최근에야 인문학에 대한 봉사로 공개적으로 명예를 얻은 영국의 저명한 문화계 인물 마리나 워너Marina Warner는 "[현재의] 고등교육 모델은 시내 중심가에서 이루어지는 수퍼마켓 경쟁을 모방하고 있으며, 외부 지원금의 필요성은 기관이 서로 맞붙어 경쟁하게 하고 심지어는 같은 대학 내에서 학부끼리 경쟁하게 하면서 젊은 학자들이 최상의 에너지를 연구 보조금을 받기 위한 제안서를 작성하는 데 낭비하고 있다"고 한탄했다.[25]

10년 전인 2012년, 영국에 기반을 둔 가장 유명한 학자들이 모여 영국대학방어위원회Councail for the Defence of British Universities를 구성했다. 당시 캔터베리 대주교였던 로완 윌리엄스Rowan Williams가 이사회를 이끌었고, 그 이후로 고등교육 정책의 "야만성과 비일관성"에 대해 열정적으로 비난하면서 기탄없이 의사를 표명해 왔다.[26] 이것은 끝나지 않을 싸움이다.

지금까지는 큰 성공을 거두지 못했지만, 대학교원을 대표하는 영국의 주요 기관인 대학연합University and College Union은 민영화에 반대하는 여러 백서를 발표하고 2020년대 초부터 이어지는 파업을 지지하며 여러 가지 중요한 문제들을 제기했다. 파업 참가자들은 연금 축소에 항의할 뿐만 아니라 모든 직원의 임금 인상, 관리하기 어려운 업무량을 해결하기 위한 의미 있는 조치, 비정규직 계약 폐지, 또한 인종, 성별, 장애에 따른 임금 격차의 해소를 요구했다.

물론 고등교육의 상업화가 영국만의 문제는 아니다. 그러나 유럽(스코틀랜드와 마찬가지로) 대부분의 공립대학은 때때로 자원이 부족하더라도 여전히 무료라는 점이 흥미롭다. 내가 태어난 호주에서는 '취업 준비가 된 졸업생'이라는 개혁 패키지를 통해 인문학 과정 비용을 두 배 이상 늘리는 동시에 수학과 과학 과정 비용을 크게 낮출 계획이다.[27] 미국에서는 치솟는 학생 부채 문제와는 별개로, 미국학술사협회American Council of Learned Societies 회장인 조이 코널리Joy Connolly는 공립대학에서 무엇을 토론하고 가르칠지를 지정할 수 있는 법안을 도입한 플로리다와 아이오와를 포함한 여러 주에서 행해지는 인문과학과 사회과학에 대한 지속적인 공격에 대해 경고했다.[28]

그러나 이러한 모든 장애물에도 불구하고, 또 비록 등록금 인상이 가난한 지원자들을 분명히 차별하지만, 많은 학생들은 여전히 인문학을 예전처럼 공부하고 싶어 한다. 그리고 영국학술원British Academy의 최근 연구에 따르면 인문학 학위가 취업 가능성을 떨어뜨린다는 증거는 전혀 없으며, 이러한 움직임 뒤에 숨은 순전한 속물주의를 강조한다.[29]

어떤 과정이든, 저임금 임시직 직원의 증가(많은 기관에서 25~30퍼센트)로 인해 증폭되는 고등교육에 대한 압박은 대학이 점점 덜 배려하는 문화를 조성하고 있다는 것을 의미한다. 학생과 교직원 모두 그들의 위치에서 불안정함을 느끼기 때문에 정신 건강의 저하와 일상적인 불안감을 경험한다. 특히 젊은 학자들의 상황은 더 하다.[30] 이는 또한 일부 젊은 학자들이 나처럼 특권을 누리는 나이 든 사람들을 향해 느낄 수 있는 시기와 분노를 키워 세대 간 격차를 증폭시킨다. 이전 세대 학자들은 현재의 모든 제약이 발생하기 전 좋은 시절에 공부하고 가르쳤던 행운을 얻었고, 또 이제는 더 쉽게 그것을 피하거나 완전히 도망갈 수 있기 때문이다.

무엇이 남았는가?

확실히 학계의 상황이 점점 더 어려워지고 있지만, 가끔씩 객원 강연을 하러 돌아올 뿐이었던 2020년이 끝나가는 시점에도 학계를 떠나기가 힘들다는 것을 알았다. 우리는 우리가 그렇게 다양한 방법으로 흔적을 남길 때 학생들이 우리의 존재로부터 무엇을 얻었을지 거의 알지 못한다. 그러나 몇몇 보고가 돌아온다. 최근에 나는 감비아Gambia의 중년 남성이 보낸 이메일을 받았다. 30여 년 전에 나의 가르침이 그의 삶을 바꿔놓았다고 하니, 그를 기억할 수 있었으면 했다. 수십 년 동안 약 5000여 명의 학생들을 가르쳤기 때문에 안타깝게도 이름들을 거의 기억하지 못하지만 나는 항상 답장을 보낸다.

그들을 모두 기억할 수는 없지만, 그들이 그립다. 교실에서 영향력을 발휘하기가 더 쉬웠고, 교직원에 대한 경쟁적 압박이 적고, 분노와 내부 갈등이 덜했던 시대에 일했다는 것이 우리 세대에게 얼마나 행운이었는지. 그래서 나는 할 수 있는 한, 최신 생각과 개념적 틀로 이제 나에게 가르침을 주는 이들에게 기대어 어떤 식으로든 연구와 내가 중요하다고 생각하는 아이디어를 전달하려고 계속 노력하고 싶다. 세대를 넘어 우리는 여전히 서로에게 제공할 무언가를 가지고 있다.

더욱이, 적절한 자금이 지원되고 진정으로 배려하는 교육 시스템을 위해 재구상하고 싸우는 데 도움이 되는 강력한 연합을 구축하고 유지하려면 확실히 서로가 필요하다. 이는 근본적으로 사회적 선으로서의 교육 개념으로 돌아가고, 돌봄의 논리와 항상 구별되는 시장 논리의 도입을 거부하며, 본질적으로 돌봄의 논리와 상충되는 수단적 목표를 내세우는 새로운 관리주의에 반대하는 것을 의미한다.

배려하는 교육은 모든 학습자에 귀를 기울이고 격려하는 것뿐만 아니라 그들이 가지고 있는 역량을 풍부하게 하는 것도 포함한다. 이는 또한 우리가 취약성을 공유하고 개인적으로나 사회 전반적으로 상호의존적이라는 인식을 전달하는 것을 의미한다. 무엇보다도 자급자족하고 두려움과 나약함을 거부하도록 훈련받은 사람들은, 이는 종종 남자아이들과 성인 남자들에게 해당하는 경우지만, 다른 사람들은 말할 것도 없고 자기 자신을 이해하기 위한 적절한 언어가 부족하다. 앞서 살펴보았듯이, 이것이 바로 누스바움이 모든 생명체의 잠재적인 고통을 이해하는 능력을 개발하는 것과 더불어 인간이 공유하는 약점, 고통, 취약성에 대한 연민을 심어주는 일이 처음부터 교육의 중심에 있어야 한다고 주장한 이유다.[31]

더욱 긍정적으로, 배려하는 교육은 포용적인 민주주의와 지속 가능한 환경을 보존하는 데 필수인 사랑, 돌봄, 연대, 정의에 대한 사람들의 의존도를 논의하는 데 초등학생부터 대학생까지 모두 참여시킬 수 있다. 배려하는 교육의 실천은 또한 모든 사람들을 위한 평생 학습을 허용하고 장려해야 하며, 이 과정은 영국에서 수년 동안 중단되었다. 제3시대 대학 University of the Third Age, U3A은 1973년 프랑스에서 설립되었지만, 현재는 은퇴한 사람들을 다양한 형태의 교육 활동에 참여시키는 것을 목표로 하는 국제적인 운동이다. 자원봉사 교사에 의존하고 교육 기관과 공식적인 연계가 거의 없음에도 불구하고 영국에서는 현재 1000개가 넘는 다양한 그룹으로 구성되어 있으며 회원 수가 50만 명에 달한다. 이러한 성공은 전 연령대의 모든 사람이 지식 공유에 관심을 가질 수 있다는 것을 알려준다. 또한 평생 학습을 유지하기 위해서는 자원이 풍부한 지역 정부의 지원이 중요하다는 것을 강조한다.

다른 한편으로는 여전히 커뮤니티 활동과 관련된 많은 다른 포럼이나 조금 더 조직화된 진보적인 정치 포럼이 남아 있어 사람들이 지식 공유나 커뮤니티 결속을 위해 참여한다. 잘못된 정보 형성을 확산시키는 데 있어서 인터넷의 역할을 당연히 개탄할 수 있지만, 어디를 봐야 할지 아는 사람들에게는 팟캐스트, 게임 및 기타 플랫폼을 통한 교육 리소스는 계속 확장되고 번성하고 있다. 그러나 진보적인 형태의 소속감을 통해 이미 확립된 제휴를 기반으로 하는 상호 대화형 교육 교류를 통해 사람들을 하나로 모을 수 있는 가능성은 무한하다.

전 세계적으로 모든 수준에서 더욱 배려하고 비판적인 교육을 실천하기 위해 기초를 만들고 유지하기 위한 투쟁은 모든 종류의 정보를 잘 알고 배려하는 세상을 유지하는 것뿐만 아니라, 현재 잠재적으로 우리 모두를 위협하고 있는 지구적 위기에 대한 인식을 확산시키는 데 필수다. 나와 같은 페미니스트들은 한때 모든 사람을 위한 더 나은, 더 배려하는 조건을 만들고, 지금까지 다양한 수준에서 여성들이 수행했던 보이지 않는 돌봄을 가시화하고 공유하면 새로운 세상을 건설하고 모든 사람이 번영하게 도울 수 있다고 생각했다. 그러나 그러한 희망이 다시 불붙기 위해서는 우리는 페미니즘의 오랜 싸움, 적어도 사회주의 페미니즘의 싸움을 재개해야 한다. 나는 다음 장에서 그러한 투쟁의 성공과 실패에 대해 다시 이야기하려 한다.

3장

페미니스트의 삶

Lean on Me

1960년대에 성인이 된 후, 나는 내가 태어난 폭언이 오가고 슬픔이 어린 집에서 하루빨리 벗어나고 싶었다. 나는 처음으로 시드니 자유주의자Sydney Libertarians 또는 푸시Push로 알려진 떠돌이 지식인, 대학교 강사, 중퇴자, 표류자 그리고 도박꾼들이 모여 있는 일종의 쉼터를 찾았다. 그들은 '영구적인 시위'와 결혼한 반권위적이고 비관적인 무정부주의자들이었다. 그들은 또한 내가 다니던 시드니대학교의 철학과에서 정치, 도덕, 자유에 관해 정기적인 강연회를 열었다.

강연회들은 매우 화기애애했다. 모임을 마친 후 우리는 값싼 카페에서 함께 식사를 했고, 당시 우리가 가장 좋아하는 술집으로 재빨리 이동했다. 나는 전후 호주의 권위주의적인 세계에서 여전히 경직된 보수주의와 지나치게 순응적인 삶, 그리고 정치를 향한 그들 자유주의자들의 비판적 사고와 경멸에 매료되었다. '자유로운 사랑'에 대한 푸시의 과할 정도의 헌신은 또한 어린 시절 집에서 노골적으로 드러난 당시의 위선적인 이중 잣대에서 벗어날 수 있게 해주었다.

몇 안 되는 핵심 남성들이 이 작은 영토를 지배했지만, 여성의 주장에 힘이 실렸기에, 남성들의 과음, 도박, 정착하지 못하는 생활방식이 지루해졌을 때 우리는, 특히 나로서는, 좀 더 쉽게 앞으로 나아갈 수 있었다. 나는 시드니의 주요 대학에서 대학원 과정을 마치면서 1960년대 반문화와 예술계로 빠져들었고, 1969년에 우연히 임신을 하고 일자리를 잃었다. 예상치 못한 엄마로서의 역할은 나를 어느 곳에도 분명한 소속감을 느끼지 못하고 표류하게 만들었다. 이제 나는 누구 또는 무엇에 의지해야 하는가?

나는 이듬해인 1970년 후반에 어린 아들과 함께 런던으로 도망갔다. 그곳에서 나는 당시 부상하던 여성해방운동에 빠르게 몰입했고, 그 후 주로 다양한 형태의 급진적인 공동체 활동에 참여했다. 나는 1970년 11월 런던 로열 앨버트 홀에서 열린 '미스 월드' 대회에서 일어난 폭발적인 여성해방운동의 시작, 대회 사회자 밥 호프 Bob Hope가 청중들에게 '오늘 밤 이 가축 시장'에 온 것을 환영한다고 인사했을 때 그의 터무니없는 성차별주의를 규탄하던 그 흥분된 순간을 놓쳤다(생방송으로 중계되던 이 대회에 100명이 넘는 여성해방운동가들이 몰려가서 여성의 성적 대상화 반대와 자유를 외쳤고, 무대를 습격해 사회를 보고 있던 밥 호프에게 밀가루로 만든 폭탄과 썩은 과 일을 던졌다. 이 시위는 여성운동 역사상 가장 기념비적인 사건 중 하나로 평가된다.-옮긴이). 다행히도 나는 곧 그 시위에 참여한 거의 모든 여성들과 친구가 되었는데, 그들 중 많은 사람들이 내가 이듬해 이즐링턴에 정착하자 근처에 살았다. 그 이후 나의 젊은 시절은 때때로 논쟁을 불러일으키기도 했지만, 페미니즘, 즉, 사회주의 페미니즘을 환영하며 받아들이는 가운데 보냈다.

여성을 중심으로 하는 이 새로운 정치운동에 참여하는 것이 내게는 내가 있어야 할 완벽한 장소 같았다. 우리의 생활방식이 무엇이든, 페미니스트들은 더 이상 남성에게 크게 의존하지 않는다고 느꼈다. 우리는 마침내 여성이 자신의 독립을 주장할 수 있다는 사실을 축하하는 동시에 서로에게 더 의존하기 시작했기 때문이었다. 미국의 베테랑 포크 가수이자 정치 운동가인 말비나 레이놀즈 Malvina Reynolds는 우리에게 큰 위로와 즐거움의 원천이었다. 우리는 그녀의 노래 〈우리는 남자가 필요 없어 We Don't Need the Men〉를 따라 불렀다.

우리는 남자가 필요 없어.
우리는 남자가 필요 없어.
우리 주위에 남자가 있을 필요도 없어.
가끔씩을 제외하고는 말이지.
그들이 유쾌하고 상냥하다면
우리를 보러 올 수 있지.

그렇지 않다면 그냥 집에 있으라지.
TV 프로그램에 소리나 지르면서 말이야.[1]

    물론 많은 페미니스트들이 여전히 남자를 좋아했고, 1970년대 미혼모 세 명을 수용했던 나의 공동 가정에서는 이것이 때때로 긴장의 원인이었다. 그럼에도 불구하고 우리가 공유하는 정치적 약속에 맞추어 여성들이 서로를, 그리고 우리 아이들을 지원할 수 있는 새로운 방법을 찾는 진지한 작업에 집중했다는 점에는 의심의 여지가 없다. 우리는 다양한 정치 프로젝트에 적극적으로 참여했다. 여기에는 우리가 사는 지역에서 여성을 지원하는 에식스로드 여성센터Essex Road Women's Centre를 설립하고 지원하는 일이 포함되었다. 그곳에 우리는 함께 모여 회의를 하고 활동을 계획했다. 이는 여성의 문화 활동에 대해 논의하고 기여하는 것을 의미했다. 〈스페어 립Spare Rib〉과도 함께했는데, 〈스페어 립〉은 페미니스트들이 즐겨 읽는 유명한 잡지 중 하나였다. 대부분의 경우 페미니스트들은 여성의 재생산권을 보장하고 더 광범위한 건강 문제를 해결하기 위한 것이든, 아니면 개선된 지역사회 지원과 교육에 대한 접근을 요구하기 위한 것이든 상관없이 다양한 캠페인과 투쟁을 운영하거나 자금을 모으는 데 바빴다. 우리는 직장 내 투쟁에도 참여했다. 이 모든 것이 우리의 역사를 돌아보게 했다.

역사는 중요하다

평생 악명 높았던 메리 울스턴크래프트는 《여성의 권리 옹호》의 저자로 결국 영국 페미니즘의 '어머니'로 인정받았다. 오늘날 런던 북부의 뉴잉턴 그린Newington Green에 있는 내 집 문 바로 앞에 아이러니하게도 여전히 논란의 여지가 있는 그녀의 동상이 있다. 그러나 사회주의 페미니즘의 주요 선구자들은 잘 알려지지 않았다.

이것은 모든 형태의 사회적 억압과 적대감에 맞서 싸우기를 원했던 19세기 중반의 유토피아적 오웬주의 운동Owenite movement에 참여한 여성들로부터 시작되었다. 로버트 오웬Robert Owen은 1800년 글래스고 근처 뉴 라나크New Lanark에 상업적으로 성공한 시범 공장을 설립한 사회주의 선구자였다. 그 공장은 자체 복지 및 교육 프로그램을 가지고 있었다. 모든 근로자들에게 무료 주택, 의료 관리, 무료 교육이 제공되었다. 페미니스트 역사가 바바라 테일러Barbara Taylor가 《이브와 새로운 예루살렘Eve and the New Jerusalem》에서 보여주듯이, 오웬을 지지한 여성들은 초기 사회주의 페미니스트로 보아야 한다. 그녀는 1839년에 한 오웬파 여성이 다음과 같이 말한 것을 인용한다. "여성은 노예의 노예였다. (…) 가난한 사람들의 절반을 나머지 절반과 대립하게 한다." 그러나 테일러가 한탄한 것처럼, 오웬주의의 페미니스트적 열망은 역사가뿐만 아니라 좌파의 집단적 기억 속에서도 빠르게 잊혀졌다.[2]

다행스럽게도 영국 사회주의 페미니즘의 또 다른 선구자들인 엘리노어 마르크스Eleanor Marx와 실비아 팽크허스트Sylvia Pankhurst는 최근 문화사학자 레이첼 홈즈Rachel Holmes가 쓴 생생한 전기에서 심도 있는 연구의 대상이 되었다. 그들은 뚜렷한 정치적 혈통을 가지고 있었지만, 둘 다 젠더와 계급 분석을 결합하려고 노력했다. 비록 엘리노어 마르크스는 칼 마르크스Karl Marx의 가장 아끼던 대단한 딸이었지만, 우리가 그녀를 기억한다면 아마도 오만하고 부정직하며 바람둥이였던 애인 에드워드 아벨링Edward Aveling 때문에 마흔 세 살의 젊은 나이에 자살한 사실을 가장 먼저 떠올릴 것이다. 그래서 "엘리노어 마르크스가 세상을 바꾸었다"라고 책을 시작하는 홈즈의 주장을 읽으면 놀라게 된다.

엘리노어는 확실히 우리가 나중에 시도하게 될 많은 일의 선구자였다. 하지만 우리 중 누구도 엘리노어의 지칠 줄 모르는 헌신이나 당시 그녀가 한 모든 일의 급진적인 독창성을 따라갈 수 없다. 엘리노어는 자신이 일하는 노동 운동을 조직하는 일에 힘을 보탰고, 세 개의 노동조합 설립을 도왔고, 또 더 나은 임금 조건을 위해 파업에 나섰던 항만 노동자와 가스 노동자들의 편에 섰다. 그녀는 또한 1880년대 중반 영국에서 혁명적인 사회주의연맹Socialist League 창설에 참여했을 뿐 아니라 1890년대 제2인터내셔널Second International을 뒷받침하고 적극적으로 참여했다.

그러나 계급투쟁에 대한 이러한 헌신은 엘리노어의 1세대 페미니즘 수용과 19세기 말과 20세기 초에 나타난 여성 행동주의의 성장과 함께 진행되었다. 영국에서는 1903년 맨체스터에서 여성사회 정치연맹 Women's Social and Politicla Union, WSPU을 설립하고 여성의 투표권 확보에 헌신한 에멀린 팽크허스트 Emmeline Pankhurst 같은 중산층 여성이 이 단체를 이끌었다. 그러나 이 운동은 또한 많은 일하는 여성들을 끌어들였고 그들은 자신의 계급적 이해관계를 안고 왔다. 이것이 엘리노어가 부분적으로 아벨링의 의견을 참조해 발표했다고 알려진 획기적인 글 〈여성 문제: 사회주의 관점에서 The Woman Question: From a Socialist Point of View〉에서 다룬 내용이다.

이 글의 열정적인 결론에서 우리는 사회주의와 페미니즘을 통합하는 미래에 대한 엘리노어의 비전을 발견한다. 그것은 오늘날 우리가 획득하기 위해 여전히 싸우고 있는 일종의 유토피아적 비전이다. 여성이 남성과 함께 교육을 받을 뿐 아니라 결정적으로 두 사람 모두 하루에 몇 시간만 일하는 것이다.

> 더 이상 여성을 위한 법과 남성을 위한 법이 따로 없을 것이다. (…) 거의 모든 영국 가정의 가정생활을 조직적인 위선으로 만드는 끔찍한 위장, 끊임없는 거짓말도 없을 것이다. (…) 남편과 아내는 지금은 극소수만이 할 수 있는 일, 즉 서로의 눈을 통해 서로의 마음을 선명하게 바라보는 일을 할 수 있을 것이다.3

이 감동적인 논문에서 개인적인 것은 분명히 정치적인 것이었다. 그러나 엘리노어 자신의 삶에서 정치적인 것 자체는 항상 개인적이었고, 너무 개인적이었다. 엘리노어는 계속해서 노력했지만,

이중적인 연인의 지지를 받지 못했다. 또 다른 선구적인 사회주의자, 페미니스트, 반전 운동가이자 정치 활동가였던 엘리노어의 좋은 친구 올리브 슈라이너Olive Schreiner의 작업에서도 개인적인 것은 또한 정치적인 것이었다. 슈라이너는 엘리노어보다 20년 넘게 더 살았지만, 그녀 또한 정치적 영역에서든 사적 영역에서든 자신이 찾고 있던 것을 찾는 데 실패했다.

슈라이너는 남아프리카에서 태어나 대부분의 삶을 그곳에서 살았지만, 1880년대 런던에 있는 동안 영국의 사회 개혁가이자 성(性) 연구가인 해블록 엘리스Havelock Ellis의 친한 친구이자 잠시 연인으로 지냈다. 그녀는 수학자 칼 피어슨Karl Pearson이 양성 간의 관계를 논의하기 위해 설립한 남성과 여성 클럽Men and Women's Club을 포함해 당시 자신이 가입한 선구적인 토론 그룹에서 다른 급진적 개혁가들을 만났다. 슈라이너는 어디에 있든 성별 관계에서 평등과 공정성이 핵심이라고 주장했다.

슈라이너는 곧 소설과 정치 논문으로 두 분야에서 모두 존경을 받았다. 여성이 노동자이자 엄마가 될 수 있는 세상을 촉구하는 슈라이너의 논문 〈여성과 노동Woman and Labour〉은 1911년 출판된 이후 특히 영향력을 발휘했다.

하지만 오늘날 슈라이너는 반자전적인 소설로도 잘 알려져 있는데, 당시 확고했던 인종차별주의에 반대하면서 여성을 가정에 속박하는 것에 대해 한탄하는 내용이다. 슈라이너의 첫 작품이자 가장 인기 있었던 소설인 《아프리카 농장 이야기The Story of an African

Farm》(원래는 남성 가명 랄프 아이런Ralph Iron으로 출판)는 즉각적인 성공을 거두었으며 나중에 최초의 페미니스트 소설 중 하나로 평가받았다. 이 소설은 주로 사랑, 결혼, 모성 문제를 다루었으며, 결혼은 항상 여성을 종속시키는 것으로 여겨졌고, 변덕스러운 남성의 열정은 여성의 지속적인 헌신과 상충되는 것으로 그려졌다.

슈라이너는 흑인에 대한 잔인한 처우를 묘사하는 《마쇼나랜드의 기병 피터 할켓Trooper Peter Halket of Mashonaland》 같은 덜 알려진 후기 소설에서 인종과 식민주의 문제를 다루었다. 슈라이너는 헨리 라이더 해거드Henry Rider Haggard 같은 당시의 많은 인기 작가들과 다르게 식민주의 사고방식의 착취적 잔인성을 비난했으며 식민주의가 종식되어야만 흑인들이 자유로울 수 있다는 것을 알고 있었다.

그러나 내 세대의 사회주의 페미니스트들과 가장 가까운 사람으로 떠오른 사람은 팽크허스트 가문의 막내딸인 실비아였으며, 자신의 가족과 함께 노동자계급과 반제국주의, 반파시스트 투쟁을 지지하는 데 가장 큰 영감을 주었다. 어머니 에멀린과 언니 크리스타벨Christabel에 의해 여성사회정치연맹에서 추방된 후, 1914년까지 실비아는 〈여성의 드레드노트The Woman's Dreadnought〉(이전의 〈노동자의 드레드노트Workers' Dreadnought〉)를 창간하고 정기적으로 글을 썼다. 그들은 실비아가 노동자계급 여성과 그들의 투쟁을 참정권 운동의 중심으로 끌어들이는 것에 반대하고 실비아에게 둘 중 하나를 선택할 것을 요구했다. 실비아는 이를 거절했다. 실비아의 선택은 이미 1913년 런던의 이스트엔드로 이사하고 어린이집, 장난감 공장, 저가 레스토랑을 시작하는 것을 도우면서 결정되었다.

    실비아는 여성의 투표권을 확보하기 위한 노력과 함께 복지 개혁을 위한 캠페인을 벌이느라 바빴다. 실비아에게 두 캠페인은 결국 같은 것이었다. 이는 나중에 노동당의 첫 번째 지도자가 된 전 스코틀랜드 광부 지도자 키어 하디Keir Hardie와의 길고 친밀한 관계에 반영되었다. 하디 자신이 여성참정권의 열렬한 지지자가 된 것은 실비아와의 우정을 통해서였다.

    여성사회정치연맹에서 제명되었지만, 실비아는 뼛속까지 페미니스트였다. 수십 년 후 우리가 페미니스트 활동가로서 수행할 작업을 앞서 예상하는 방식으로 실비아는 모성, 가사 노동, 여성을 대상으로 한 폭력을 중심으로 캠페인을 벌였다. 실비아는 적어도 13번(어떤 참정권 운동가들보다도 더 많이) 투옥되었고 반복적으로 강제 급식이라는 국가 고문을 경험했다. 그럼에도 불구하고 석방된 후 즉시 순회강연과 정치 저술 활동을 계속했다.

    어머니와 언니는 점차 우파 쪽으로 옮겨가 결국 보수당에 합류했지만, 실비아는 1918년에 여성 참정권이 보장된 이후(처음에는 30세 이상의 여성에게만 해당)에도 여전히 활동적이었다. 작은 책자 〈엄마들을 구하라Save the Mothers〉를 만들어 당시 25퍼센트가 넘는 높은 유아 사망률과 함께 출산 중 사망한 수만 명의 여성에 대해 사람들의 이목을 집중시켰다. 그녀의 페미니즘은 가혹하고 착취적인 사회관계를 변화시키기 위한 끝없는 다른 투쟁을 동반했다. 1920년에는 영국 공산당 창당을 도왔고, 1921년 선동 혐의로 기소되었을 때 실비아는 자신을 변호하며 다음과 같이 강력하게 주장했다. "나는 그것이 나를 죽일지라도 자본주의와 싸울 것입니다. 당신 주변 사람들은 모두 굶주리고 있는데 당신 같은 사람들이 편안하고 잘 먹을 수 있다는 것은 잘못입니다."4

그 후 10년 동안 실비아는 평생 프로젝트인 반파시스트, 반식민주의, 반인종차별 활동을 계속하면서 유대인 난민들이 나치 독일에서 탈출할 수 있도록 허용해 달라고 정부에 청원했다. 실비아는 에티오피아 독립을 위한 투쟁에서 하일레 셀라시에Haile Selassie를 지지했으며, 오랜 연인이자 파트너인 이탈리아 무정부주의자 실비오 코리오Silvio Corio와 함께 아디스아바바에서 활동하면서 생의 마지막 5년을 보냈고, 1960년 그곳에서 생을 마친 실비아의 장례가 국장으로 치러졌다.

상황이 어떻든 실비아는 모든 사람이 정의와 평등을 누릴 수 있는 더 나은 세상을 위해 싸웠다. 현재 암스테르담에 있는 실비아의 논문 모음에서 볼 수 있는 많은 예언적 에세이 중 하나에 쓰여 있듯이 말이다. "나의 목표: 내일의 아이들을 위한 기회." 실비아는 영국 사회주의 페미니즘의 알려지지 않은 선구자로 남아 있다. 실비아가 죽은 후 글과 기념품을 안전하게 보관해 준 사람들은 영국인이 아니라 네덜란드인이었다. 내가 아는 일부 여성들이 이즐링턴 동쪽 끝에 있는 클러큰웰 그린Clerkenwell Green에 실비아의 동상을 세우기 위해 오랫동안 모금 활동을 해왔지만, 아직 실현되지 않았다.

20세기 중반에는 여성, 특히 엄마들을 위해 세상을 더 나은 곳으로 만들려는 다른 시도가 있었다. 영국의 극소수의 여성 의원 중 한 명인 엘리노어 래스본은 20년 넘게 복지 혜택, 즉 가족 수당을 엄마들에게 직접 지급하여 상황을 개선하도록 캠페인을 벌였다. 그러나 1945년에 마침내 그 법안이 통과되자 이상하게도 그 돈은 남편들에게 지급되었다.

놀랍게도 2세대 페미니즘이 시작되기 직전인 1960년대 말 페미니즘 자체는 서구 세계 전역에서 '사장된 문제'로 공식적으로 선언되었다. 이는 당시 영국 방송계에서 보기 드문 여성 중 한 명인 영향력 있는 반전 작가이자 저널리스트였던 마가니타 라스키 Marghanita Laski에 의해 강력히 입증되었다. 라스키는 경제학자 해롤드 라스키 Harold Laski의 조카로, 페미니즘의 필요성을 일축한 것으로 알려져 있다. 이러한 권위자들에 따르면, 《제2의 성》의 페이지를 제외하고는 이제 여성들은 '자유'로웠다. 그리고 심지어 그 상징적인 책에서도 보부아르는 페미니즘의 쇠퇴를 인정하는 사과조의 말로 시작했다. "나는 오랫동안 여성에 관한 책을 쓰기를 망설였다. 이 주제는 특히 여성들에게 짜증나는 주제다. 페미니즘을 둘러싼 논쟁으로 충분히 많은 글들이 쓰였고, 어쩌면 우리는 그것에 대해 더 이상 말하지 말아야 할 것이다."[5]

그런데 불과 20년 후에 페미니즘이 새로운 것을 말하며 다시 떠오를 뿐만 아니라 결정적으로 사회주의적인 빛을 발하면서 떠오를 것이라고 누가 생각이나 했겠는가?

다시 싸움에 뛰어들다

실제로 영국에서 여성의 새로운 전투성을 촉발한 것은 노동자계급 여성이었다. 예를 들어 1968년 초 트롤 어선의 위험한 작업 환경에 반대하는 캠페인을 벌였던 헐Hull의 릴 빌로차Lil Bilocca와 다른 어부들의 아내들을 생각해보라. 같은 해 에식스의 대거넘Dagenham에 있는 포드 자동차 공장에서 200여 명의 재봉 기술자들이 일을 멈추고 평등한 임금 지급을 요구했다. 남성과 동일한 급여를 지급하지 않기 위해 그들의 일이 갑자기 강등된 후였다. 이러한 노동자계급 여성들의 투쟁은 실라 로보섬의 초기 출판물에서 보고되고 옹호되었다. 이는 영국에서 2세대 페미니즘이 시작되는 데 도움이 되었으며, 로보섬은 최초이자, 가장 글을 많이 쓴, 그리고 지속적인 사회주의 페미니스트로서 평생의 궤적을 남겼다.

　로보섬은 초기에 만든 작은 책자 〈여성 해방과 새 정치Women's Liberation and the New Politics〉(1969)에서 더 나은 세상에 대한 여성 자신들의 새로운 희망을 포괄하기 위해 당시 여전히 '침묵의 언어'였던 단어들을 찾으려고 노력했다. 이러한 단어를 찾기 위해 고군분투하던 로보섬은 여성 해방이 시작된 10년 동안 빠르게 책 여섯 권과 수많은 기사를 썼다. 처음부터 로보섬의 목표는 페미니스트 사상과 여성의 투쟁에 참여하여 사회주의를 다시 생각하는 것이었다. 로보섬은 "격렬한 전투"라고 글에서도 묘사한, 야간청소부캠페인 Night Cleaners Campaign에 참여해 메이 홉스May Hobbes를 지지했다. 메이

홉스는 1979년에 자신처럼 밤에 사무실을 청소하며 긴 노동 시간에 비해 터무니 없이 낮은 임금을 받는 여성들을 모아 노동조합을 결성했다. 이 캠페인은 초기에는 상당한 급여 인상을 받아내며 성공적이었으나, 몇 년 뒤 새로운 계약자가 들어와 이전 계약을 취소하는 일이 벌어졌다. 그 투쟁은 오늘날까지 계속되고 있다.

로보섬의 회고록 《감히 희망하다: 1970년대의 나의 삶Daring to Hope: My Life in the 1970s》에 분명히 드러나듯이 로보섬은 당시 대부분의 페미니스트 캠페인에 참여했다. 여성의 완전한 재생산권을 지지하는 캠페인, 양육 수당을 아빠가 아닌 엄마가 받을 수 있도록 보장하려는 캠페인 등에 참여했고 다른 한편으로는 다른 여성 노동자들의 노동조합도 결성시키려고 애썼다. 전국을 돌아다니거나 학교에서 강연하지 않을 때면 페미니즘에 대해 논의하거나 국제적으로 여성의 투쟁을 지원하기 위해 더 먼 곳으로 향했다. 예를 들어, 1974년 그리스 군사 독재가 종식되자 로보섬은 그리스 사회주의 페미니스트 엘레니 바리카스Eleni Varikas의 열정에 힘입어 아테네 여성운동의 첫 공개 회의에서 연설하기 위해 아테네로 갔다.

로보섬은 1971년 런던 시내에서 나도 자주 참석했던 '혁명적 사고'에 관한 WEA(노동자 교육 협회Workers Educational Association) 과정을 개설했다. 이 수업은 남성 투사 및 사상가와 함께 여성 급진주의자들의 역할을 강조했다. 로보섬은 당시 나를 포함한 많은 페미니스트들에게 소중한 가이드이자 멘토였으며, 곧 그들의 평생 친구가 되었다. 그 이후로 그녀는 50년 넘게 진화하는 여성들의 급진적 행동주의를 바쁘게 보여주면서 끈질기게 노력해 왔다. 로보섬은 엄격한 역사적 증인이 되려고 노력하는 중산층 백인 여성으로서 자신의 자격에 끊임없이 의문을 품으면서도 이 모든 일을 해냈다. 그녀가 1970년대 회고록에서 표현한 것처럼 그녀는 항상 우리 사회의 조직에 엮여 있는 자본주의의 실 가닥을 뽑아 풀어버리는 것뿐만 아니라 "미래 세대가 이러한 가닥을 발견하고 이를 뛰어넘을 수 있기를 희망하면서 우리가 시도한 것의 깊이와 범위를 재확인하려고" 노력했다.[6]

가닥이 너무 많았다. 여성해방운동은 엄청난 열정으로 가정생활, 재생산권, 성적 권리로부터 시작하여 일상적인 직장 투쟁에 이르기까지 모든 것을 변화시키고 문화 및 정치 생활 전반의 변화를 포괄하기를 원했다. 예를 들어, 페미니스트들이, 때로는 성공적으로, 더 많은 공공자원을 확보하기 위해 싸웠을 때, 우리는 항상 이 자원을 사용하는 사람들이 직접 통제하기를 원했다. 이런 방식으로 우리는 국가와 그 서비스를 이용하는 사람들 사이의 관계를 민주화하려고 노력했다.

이는 1972년 런던 북부에서 캠든여성그룹Camden Women's Group이 개원한 다트머스공원어린이커뮤니티센터Dartmouth Park Children's Community Centre와 같이 당시 설립된 여러 지역 어린이집에서 입증되었다.[7] 여성센터와 자문 단체도 영국 전역에 생겨났다. 그중 내가 설립을 도왔던 에식스로드여성센터는 1974년에 개관했고, 네 가지 문제, 즉 주택, 일, 양육과 여성 건강에 중점을 두었다. 센터의 주요 아이디어는 여성에게 복지국가가 제공하는 지원에 더해 대안 형태의 지원을 제공하고 노동자계급 사람들을 몰아내고 있는 이즐링턴과 캠든의 점진적인 젠트리피케이션에 맞서 싸우는 것이었다.

마찬가지로, 일하는 여성을 위한 더 나은 조건을 보장하려는 고용 투쟁에는 항상 작업장과 노동조합 관행을 민주화해 좀 더 여성 친화적으로 만드는 동시에 노동조합의 목표를 확대하고 변화시키려는 시도가 수반되었다. 당시 USDAW Union of Shop, Distributive and Allied Workers(영국 유통업체 노동자동맹 조합.-옮긴이)의 상점 노동자 조합 조직자인 오드리 와이즈Audrey Wise는 1970년 옥스퍼드대학교 러스킨칼리지에서 열린 최초의 여성해방 컨퍼런스에서 연설하면서 페미니즘이 광범위한 사회주의 운동의 일부가 되어야 한다고 주장했다. "나는 장식품이나 단순 노무자가 되고 싶지 않은 것처럼, 단순히 동등한 경제적 단위로만 존재하고 싶지도 않다."

와이즈는 1969년에 혁명주의 신문인 〈블랙 드워프The Black Dwarf〉에서 자신이 개괄한 내용을 되풀이하고 있었다. "우리는 스스로에게 물어봐야 한다. (…) 무엇과의 평등인가? 사람들이 단순히 경제적 단위로 평가되어서는 안 된다."[8] 와이즈는 나중에 노동당 의원이 되어 자신의 페미니스트 운동과 노동운동 경험을 의회로 가져왔고, 사회 곳곳에 여성들이 존재하는 것이 '직장 생활'과 가정생활을 연결하는 데 필요한 단계라는 신념을 지켰다.[9]

다른 곳에서는 페미니스트들이 당시 매우 많았던 여성 파업을 적극적으로 지지하고 있었다. 여기에는 노퍽Norfolk의 페이큰햄

Fakenham에서 정리해고에 맞서 공장을 점거한 여성 신발 제작 노동자들의 행렬에 합류하는 것과 웨스트 런던의 트리코Trico에서 자동차 앞유리 와이퍼를 만드는 여성에 대한 동일 임금을 요구하는 성공적인 파업을 지지하는 것이 포함되었다. 페미니스트들은 또한 레스터의 임페리얼 타자기 공장에서 고용주와 백인 동료들에게 희생당하는 여성 노동자들을 적극적으로 지지했고, 또 한편으로는 간호 대행을 중단하는 것과 간호사들에 대한 더 나은 급여와 조건을 요구했다. 그 과정에서 페미니스트 활동가들은 직장 내 투쟁의 모습을 변화시켰을 뿐만 아니라 서로, 그리고 차이를 넘어 연대를 구축하고 있었다.

1974년에 트로츠키주의 그룹인 제4인터내셔널의 영국 페미니스트 그룹은 여성 노동자 헌장Working Women's Charter 캠페인을 시작했는데, 노동조합과 무역평의회에서 활동하는 대부분의 페미니스트들의 빠른 지지를 받았다. 10가지 야심 찬 요구 사항에는 여성의 임금, 훈련, 취업 기회, 출산 휴가, 양육, 낙태 권리 및 최저임금에 관한 것이 포함되었다. 이제 막 노동조합에 가입한 어린이집 근로자들이 이 캠페인을 지지했고, 뒤이어 주 35시간 근무를 위한 전국적인 투쟁이 시작되었다. 이는 무엇보다도 가정에서 더 많은 돌봄 시간을 할애하기 위해서였다.

이 헌장은 런던무역협의회London Trades Council의 다양한 노동조합의 지지를 받았지만, 이듬해 총 노동조합회의Trade Union Congress, TUC에서 주로 최저임금과 낙태 권리에 대한 요구에 밀려 패배했다. 나중에 상황은 다시 바뀌었다. 지칠 줄 모르는 페미니스트의 압력으로 1979년 TUC가 선두가 되어 10만 명이 여성의 '선택할 권리'를 옹호하며 '합법화하라! 안전하게 하라!'라는 기치 아래 행진을 한 후였다.

영국뿐만 아니라 거의 모든 곳에서 페미니스트들은 여전히 남성이 지배하는 노동조합 내부에서 자신의 목소리를 내고 지지를 얻기가 얼마나 어려운지에 대해 종종 불평했다. 그럼에도 불구하고 여성 노동자들 사이의 끈질긴 연대는 곧 그 운동 내에서 광범위한 역사적 변화를 가져왔고, 1980년대부터 여성에 대한 계급 공세에도 불구하고 노동조합을 여성에게 좀 더 우호적인 장소로 만들었다. 고용주들이 저렴한 노동력을 찾아 더 많은 일자리를 해외로 이전하기 시작하면서 여성의 전 지구적 투쟁을 지원하라는 요구가 강화되었다.

급진적인 인도 경제학자 스와스티 미터Swasti Mitter는 《공동 운명, 공동 유대: 세계 경제에서의 여성들Common Fate, Common Bond: Women in the Global Economy》에서 영국과 미국을 위한 상품을 생산하기 위해 인도 전역에 저임금의 노동 착취 공장과 가사 노동이 확산되는 것을 적극적으로 반대한 후 무엇이 중요한지를 확실히 했다. "고용과 정의를 위한 연대를 구축하려면 (…) 이제 여성을 위한 명확한 자리를 마련해야 할 때가 왔다."[10] 이는 아프리카와 아시아의 여성운동과 연대하기 위해 1989년에 결성된 영국 기반의 '전 세계의 여성Womankind Worldwide'과 같이 주로 1980년대부터 시작된 여러 세계적 권리 운동의 목표였다.

    나는 주로 지역사회 조직에 참여했다. 가르치는 직업을 가지고 있었지만 나는 종종 이즐링턴에 있는 비좁은 커뮤니티센터에서 시간을 보낼 수 있었고 그곳에서 지역 대안 신문인 〈이즐링턴 거터 프레스Islington Gutter Press〉의 제작을 도왔다. 자치구 전역을 돌아다니며 다양한 커뮤니티센터에 신문을 전달하면서 우정과 유대를 쌓았던 그때가 가장 즐거웠다. 저녁에는 다음 시위를 계획하기 위한 여성들의 회의가 자주 열렸다. 나체에 가까운 여성 사진을 실은 우리 지역 신문 〈이즐링턴 가제트Islington Gazette〉사 앞에서 언제 피켓을 들고 시위를 할 것인지와 같은 것들을 논의했다.

    때로는 여성을 위한 다양한 형태의 돌봄이나 쉼터를 제공하는 프로젝트에 필요한 기금을 마련하기 위한 많은 자선 공연 중 하나에서 나는 동거인과 다른 친구들과 함께 이야기를 하고 춤을 추기도 했다. 1970년대 중반이 되자 우리는 자체 여성 밴드를 갖게 되었는데, 가장 인기 있는 밴드 중 하나는 루이스 캐럴Lewis Carroll의 《거울 나라의 앨리스》에서 따온 잼 투데이Jam Today였다. "규칙은 내일 연주하고, 어제 연주하는 것. 하지만 오늘은 절대 연주하지 않기." 런던에서만도 스테프니 시스터즈Stepney Sisters와 오바Ova 같은 많은 페미니스트 밴드들이 꽃을 피우고 졌다. 당시 내가 속해 있던 페미니스트 그룹에는 항상 흑인과 소수민족 여성이 있었지만 많지는 않았다. 두 개의 흑인 여성 그룹이 이즐링턴과 브릭스턴Brixton에서 한동안 만났다. 그러나 우리는 인종 차별에 맞서는 투쟁에 함께할 수 있다고 느낄 때마다 의미 있는 연대활동에 참여했다. 추방당할 위기에 있는 여성을 지원하거나, 인종차별적 법으로 인해 다양한 방식으로 어려움을 겪고 있는 여성들을 돕기 위한 캠페인이 있었다. 10년쯤 후 극우 정당인 국민전선당National Front, NF이 더욱 강력해지자 나를 포함한 많은 페미니스트들이 인종차별과 파시즘에 반대하는 이즐링턴캠페인Islington Campaign against Racism and Fascim, ICARF을 결성하는 데 힘을 보탰다.

이를 위해 우리는 거리로 나가 전단지를 나누어 주거나 행진을 했고, 그러면서 지역 파시스트들의 폭력적인 성차별 학대를 자주 접했다. 이것은 우리가 이웃 해크니 자치구에 있는 혹스턴Hoxton으로 원정을 갈 때마다 특히 심했는데, 우리는 그곳에서 항상 데릭 데이Darrick Day라는 남자와 마주쳤다. 그는 쇼디치Shoreditch에 있는 국민전선당 본부에서 보안을 담당했으며 해크니 주택 단지 중 한 곳의 세입자 그룹도 통제했다. 다행스럽게도 그와 마주치는 것은 무섭기보다는 괴로웠다. 인종차별주의자 못지않게 폭력적인 성차별주의자이기도 했던 그는 해크니의 퇴역 군인인 반파시스트 마틴 럭스Martin Lux에 의해 "면도칼 자국으로 뒤덮인 얼굴을 가진 빌어먹을 고릴라"로 묘사되었다.[11]

일반적으로 지역 이웃에서 조직되기는 했지만 여성 해방은 항상 전 지구적인 운동이었다. 서구의 수도든, 델리와 뭄바이에서 있었던 여성에 대한 남성의 폭력에 반대하는 시위든, 어디서나 여성의 삶을 개선하기 위한 캠페인에 열성적으로 참여하는 활동가들을 찾을 수 있었다. 기존의 다른 복지국가에서는 영국처럼 주택, 의료, 아이들을 위한 놀이터 또는 폭력 피해 여성을 위한 보호소 등 지역적, 국가적으로 더 많고 더 나은 공공자원을 확보하는 것에 캠페인이 집중되었다. 지역사회 생활을 풍요롭게 하며 발전시키고 지구 전역에서 여성과 어린이에게 더 나은 돌봄을 제공하기 위한 캠페인들이 여성들에 의해 만들어지고 주도되었는데, 이는 이 시기에 곳곳에서 나타나던 집단적 페미니스트 에너지를 모두 끌어냈다.

따라서 가능하다면 페미니스트들은 직장에서든 공동체에서든 또는 일상에서 가부장적 지배에 직면해서든, 어디에서든 국제적으로 여성의 투쟁에 동참했다. 어떤 사람들은 아일랜드의 독립 투쟁에 대한 지원으로 시작했다. 모든 사람에게 이는 전 세계적으로 반인종차별, 반전, 반식민주의 운동 지원을 의미했다. 베트남 전쟁은 1975년에야 끝났다. 그 당시에는 우리를 거리로 불러내는 일이 너무나 많았다.

거리 밖에서는 여성 해방이 선호하는 소그룹에 모인 여성들이 의식고양그룹이나 개인적인 딜레마를 열성적으로 논의하는 다른 그룹들에 참여했다. 모임은 항상 "오늘 기분은 어때요?"라고 묻고 말하기로 시작되었다. 이 소그룹에서는 안팎을 살펴보며 해결해야 할 문제가 많았다. 여전히 우리 몸을 둘러싼 당혹감, 출산 문제와 아이를 가질 것인지, 언제 가질 것인지 결정하는 방법, 대안 언론에서도 여전히 만연한 성차별적 언어와 문화에 대한 거부, 여성의 힘과 성적 자율성에 대한 남성의 두려움, 가사와 육아 관련 문제, 남성의 잠재적인 폭력과 강압에 대한 두려움. 런던 최초이자 가장 지속적인 여성 해방 단체인 벨사이즈 레인Belsize Lane 그룹의 샐리 벨프리지Sally Belfridge는 나중에 다음과 같이 회상했다.

> 우리는 죄책감에 눌리고, 인간으로서 부적합한 파편적인 존재(왜냐하면 단순한 여성이었기 때문에, 아니 여성이 아니라 그때는 나이와 상관없이 단순히 소녀였기 때문에)로 시작했다. 우울증을 선물처럼 서로에게 주고 고통을 제물처럼 바침으로써 우리는 점차로 서로를 고립에서 끌어냈고 (…) 우리 모두를 사랑함으로써 나 자신을 사랑하는 새로운 방법들을 가르쳐주었다.12

그 시절을 회상하는 페미니스트들은 여성 해방이 세상을 이해하고, 모순된 감정을 갖고 살며, 공적인 삶과 사적인 삶을 함께 섞는 정치를 수용할 수 있게 했다는 데 모두 동의한다. 무엇보다도 여성 해방은 연결감을 가져왔고 외로움을 끝냈다. 우리는 서로 의지하는 법을 배웠고, 이것이 모든 것을 변화시켰다.

그럼에도 불구하고, 특정 문제들은 페미니스트들이 여성들 사이에 구축하고 유지하려고 노력했던 공통의 유대를 위협했다. 그중 하나는 레즈비언의 욕망과 관계에 대한 도전이었다. 일부 페미니스트들은 레즈비언주의를 페미니즘 정치를 표현하는 가장 효과적인 방법으로 보고 그것을 규범화하는 방향으로 나아갔기 때문이다. 백인이 지배하는 운동에서 일상적인 인종차별과 편견의 깊이와 파괴성을 다루려고 노력하는 것도 당황스러웠지만, 주로 중산층이 중심이었던 운동에서는 계급이 딜레마로 남아 있었다.

많은 페미니스트들이 우리의 '독립'을 유지하려는 열망을 표명했는데, 예를 들어 성별에 관계없이 파트너와 함께 살면 독립심을 잃을 위험이 있다는 점을 우려했다. 이것은 결코 나의 불안감은 아니었다. 질투는 확실히 친밀한 관계에서 우려를 일으키는 주요 요소이긴 했지만 말이다. 나는 또한 성적 만족이 필수라고 말하는 일부 사람들보다 회의적이었다. 가장 유명했던 것은 〈스페어 립〉에 실린 글이었는데 다음과 같은 유쾌한 보고를 포함했다. "남자 친구에게 구강성교를 해달라고 한 후에는 상사에게 급여 인상을 요구하는 게 쉬웠다."[13]

당연히 유머는 페미니스트 작업과 우정을 유지하는 데 중요했다. 그러나 페미니즘적 농담과 말장난을 상상하거나 즐기는 것과 ("나는 절정에 달한 적이 없어 (…) 그건 클리토리스의 진실이야") 집단적 참여, 심지어는 페미니스트들 사이를 방해할 수 있는 일상적인 경쟁심이나 시기심에 대처하는 것은 전혀 다른 문제다. 특히 이러한 것은 우리가 소중히 여기는 자매애의 원칙과 너무 어긋나기 때문이다.

일부 여성들은 더 극단적인 형태의 정신적 괴로움이나 우울증을 보였고, 나를 포함한 에식스로드여성센터의 몇 명은 급성 불안으로 고통을 받는 한 여성을 지원하기 위해 집단상담을 시작했다. 이 활동은 우리 모두 1976년 수지 오바크 Susie Orbach와 루이제 에이헨

바움Luise Eichenbaum이 이즐링턴에 설립한 여성치료센터에 일대일 '페미니스트' 치료를 위한 공간을 갖게 되는 결과로 이어졌다.

당시 초기 몇 년 동안 사회주의 페미니즘의 형태가 상승세를 보였다. 나와 가장 가까운 남성들은 다른 남성들과 함께 그들 자신의 성차별과 여성, 특히 자기주장이 강한 여성에 대한 두려움에 대해 이야기하고 극복하기 위한 '남성 그룹'에 참여했다. 이들 그룹 중 하나가 〈스페어 립〉 기사에서 증언한 것처럼 "갑자기 많은 남성들이 여성에 의해 잡아먹히고, 소유되고, 약해지고, 오염될 것이라는 두려움을 쏟아냈다."[14] 기억에 남는 것은 내가 우리 집 아래층에서 아무 생각 없이 책을 읽고 있을 때 윗층에서 벌어진 일이다. 남자들이 모여서 밤까지 그들의 두려움에 대해 너무 강력하게 소리치고 있었기 때문에 경찰까지 왔다. 누군가(아마도 나)가 살해당하고 있다고 추측한 것이다. "우리는 단지 두려움과 증오를 털어버리고 있을 뿐입니다"라고 남자들은 설명했다. 우리 집에 대해 잘 알고 있는 한 경찰관은 "계층혐오에 대한 것이군요"라고 재빨리 대답했다. 그럼에도 불구하고, 어떤 종류의 긴장이 있었든지 간에, 그 당시 사회주의 페미니스트들은 전투적 사회운동에 늘 남성들과 함께 참여했다.

1970년대 중반에는 국제적인 페미니스트들을 정기적으로 방문하는 네트워크가 형성되었고, 나는 뉴욕의 활동가이자 작가인 바바라 에런라이크Barbara Ehrenreich와 지속적인 우정을 쌓았다. 우리가 처음 어떻게 만났는지는 잘 모르지만, 다른 사람들과 마찬가지로 나도 이 열정적이고 재치 있고 뛰어난 페미니스트에게 반했다. 나는 에런라이크를 이즐링턴 커뮤니티 출판사에 초대했고, 그곳에서 그녀는 웃으면서 "우리는 페미니스트 게릴라들의 국제적인 음모를 조직해야 한다"고 제안했다. 홀린 듯이 나는 곧 롱아일랜드 시오셋Syosset에 있는 에런라이크의 집에 방문했고 딸 로사Rosa와 아들(당시 벤지Benji로 알려짐), 그리고 두 번째 남편 게리 스티븐슨Gary Stevenson을 만났다. 전투적인 팀원인 게리는 다소 무섭고 종종 무장한 피켓라인을 지원하기 위해 우리를 내보냈다.

에런라이크는 내가 이 책을 완성하기 직전 여든한 살의 나이로 세상을 떠났다. 생의 마지막 순간까지 에런라이크는 무엇보다도 전형적인 사회주의 페미니스트였다. 영국의 로보섬과 마찬가지로 에런라이크는 '국제주의자, 반인종차별주의자, 반이성애주의자 페미니스트'라는 정체성의 의미를 형성하는 데 도움을 주었다. 독창적인 에세이 〈사회주의 페미니즘이란 무엇인가?What Is Socialist Feminism?〉에서 에런라이크는 사회주의 페미니즘의 핵심을 "자본주의의 역사적 맥락에서 보지 않고서는" 성차별이 우리 삶에 어떻게 작용하는지 이해할 수 없다는 단순한 믿음으로 정의했다.

그러나 에런라이크는 계속해서 사회주의 페미니스트는 '생산 수단의 고유한 지위뿐만 아니라 사회적 존재 전체의 변화'를 목표로 한다는 점에서 고전적인 마르크스주의자들과 구별된다고 주장했다. "[마르크스주의자들에게] 가장 주변부로 보이는 여성, 즉 주부들이, 아이들을 양육하고, 가족의 결속을 유지하고, 지역사회의 문화적, 사회적 네트워크를 유지하면서 그 계급의 중심에 있다."[15] 마르크스주의자는 이를 '사회적 재생산'이라고 불렀지만, 생산과 본질적으로 상호 얽혀 있다고 보지 않고 '생산'에 영원히 종속시켰다.

딜레마와 분쟁

페미니스트 분석과 전략적인 성찰은 끝없이 까다로운 이론적 문제를 포괄하기 위해 계속 나아갔다. 우리는 젠더 체제와 가정 안팎에서 여성의 독특한 위치가 미치는 영향을 밝히는 것에서부터 성폭행, 가정 폭력, 성희롱의 만연한 문제를 다루는 것까지 나아갔다. 동시에 계급, 인종, 민족, 성적 취향, 장애 등 다른 종속의 축과 다양한 형태로 교차하는 젠더 위계를 여성운동 자체의 더욱 광범위한 세계에서 최선을 다해 다루었다.

처음부터 우리는 일부 여성이 다른 여성보다 훨씬 더 특권을 누리고, 안전하고, 자기 주장이 강하다는 것을 알고 다양한 억압에 관해 이야기했다. 그러나 이 자체로는 인종, 계급, 성별, 성적 취향, 민족, 국적, 교육, 장애, 연령이 상호적으로 사회 현상을 구성하는, 또 특정한 경험과 소속 방식이나 배제를 생성하는 다양한 방식을 드러내지는 못했다. 1980년대 말에 흑인 페미니스트 학자들은 킴벌리 크렌쇼Kimberlé Crenshaw와 패트리샤 힐 콜린스Patricia Hill Collins 같은 이론가들의 작업을 따라 '교차성intersectionality' 또는 '지배의 매트릭스 matrix of domination'라는 개념을 도입했다.[16] 모든 수준에서 필요했던 것은 여성 사이의 권력관계와 사회적 불평등에 관한 더 큰 관심이었다.

가부장제가 남성의 권력을 정상화하고 여성에 대한 보이지 않는 의존성을 숨긴다면, 다른 지배 계층도 마찬가지로 백인이나 부유한 사람들이 자신이 지배하는 사람들에 암묵적으로 의존한다는 사실을 숨긴다. 그런 의미에서 교차성은 전통적으로 숨겨져 있고 계층적인 상호의존성을 확인하는 것으로 볼 수 있다. 또한 교차성은 사회주의 페미니스트들이 항상 이해해 왔던 것처럼, 또 순전히 사회주의적 관점이 젠더 억압이나 인종 억압의 모든 측면을 이론화할 수 없었던 것처럼, 왜 순전히 페미니스트적 관점이 지배의 모든 측면을 포괄할 수 없는지를 말해준다.

여성과 국가의 관계에 대한 논쟁도 있었다. 사회주의 페미니스트들은 종종 국가의 일부이거나 국가의 자금을 지원받는 이런저런 종류의 복지 관련 직업에 종사할 가능성이 높았다. 그럼에도 불구하고 우리는 복지국가가 처음부터 여성의 무급 또는 저임금 노동에 의존하는 가부장적 자본주의 체제에 봉사하고 있음을 알고 있었다. 심지어 페미니스트들은 여성의 특별한 불이익을 완화하는 데 도움을 주기 위해 국가 복지 제도에서 더 많은 자원을 빼내려고 노력했다. 일부 페미니스트들이 정부 기금 받기를 경계했던 이유는 개혁주의가 기존의 가부장적 국가 전통에 '흡수'될 수 있다는 두려움 때문이었다. 이런 이유로 풀뿌리, 자원에 대한 민주적 통제와 더불어 좀 더 평등한 입장에서 서로를 의지할 수 있는 집단적 '자조'가 크게 강조되었다.

사회주의 페미니즘 내에서 또 다른 영원한 갈등의 원인은 셀마 제임스Selma James와 그녀의 추종자들이 노동조합 투쟁이 여성을 분열시킨다는 비난과 함께 '가사노동임금Wages for Housework, WFH'을 요구하는 소책자를 배포했을 때인 1972년에 나타났다. 그들은 항상 압도적인 반대에 부딪히면서도 그들이 참석한 모든 페미니스트 모임에서 이 특별한 요구를 큰 소리로 되풀이했다.

여러 가지 이유로 가사노동임금 캠페인의 내용과 스타일은 선호되었던 집단 활동의 관행과 대부분의 페미니스트들의 지배적인 정치적 목표와 모두 충돌했다. 임금 손실 없는 노동시간 단축과 가사 책임에 대한 남성의 동등한 참여를 요구하는 우리의 투쟁을 무시했다. 돌봄이 필요한 사람과의 관계가 어떻든 상관없이 돌봄 작업에 종사하는 모든 사람을 지원하기 위한 저렴한 어린이집을 비롯해 기타 복지 혜택과 자원에 대한 요구를 무시했다.

사실 가사노동임금은 성노동을 비범죄화하라는 요구부터 시작해 가장 낙인찍힌 여성들과 함께 캠페인을 조직하면서 여성의 무임금 노동의 중요성을 항상 정확하게 강조했지만, 우리 캠페인에 참여하는 데 거의 관심을 보이지 않았다. 그러나 가장 갈등을 일으킨 부분은 듣는 데 관심이 없고 모든 것에 대해 자신들의 유일한 대답을 주장하는 데만 관심이 있는 가사노동임금 활동가들의 전위적이고 도발적인 접근 방식이었다.

그래서 우리는 심각한 차이가 있었지만, 전략적 우선순위가 무엇이든, 수많은 전선에서 변화를 위한 협력은 우리의 페미니즘이 결코 주로 여성 개인의 권리를 위한 운동이 아니라는 것을 의미했다. 실제로 우리는 우리가 획득할 수도 있었던 지위를 경시했다. 그 당시 우리가 대중에게 미친 영향에 대해 증언하면서, 미국의 신좌파 거물인 헤르베르트 마르쿠제Herbert Marcuse와 프랑스의 앙드레 고르츠 André Gorz, 알랭 투렌 Alain Touraine을 포함해 여러 유명 좌파 남성들은 사회주의로 나아가는 길을 보여준 것은 여성해방운동이었다고 공표했다.17 바로 우리가 바라던 것이었다.

미국에도 비슷한 상황이 있었다. 뉴욕의 작가이자 저널리스트인 엘렌 윌리스 Ellen Willisss는 1970년대 초 대부분의 페미니스트들이 스스로를 "어떤 형태로든 좌파"라고 여겼다고 회상했다. 하지만 다른 미국 친구들은 강력한 노동운동이 부재했던 탓에 이러한 연관성이 당시 영국에 비해 덜 중요했다고 말한다.18

영국에서는 특히 여성 노동자들이 참여하는 피켓라인에서 페미니스트들을 정기적으로 볼 수 있었다. 가장 신나는 그 당시 기억 중 하나는 그룬윅 Grunwick 피켓라인에 합류하기 위해 런던 북부의 브렌트 Brent로 향하는 일이었다. 그룬윅파업은 1970년대 후반, 그룬윅 사진 가공 공장에서 저임금과 열악한 환경에 항의하는 동아프리카와 남아시아 여성 노동자들이 시작한 가장 길고 극적인 파업 중 하나다. 비범한 자야벤 데사이 여사 Mrs Jayaben Desai가 이끄는 파업은 엄청난 지지를 얻었으며 때로는 수만 명의 페미니스트, 노동조합원, 모든 분야의 활동가들이 참여해 피켓라인을 확장했다. "이 파업은 임금이 아닌 인간 존엄성에 관한 파업이다"라고 데사이 여사는 강조했다.[19]

파업 노동자들은 결국 패배할 때까지 2년 동안 버텼다. 나는 지금도 친구들과 함께 경찰 방패에 짓눌려지거나 정원 벽으로 밀쳐졌던 일을 기억한다. 런던 외곽에 살던 페미니스트 친구들이 그들을 브렌트까지 데려다 줄 버스를 기다리며 신이 나 있었던 것도 기억한다. 이는 우리의 결속력이 최고조에 이르렀을 때였고, 노동조합의 우선순위가 변했다는 것을 의미하기도 했다. 과거에는 대체로 무시했던 여성들을 지원하기 시작한 것이다.

우리는 1972년에 창간한 널리 보급된 〈스페어 립〉 같은 페미니스트 잡지를 통해 뉴스와 정보를 공유했다. 이러한 출판물은 자기 인식, 결속력, 그리고 결정적으로 여성의 실제적인 다양성에 대한 지식을 키우는 데 도움이 되었다. 〈스페어 립〉의 창립자 중 한 명인 내 친구 마샤 로우 Marsha Rowe는 1972년 그녀의 첫 번째 여성 그룹에서 다른 페미니스트 작가들과 함께 줄리엣 미첼, 로보섬, 토니 모리슨 Toni Morrison을 읽었을 뿐만 아니라 마르크스의 《자본론》, 빌헬름 라이히 Wilhelm Reich와 프란츠 파농도 읽었다고 회상한다.

그해, 나도 잠시 참여했던 마르크스주의 페미니스트 잡지인 〈붉은 깃발 Red Rag〉이 창간되었다. 이 잡지는 영국 공산당 여성들이 창간했지만 "무엇보다도 페미니스트"라고 묘사되었고 모든 사회주의 페미니스트에게 열려 있었다. 1974년 에식스로드여성센터에서 우리는 로보섬이 속해 있던 인근 아스널여성단체Arsenal Women's Group와 함께 사회주의 페미니스트들의 대규모 모임을 주최했다. 그 덕분에 전국에 퍼져 있던 60여 개의 여성 단체에서 온 페미니스트들을 만나는 보람찬 결과를 얻었다. 그들이 계속해서 만나기를 원했기 때문에 우리는 서로에게 배우고 또 서로 도울 수 있었다.

여성해방이라는 평등주의적 정신이 어떤 형태의 자기 홍보나 주류의 찬사를 추구하는 것을 방해했지만 우리의 페미니스트 사상과 활동을 지지하는 유명한 여성들이 늘 있었다. 그중 안젤라 카터 Angela Carter만큼 다채로운 인물은 없었다. 여성해방의 확산과 함께 카터는 여성이 더 강하고 창의적이며 즐거운 성(性)이 되리라는 것을 재빨리 확신했다. 무엇보다도 카터는 지금까지 우리를 괴롭혔던 제약에서 벗어나 풍부하고 전복적인 잠재력을 지닌 여성의 성적 쾌락을 확장할 수 있는 가능성을 예찬했다. 카터는 1973년 런던에서 설립된 페미니스트 출판사인 비라고출판Virago Press의 편집위원으로 초기에 채용되었으며, 대담한 에세이 《사드적인 여자The Sadeian Woman》는 카터가 최초로 의뢰받은 도서 중 하나였다. 1983년에 열린 사회주의협회 컨퍼런스의 주최를 도왔던 나는 카터가 가족에 관해 연설한 세션을 주재했는데, 이때 카터가 다른 페미니스트 작가들과 활동가들의 관대한 지지자라는 것을 알았다. 그러나 카터는 1970년대 말쯤 등장한, 당시에는 포르노에 집착하던, 비관적이고 도덕주의적인 반이성애 페미니스트들의 커지는 물결에 대해 도발하는 것도 즐겼다. 주요 선동자 중 한 명인 안드레아 드워킨

Andrea Dworkin이 예상대로 《사드적인 여자》을 공격했을 때 카터는 다음과 같이 말했다고 알려졌다. "만약 내가 드워킨의 그 큰 코를 납작하게 할 수 있다면 내 삶은 헛되지 않을 것이다."

나는 카터의 반항을 소중히 여겼고, 문화가 성생활에 미치는 영향에 대한 명확한 설명(및 저항 촉구)에 완전히 동조했다. "우리는 단순히 짝을 지어 잠자리 들지 않는다. (…) 우리의 사회 계급, 우리의 부모님의 삶, 은행 잔고, 성적, 감정적 기대, 우리 각자의 독특한 생애, 즉 우리라는 독특한 존재의 크고 작은 모든 요소들이 만들어 내는 문화적 장애를 같이 끌고 간다."[20]

컨퍼런스 역시 함께 모여 우리의 이해와 우선순위를 새롭게 하고 공유하는 기회였다. 1973년부터 1975년 사이에 국가 사회주의 페미니스트 컨퍼런스가 다섯 번 열렸다. 그러나 참석률이 높았음에도 불구하고 그 컨퍼런스들은 치열한 논쟁으로 분열되었으며, 가장 두드러진 것은 페미니스트 성 정치마저도 금전적 교환으로 전락시킨 가사노동임금 캠페인의 비타협적인 경제주의를 둘러싼 부분이었다. 극좌파 단체의 여성들이 중앙위원회를 소집하거나 낙태권과 같은 자신들만의 최우선적인 '전환적' 요구를 제안하면서 이러한 회의를 장악하려고 시도하자 다른 분파적 긴장이 나타났다. 이러한 관행은 1975년 런던 마일 엔드에서 열린 한 사회주의 페미니스트 컨퍼런스에서 너무 파괴적인 것으로 드러나, 이후 컨퍼런스가 수년간 중단되었다. 페미니스트들은 여전히 연대를 구축하고 상호의존성을 인식하는 데 전념하고 있었지만, 안타깝게도 우리 모임은 언제나 그들만의 고유한 의제를 가진 다른 파벌에 의해 방해받곤 했다.

흥미롭게도 에런라이크는 비슷한 시기에 미국에서 일어난 유사한 문제를 설명했는데, 사회주의 페미니스트 컨퍼런스가 몇몇 마르크스-레닌주의와 마오주의 단체의 장난으로 인해 회복할 수 없을 정도로 손상을 입었다는 것이었다.[21] 물론 당시 전국적인 컨퍼런스에서 일어난 이러한 공격적인 방해는 자율적인 페미니즘의 성공 때문이었다. 소수의 여성들이 자신들의 소규모 비주류 좌파 단체의 규율을 강요했다.

많은 사회주의 페미니스트들이 지역사회 문제부터 특히 북아일랜드의 세계적 반제국주의 투쟁 지원에 이르기까지 광범위한 지역 활동을 우선시했다. 영국에서는 1970년대 말에 사회주의 페미니스트 컨퍼런스가 두 차례 더 성공적으로 열렸다. 여기에서는 모든 오래된 문제가 제기되었고 노령과 장애 권리를 다루는 새로운 목소리와 함께, 주로 인종차별과 여성에 대한 폭력에 초점이 맞추어졌다.

유럽에서는 1977년 파리 뱅센대학교Vincennes University에서 열린 컨퍼런스에 사회주의 페미니스트 4000명이 참석했고, 그다음 달에는 암스테르담에서 대규모 집회가 열렸다. 이는 사회주의가 여성해방의 전제조건이지만 이를 보장하지는 않는다는 점을 확인해주었다.[22] 그러나 경기 침체 악화에 따른 정치적 맥락의 전반적인 변화를 반영하면서 광범위한 여성운동 내에서의 분위기는 변하고 있었다. 극우 세력을 포함한 보수 세력이 활기를 띠기 전, 최대한의 단결이 필요한 바로 그 시점에, 페미니즘 내부의 분열은 더욱 깊어지고 있었다.

스스로 '급진적 페미니스트'라 부르며 '가부장제'를 여성 억압의 근본 원인으로 보는 여성해방주의자들이 늘 존재했다. 이는 그들이 자본주의 계급 분할이나 기타 억압의 체계적 구조에 대한 분석보다 남성 지배 문제를 일상적으로 우선시했다는 의미다. 급진적 페미니스트들은 주로 여성과 아동에 대한 남성 폭력 문제나 여성을 직접적으로 종속시키는 남성 권력의 다른 측면에 초점을 맞추었다. 그럼에도 불구하고 그들은 일반적으로 계급과 다른 형태의 억압에 대해 결코 무관심하지 않았으며, 이로 인해 페미니스트들 대부분은 중복되지만 약간은 다른 우선순위를 받아들이면서 나아갈 수 있었다.

그러나 1970년대 말 영국에서 '혁명적 페미니즘'이라고 부르는 새로운 브랜드의 급진적 페미니즘이 여성 모임들에서 깊은 불안감을 만들어내고 있었다. 그들은 남성을 "주요 적the main enemy"(심지어 어린 소년들까지도)으로 부르며 그들에 대한 극도의 적대감과 이에 동의하지 않는 여성들에 대한 경멸을 설파했다. 그들은 남성을 향한 증오와 여성에 대한 억압에 집착하고 '포르노'를 여성 지배의 지속적인 원인이자 무기로 여겼던 불같은 미국 급진주의자 드워킨의 제자들이었다.

하버드대학교 교수 자격으로 맥키넌은 드워킨과 함께 남성 폭력을 비난했으며, 많은 사람들이 환원적이라고 여겼던, 그러나 매우 인기 있었던 반포르노 캠페인을 주도했다. 맥키넌은 페미니즘의 역사를 대부분 부정하는 방식으로 요약한 고전적인 논문에서 이러한 일차원적인 사고방식을 압축했다. "페미니즘은 지배와 복종을 에로틱한 관계로 만드는 것이 어떻게 젠더를 만들어내고, 우리가 현재 알고 있는 사회적 형태의 여성과 남성을 만들어내는지에 대한 이론이다."[23] 여기에서 '남성의 성'은 '남성의 폭력'으로 축소되어 남성다움과 여성에 대한 남성 권력의 핵심으로 여겨졌으며, '포르노'는 영원한 도구로 간주되었다.

더 중요한 것은, 이러한 사고가 특히 1970년대 말부터 증가하는 불평등과 억압에 저항하는 데 있어 여러 면에서 변화를 추구하던 진보적 활동가들과 중요한 동맹을 구축하느라 바빴던 페미니스트들의 활동을 무시했다는 점이다. 《스트레이트 섹스: 기쁨의 정치 Straight Sex: The Politics of Pleasure》에서와 마찬가지로 나는 수년에 걸쳐 쓴 거의 모든 글에서 포르노 반대 운동의 환원적 추론을 비판했다. 나는 뉴욕의 페미니스트이자 좌파 활동가인 앤 스니토 Ann Snitow의 견해에 동의하는데, 스니토에 따르면 1970년대 말 우리의 집단적 행동주의가 변화의 원동력으로서 지속될 수 있다는 자신감을 상실한 가운데 많은 페미니스트들에게 '포르노'는 패배감을 나타내는 은유가 되었다. 앞으로 보게 되겠지만, 시대를 초월해 여성 피해자를 강조하는 관점은 안타깝게도 보수적 반발이 고조되던 시기의 분위기와 잘 맞아떨어졌으며, 사회 변혁을 추구하는 투쟁에서 승

리하기가 점점 더 어려워지고 있었다.[24]

그러한 분리주의 정치에 맞서 싸우기로 결심한 로보섬과 나는 곧 우리와 합류한 당시 뉴캐슬 Newcastle에서 활동하던 사회주의 페미니스트 힐러리 웨인라이트와 함께 페미니스트 운동 전체와 더 광범위한 좌파에게 일반적인 사항을 호소했다. 우리 특유의 열망이나 종파적인 틀을 넘어, 커지는 우파 세력에 맞서기 위해 서로 지원하자는 내용이었다. 풀뿌리 운동에 대한 우리의 페미니스트 사회운동 경험과 극좌 정당의 전위주의 관행에 대한 로보섬의 비판이 합쳐져 우리는 최대한의 지지와 연대를 끌어내는 새로운 민주적인 방식을 찾기를 바랐다.

그 결과 《파편을 넘어: 페미니즘과 사회주의 본질 Beyond the Fragments: Feminism and the Making of Socialism》이 1979년 이즐링턴 커뮤니티 출판사 Islington Community Press에서 작은 책자로 출간되었는데, 이듬해에 책으로 확장되어 멀린 출판사 Merline Press에서 출판되었고 즉시 독자들의 호응을 얻었다. 이 책은 영국과 전 세계에서 페미니즘과 더 넓은 좌파 내에서 널리 읽히고 토론되었다. 그러나 수년 동안 영향력을 유지하고 1981년 리즈 Leeds에서 대규모 컨퍼런스를 이끌어냈음에도 불구하고 즉각적인 임무에는 대체로 실패했다. 많은 페미니스트들이 여전히 더 확장된 좌파와의 연대를 말하는 우리의 요구에 의심을 품는 반면, 조직화된 좌파의 종파주의에는 거의 변화가 없었다.

더 힘든 시기의 저항

사회주의 페미니즘은 희망의 시대에 번성했는데, 1970년대는 전후 서구 경제 호황과 함께 공공복지가 향상되면서 평등이 극대화된 10년이었다. 그러나 시대는 변한다. 오늘날까지 살아남은 우리 중 많은 사람들이 당시 우리가 형성한 유대와 공유한 사상을 계속해서 포용하고 있음에도 불구하고, 페미니즘을 점차 무장 해제시키는 것은 내부 분열보다는 점점 더 가혹해지는 시대였다.

기업 이익이 1970년대부터 감소하기 시작하여 1975년에 사상 최저치를 기록했는데, 이는 불황의 외부 원인과 증가하는 노동조합으로 인한 임금 인상이 원인이었다. 이는 마가렛 대처(1979)와 로널드 레이건Ronald Reagan(1981)의 등장을 시작으로 1970년대 말부터 극우 정부를 탄생시키는 맹렬한 보수적 반동을 불러일으켰다. 두 사람 모두 전후 합의를 파기하고 복지를 후퇴시키고, 가능한 모든 수단을 통해 이익을 확대하는 데 집중했다.

1980년대는 매우 다른 정치적 순간을 맞이했다. 사회주의 페미니즘은 결코 사라지지 않았고, 심지어는 최근에 부활하기도 했지만, 페미니즘의 서사에서 점점 소외되었고, 그것이 만들어낸 풀뿌리운동은 점진적으로 쇠퇴했다. 많은 활동가들이 고등교육에서 틈새시장을 찾은 학문적 페미니즘의 이론적 방향이 바뀌었다고 비난했다. 페미니스트 학자들은 특히 1980년대 말부터 언어와 주체성의 불안정성에 대한 관심을 키워나갔다. 이는 식민주의의 병리 현상과 역사적으로 뿌리 깊은 인종차별의 폐해에 관한 연구와 함께 이루어졌다. 이 작업이 여전히 규범적 틀에 의문을 제기한다는 점에서 흥미롭지만, 직접적인 정치적 참여와의 연관성은 분명하지 않았다. 그러나 나는 이러한 페미니즘 이론에 대한 논쟁이 그 당시 급진적인 행동이 직면했던 늘어나는 도전으로부터의 단순한 우회에 불과했다고 믿는다.

대처와 대처를 지지하는 미디어 재벌들이 만들어놓은 새로운 상황에는 구체적인 의제가 있었는데, 평등에 대한 관심에서 경쟁적 개인주의로 이념적 사고방식을 바꾸는 것이었다. 무엇보다도 대처는 사회주의 페미니즘의 특징인 취약하거나 위협받는 사람들의 집단성과 연대의 담론을 혐오하고 파괴하기 시작했다. 대처는 오로지 개인으로서의 (자급자족적인) 남성과 여성, 그리고 그들의 가족만을 인정했다. 사회주의 페미니스트들은 복지국가를 확장하고 민주화하며, 가정에서든 공동체 안에서든 돌봄 노동과 양립할 수 있는 일자리를 만들고자 했다. 대처는 그 반대를 원했고 대체로 원하는 것을 달성했다. 레이건이 대통령이 되면서 비슷한 정치적 역학관계가 미국에서도 곧 드러났다.

주로 계급, 민족, 종교, 장애 또는 모든 형태의 취약성에 따라 여성들 사이의 분열이 (남성들 사이에서도 마찬가지로) 빠르게 심화하는 것이 분명해졌다. 개인의 성공을 최우선으로 강조했기 때문에 새로운 보수적 의제는 때때로 여성의 권리라는 이름으로 제시되었다. 일부 중산층 여성들은 실제로 페미니스트들이 열어준 몇 가지 기회를 통해 관리직과 전문직으로 옮겨가는 혜택을 누렸다. 동시에 그렇지 않은 다른 여성들은 복지 수혜 자격과 혜택이 사라지면서 더욱 주변부로 밀려났다. 더 긴 시간 노동을 해야 했고 요구할 수 있는 공공자원이 대폭 축소되었다.

이는 영국을 더 강하고 경쟁적인 국가로 만들려는 대처의 십자군이 만들어낸 불가피한 결과였다. 부자는 더 부자가 되고 그렇지 못한 사람은 오로지 자신만을 탓할 수밖에 없는 그런 곳. 금융 자본을 촉진하기 위해 산업에 대한 국가 투자를 지연시키고 공공 주택을 매각하는 것은 목표를 달성하기 위한 대처의 가장 파괴적인 정책 중 일부에 불과했다. 대처는 첫 임기 2년 만에 치솟는 실업률과 사업 실패의 증거를 제시하면서 노동력을 통제하고 산업을 정리할 필요성에 대해서만 언급하며 "경제는 방법이고, 목표는 마음과 영혼을 변화시키는 것이다"[25] 라고 결론지었다.

이 과정(느슨하게 '신자유주의'라고 알려지게 된)의 경제적 비용, 특히 이것이 여성에게 미치는 영향을 분석하는 데 탁월한 사람들은 당연히 전 세계의 사회주의 페미니스트였다. 영국에서는 페미니스트 경제학자들과 수 힘멜바이트 Sue Himmelweit, 앤 필립스 Anne Phillips 같은 정치 이론가가 여기에 포함되었다. 제니 허스트필드 Jenny Hurstfield를 포함해 증가하는 불평등의 해악을 폭로하려는 다른 사람들은 때때로 경제 정의와 사회 정의를 위한 캠페인을 위해 1974년에 설립된 영국의 저임금 부서 Low Pay Unit에서 일자리를 찾았다. 지칠 줄 모르는 루스 리스터 Ruth Lister 같은 일부 사람들은 1965년에 설립된 아동빈곤대책그룹Child Poverty Action Group에 합류했는데, 이 단체는 복지 제도의 변화가 어린이, 가족, 그리고 지역사회의 복리에 미치는 영향을 수집하고 분석하기 위해 설립되었다.

이류 시민으로서의 여성 지위에 초점을 맞춘 리스터는 후에 많은 여성들이 무급 돌봄 역할로 인해 직면한 빈곤과 경제적 불의에 관한 책을 출판했다. 이러한 생각의 대부분은 정치 이론가 앤 필립스Anne Phillips의 첫 번째 책 《숨겨진 손: 여성의 경제 정책Hidden Hands: Women and Economic Policies》에 자세히 설명되어 있다. 이들 학자와 활동가 중 일부는 나중에 여성예산그룹Women's Budget Group을 설립했으며, 이 그룹은 현재 30년 넘게 성별과 경제 문제에 대해 정부에 로비 활동을 하고 있고, 여성에게 유해한, 특히 돌보는 역할을 맡은 여성에게 해를 끼치는 정책을 지적하고 있다.[26]

1980년대 흥미진진했던 몇 년간 사회주의 페미니스트 그룹은 켄 리빙스턴Ken Livingstone이 런던 시장으로 재임하던 중 광역런던의회Greater London Council, GLC에서 일자리를 찾았다. 페미니스트, 반인종차별주의자, 레즈비언, 동성애자 활동가들이 다양한 풀뿌리 이니셔티브를 지원하는 카운티 홀에서 활동하도록 초청받았다. GLC 내부에서는 노동자 협동조합을 장려하기 위한 계획이 개발되었고, 발레리 와이즈Valerie Wise가 이끄는 여성위원회는 베테랑 사회주의 페미니스트들과 정기적인 공개회의를 열어 보다 개방적이고 반응적인 시 정부를 보장하기 위해 열심이었다. 로보섬과 웨인라이트는 GLC의 인기 있는 계획 부서에 채용되어 지역 그룹과 협력해 오래된 산업 지역을 보존하고 지속 가능한 새 일자리를 창출하는 방법을 찾았다.

이들의 활동은 로보섬이 존 호일랜드John Hoyland와 함께 제작한 일자리 창출이나 지역사회 자원 확대에 대한 것들을 다루는 잡지 〈변화를 위한 일자리Jobs for a Change〉에 실려 널리 알려졌다. 〈변화를 위한 일자리〉는 또한 1년간 지속된 광부 파업 기간 동안 증가하는 실업률과 일자리 창출 및 자금 조달을 위한 투쟁을 부각시키기 위해 두 차례의 무료 음악 축제를 조직했다. 1984년 첫 공연에서는 템즈강 변에 약 15만 명이 모여들었고, 1985년에 열린 두 번째 공연에서는 배터시공원에 약 25만 명이 모였다. 많은 저명한 음악가들이 무대에 올랐다. 음악 공연 사이에는 연극 공연과 다양한 연사들이 무대를 채웠고, 지역사회 단체와 기타 대안 단체가 운영하는 가판대가 공연장을 둘러쌌다.

많은 지역사회 활동과 좌익 결속의 중심지로서 카운티 홀이 있는 GLC의 옛 본부는 템즈강 건너편 다우닝가에서 나오는 아이디어에 대한 저항을 대표했다. 실제로 대처는 이에 너무나 격분하여 마침내 이 다채로운 저항과 연대의 장소를 근절하는 데 성공했다. 1986년에 대처는 GLC를 폐지하고 카운티 홀을 개인에게 매각했.

1980년대의 또 다른 중요한 페미니스트 활동으로는 영국에서 미국 핵미사일을 철수시키기 위해 1981년에 설립된 그린햄커먼의 여성평화캠프가 있다. 나를 포함한 대부분의 사회주의 페미니스트들은 다른 수만 명의 여성들과 함께 캠프를 방문해 활동을 지지했다. 그린햄은 국제적으로 평화 운동의 영감이 되었고 페미니스트 반핵 운동의 중심점이 되었다. 이 캠프는 1991년 마지막 순항 미사일이 철수된 후에도 19년 동안 계속되었으며, 여기에는 10대부터 70대, 80대에 이르기까지 모든 연령층의 여성이 참여했다. 최초의 무정부주의자 참가자 중 한 명인 사회학자 사샤 로즈닐Sasha Roseneil(현재 서섹스대학교 부총장)은 후에 여성들이 경찰에게 추방당하고 심지어 여러 번 감옥에 갇혔을 때 이를 견딜 수 있었던 것은 여성들 사이에 형성된 놀라운 유대였다고 회상했다. 로즈닐은 그린햄의 여성들에게는 캠프가 곧 집이었기 때문에 포기하지 않았다고 그녀는 말한다: "그린햄에서 형성된 우정, 보살핌, 그리고 성적인 유대는 여성들이 자신들이 나고 자란 가정을 떠나 선택한 삶의 원동력이 되었다."[27]

1980년대에는 많은 흑인 및 아시아 여성 단체가 번성했다. 여기에는 1978년 베벌리 브라이언Beverley Bryan, 스텔라 다드지Stella Dadzie, 수잔 스카페Suzanne Scafe가 설립한 아프리카·아시아계 여성조직 Organisation of Women of African and Asian Descent, OWAAD이 포함되었다. 다양한 흑인과 아시아계 페미니스트를 포괄하는 상위 그룹인 이 단체는 이민 및 추방 문제, 가정 폭력, 학교에서의 인종차별주의, 흑인 여성 노동자를 위한 지원, 또한 흑인 여성의 임신과 출산에 대한 의료적 개입을 포함한 여성의 재생산 권리 등에 관한 이슈에 대해 캠페인을 벌였다. 비록 수명은 짧았지만 1980년대 초까지 OWAAD는 흑인과 아시아 여성의 경험이 페미니스트 의제로 확고하게 자리

잡는 데 도움을 주었다.

런던 외 지역에서는 1980년대 내내 맨체스터 흑인여성협동조합 Manchester Black Women's Cooperative과 리버풀 블랙시스터즈Liverpool Black Sisters가 모여서 흑인 여성의 요구를 앞세웠다. 이 단체의 두 가지 중요한 간행물 중 하나는 OWAAD를 설립한 페미니스트들이 내놓은 《인종의 심장Heart of the Race》인데, 노예제도, 식민주의와 이주의 영향 속에 있는 영국 흑인 여성의 위치를 탐구했다. 또 하나는 작가 75명이 쓴 감동적인 이야기와 시 등을 모은 《차팅 더 저니Charting the Journey》인데, 백인이 지배하는 세계에서 흑인과 개발도상국의 여성들이 여전히 직면하고 있는 갈등과 모순을 드러내는 글들이다.[28] 한편 1979년에 창간되어 여전히 건재하고 있는 저널 《페미니스트 리뷰Feminist Review》는 인종, 계급, 나이, 장애, 또 성적 지향의 문제를 탐구하면서 좌파로 확고하게 자리매김하고 있다.

가장 눈에 띄는 것은 사우스얼Southall에서 일어난 인종 폭동 이후 설립된 사우스얼 흑인 시스터즈Southhall Black Sisters, SBS의 활동이다. 오늘날까지 명맥을 이어오면서 폭력이나 강제 결혼의 피해자를 돌보고 지원하는 것은 물론 인종차별에 도전하고 종교 근본주의에 반대하는 일을 하고 있다. 창립자 중 한 명인 변호사 프라그나 파텔Pragna Patel은 2022년까지 간헐적으로 이사직을 맡았으며 항상 억압에 맞서 싸우는 다른 페미니스트들과 연합을 구축할 준비가 되어 있었다. 파텔이 최근에 말했듯이 SBS의 목표는 모든 지지자들이 힘을 느낄 수 있도록 격려하고 변화의 약속을 실행하는 더 넓은 사회

운동의 일부가 되어 우리를 분열시키는 벽을 넘어 연대를 구축하는 것이었다. 결국 "무엇이 우리를 분열시키는가보다 무엇이 우리를 하나로 묶는가를 이해하는 것이 더 중요하다. (…) 나는 점점 우리가 정체성이 아닌 필요에 기초하여 함께 뭉쳐야 한다는 견해를 갖게 되었다."[29]

새로운 페미니즘 '브랜드'에 맞서는 유령들

그러나 여러 방면에서 펼쳤던 끈질긴 사회운동에도 불구하고 20세기 말 몇십 년간 사회주의 페미니즘은 국가에 대한 요구, 남성에 대한 요구, 노동조합에서의 여성의 일에 대한 칭송, 계급이 결코 잊혀서는 안 된다는 주장을 계속하며 이전 시대에 묶여 있는 것으로 보였다. 영국의 저널리스트이자 작가인 멜리사 벤은 2000년 현대 페미니즘을 회고하면서 "1980년대와 1990년대 사회주의 페미니스트들이 갑자기 시대에 뒤떨어지고 무능하다고 여겨졌다"고 말했다. 실제로 로보섬의 유산에 경의를 표하면서도 벤은 "로보섬은 자신이 창조하는 데 도움을 준 정치의 축제에서 유령이 되었다"고 결론지었다.[30]

사실 로보섬를 포함한 많은 좌파 페미니스트들은 여전히 출판, 공연 및 다양한 환경에서 활발히 활동하고 있었지만, 언론은 다른 어떤 가치도 무시한 채 자유주의적이고 야심 찬 형태의 페미니즘을 장려하는 데에만 관심을 가졌다. 좌파 자유주의 언론인 폴리 토인비Polly Toynbee는 1990년대 후반 여성이 직면하고 있는 계속되는 불평등과 어려움을 강조하면서도 미디어에서 영향력 있는 여성들의 입장을 요약하며 "페미니즘은 지루하다"고 선언했다. 〈가디언〉의 또 다른 기자인 리비 브룩스Libby Brooks가 보도한 것처럼 1970년대 페미니스트들은 내분에 휩싸인 "성에 반대하는 까칠한 얼굴의 남성 혐오자들"이었다는 공통의 가정이 생겼다. 브룩스는 이것이 자신이 공유하는 견해는 아니라고 덧붙였다.³¹

실제로 정확히 10년 전인 1990년대 말에 브룩스는 〈되돌릴 수 없다 No Turning Back〉라는 제목의 기사에서 나의 사회주의 페미니스트 책인 《왜 페미니즘인가 Why Feminism》를 환영했다. 브룩스는 또한 "페미니즘 부고" 기사보다 더 잘 팔리는 것은 없다고 단언했다. 언론은 항상 "페미니즘의 무덤에서 춤추고 싶어"하고, "죽은 것은 위험하지 않다"라는 희망으로 페미니즘을 "시대착오적이거나 적대적인 것, 남성과 여성, 일과 가정, 낡은 것과 새로운 것을 대치시키는 이분법적인 고집스러운 제도"로 일관되게 묘사한다는 것이다. 그러나 브룩스는 "우리 문화에 만연해 있는 시장 논리로 희석된 페미니즘은 진정으로 변혁적이고 장기적인 정치적 비전을 성취할 수 없다"는 데 동의했다. 브룩스는 사실 페미니즘은 그 어느 때보다 더 필요하고, 《왜 페미니즘인가》의 강점은 "페미니즘, 사회주의, 그리고 역사 그 자체의 깊은 연결성을 포용하려는 의지에 있다"고 결론지었다.³²

안타깝게도 브룩스와는 달리 주류 언론은 페미니즘과 사회주의 사이의 풍부한 역사적 유대를 무시하거나 경멸했다. 무시하지 않을 때는 페미니즘을 수용하는 새로운 방식을 적극적으로 모색했으며 항상 페미니즘의 급진적 잠재력을 억제했다. 여기에는 여성의 탁월한 돌봄의 미덕과 가치를 칭찬하는 동시에 대부분의 돌봄 노동에 대한 낮은 보수에 대해서는 비난하기를 거부하는 것이 포함되었다. 이제 언론은 여성(특히 젊은 여성)이 성적으로 취약하고 보호가 필요하다는 생각을 받아들였다. 그러나 한편으로는 그들은 실제로 포식자에게 가장 취약한 소녀들, 특히 '보호소'에 살거나 막 보호소를 떠나려는 소녀들을 '성적 비행자'로 묘사하며 비난을 일삼았다.

그러나 1980년대부터 페미니즘이 주류에서 새로운 '브랜드'로 만들어지는 주요 방식은 주로 전문직에 종사하는 여성을 위한 평등한 기회에 대한 경영 담론을 포용하는 한편 여성의 경력을 방해하는 근본적인 역학을 무시하는 것이었다. 1980년대에 자신들의 운동이 주류화되는 것을 주목하면서, 몇몇 1970년대 페미니스트들은 자신들의 집단적인 목소리가 일부 여성들이 엘리트 위치로 이동하면서 자본주의의 새로운 발전을 위한 길을 의도치 않게 완화했을 수도 있다는 것을 스스로 인정하기 시작했다.

페미니스트 선구자인 미첼은 여성 간의 차이에 대한 새로운 초점이 분열적이었다고 지적했다. 더욱이 미첼은 성별 간의 모든 차이를 포괄해야 한다는 페미니스트의 아이디어가 계급을 무시하고 경제를 간과하는 데 협력하고, 그 결과 소수의 여성이 승진하지만 대부분의 여성들은 오히려 더욱 소외되었다고 덧붙였다.33

내 생각에 이 주장은 사회주의 페미니즘을 완전히 무시하는 것 이외에도 신자유주의 자본주의의 부상에 페미니즘의 역할이 컸다고 보고 있다. 사실은 그 반대인데 말이다. 여성들은 특히 저항의 오래된 방식들이 실패하면서 시장의 힘에 제압당했다. 그러나 늘 복잡한 이야기 속에서, 미첼처럼 나이 든 많은 페미니스트들은 비록 집단적 권리보다 개인적 권리를 언급하면서도 페미니스트처럼 들리는 수사가 얼마나 쉽게 페미니스트들이 한때 구상하고 싸웠던 대대적인 변혁과는 정반대되는 상황에 맞게 왜곡될 수 있는지 지적했다.

말할 필요도 없이, 이러한 상황을 비난하는 데 가장 앞장선 사람들은 나이 든 페미니스트들이었다. 영국의 극작가 카릴 처칠Caryl Churchill은 희곡 〈최고의 여성들Top Girls〉에서 한 여성의 성공이 얼마나 자주 다른 여성의 희생을 기반으로 하는지를 극화했다. 그럼에도 불구하고, 좌파에 남아 있던 많은 1970년대 페미니스트들이 불평등, 불안정감, 인종차별의 증가와 많은 젊은 여성(남성도 마찬가지)들이 처한 악화되는 상황에 대해 깊은 고민을 했음에도 종종 스스로 더 큰 자신감과 경제적 안락함을 얻었다는 점은 더욱더 아이러니하다. 실제로 내 경우와 마찬가지로 이러한 물질적 성공은 우리가 교육이나 미디어 분야에서 실천한 페미니즘적 헌신, 또는 (곧 축소되는) 공공부문에서 찾은 일자리로 인해 강화되었다.

오래지 않아 미국의 페미니스트 낸시 프레이저는 《전진하는 페미니즘》에서 페미니스트들이 신자유주의의 부상에 은밀하게 연루되어 왔다고 훨씬 비판적으로 주장했다. 우리가 항상 '착취'보다 '선택'을 강조하고 (다양한 정체성에 관한) 문화적 인식의 정치를 경제적 재분배의 정치보다 중시했다는 (잘못된) 주장이었다.[34] 나는 이에 동의하지 않는다. 그리고 자본주의는 페미니즘에서 원하는 것을 흡수하는 데 시간을 낭비하지 않았으며, 페미니즘의 재분배적이고 변혁적인 투쟁을 비웃었다는 것을 다시 한번 강조하고자 한다. 심지어 우리 중 일부는 엄청난 복지의 축소로 인한 피해를 공포에 질려 지켜보았다.

당연히 페미니스트들은 교차성과 배제를 다루려고 노력했지만, 우리 중 많은 사람들은 더 큰 어려움이 따르는 악의적인 인종차별과 외국인 혐오와 함께 재분배에 대해서도 걱정했다. 그러나 필연적으로 여성들은 일반적으로 점점 더 경쟁적이고 개인주의적인 문화 환경과 편재하게 된 상업 논리에 적응해야 했다.

다른 페미니스트 학자들과 함께 안젤라 맥로비는 《페미니즘의 후유증 The Aftermath of Feminism》에서 20세기 말까지 미디어를 통해 널리 홍보되었던 고등교육을 받은 전문직 여성들의 화려한 이미지에 주목했다.[35] 여성의 명백한 자유와 해방을 축하하는 프로그램에서 부유한 여주인공들의 유일한 관심사는 '딱 맞는 남자 Mr Right'를 찾는 것이었다. 이것은 1998년부터 2004년까지 방영된 인기 시트콤 〈섹스 앤 더 시티 Sex and the City〉에서 가장 확고하게 전형화되었으며,

결혼을 추구하는 성공하고 똑똑한 여성을 강조하는 동일한 주제가 〈앨리 맥빌Ally McBeal〉(1997~2002), 〈프렌즈Friends〉(1994~2004) 등 당시의 거의 모든 고급 미디어 제작물에 나타났다.

공통된 맥락은 교육과 직업을 통해 성평등이 이루어졌으며, 이것이 이제 여성이 소비 문화를 행복하게 받아들이는 부분에서 명백히 드러난다는 가정이었다. 여성이 원하는 생활방식을 개인적으로 자유롭게 선택할 수 있다고 묘사되면서, 여성 억압에 대한 페미니스트의 주장은 이제 시대에 뒤떨어지고 성공과 흥분에 대한 여성의 열망에 적대적인 것으로 제시되었다.

문제는 이러한 성공적인 여성의 이미지가 곧 미디어 중심의 완전히 새로운 브랜드인 '야심 찬 페미니즘aspirational feminism'을 홍보하는 역할을 했다는 것이다. 이는 힐러리 클린턴Hillary Clinton, 테레사 메이Theresa May, 미셸 오바마Michelle Obama 등 가장 영향력 있는 여성들이 모두 페미니스트라고 주장하면서 더욱 강화되었으며, 오바마는 "여성으로서 우리가 성취할 수 있는 것에는 한계가 없다"라는 유명한 주장을 했다.

신자유주의 질서의 핵심에서 나온 페미니즘은 더 이상 어떤 일반적인 의미에서도 저항적이지 않고 자본주의 세계에서 승자가 되기 위한 경주에 더 많은 여성을 초대한다. 무자비한 이익 추구를 위해 어떤 형식의 정체성과 성적 취향의 확산도 수용하고 필요한 것을 제공하기 위해 열심인 그런 세상. 이런 페미니즘의 상징적인 인물은 셰릴 샌드버그Sheryl Sandberg로, 페이스북의 최고운영책임자

COO로서 2013년 남성과 여성 모두에게 영감을 주기 위해 쓴 '일종의 페미니스트 선언문'을 제작했다. 베스트셀러인 《린인》은 샌드버그를 모든 주요 텔레비전 토크쇼로 불러냈고, 〈타임〉 표지를 장식하게 했다.[36]

1980년대 초 카릴 처칠이 예견했던 것처럼 '최고의 소녀들'을 찬양하고 다른 여성들의 야망 부족을 비난하는 '새로운 페미니즘'이 정말 이렇게 있었다. 많은 노령의 페미니스트들에게 더욱 화나는 것은 상황이 점점 더 위태로워지고 급여가 적어지고 있는 많은 여성 노동자들이 그 어느 때보다 힘든 시기에 이런 이상한 페미니즘의 변이가 발생했다는 것이었다. 페이스북 직원이었던 케이트 로세Kate Rosse는 여성들이 자유의 이름으로 더 열심히 일함으로써 자신을 착취하도록 장려하는 이상한 형태의 페미니즘이라고 지적했다. 로세는 샌드버그가 여성들에게 "브레이크를 밟지 마십시오. 가속하십시오. 가속 페달을 계속 밟으십시오"라고 지속적으로 권고한다고 말한다.[37] 이에 대한 유려한 반격으로 젊은 영국 언론인 돈 포스터Dawn Foster는 비극적으로 죽기 전에 《린 아웃Lean Out》을 출판해 샌드버그가 "불평등을 영속시키는 경제 구조에 은밀히 협조"한다고 비난했다.[38]

또 다른 페미니스트 학자인 캐서린 로튼버그는 자신의 저서 《신자유주의 페미니즘의 부상 The Rise of Neoliberal Feminism》에서 샌드버그와 그 비슷한 부류에 대한 비판을 더했다. 로튼버그는 이러한 페미니즘의 기업 친화적 리브랜딩이 우리 삶의 모든 측면에 시장 원칙을 전 세계적으로 주입하는 데 핵심적인 역할을 한다고 본다. 로튼버그는 미국 정치 이론가 웬디 브라운Wendy Brown의 《민주주의 살해하기》와 같은 다른 학문적 페미니스트 작품을 참조하여 우리가 무엇을 하든, 어디에 있든 우리의 시장 가치를 끊임없이 높이도록 재촉당하고, 그 과정에서 여성의 전통적인 모성애와 돌봄의 역할이 설 자리가 점점 줄어들고 있다는 것을 지적한다. 이러한 압력으로 인해 어떤 여성들은 난자를 냉동하고 출산을 연기하며, 그들이 엄마가 된다면 또는 되었을 때 그들의 돌봄 역할을 다른 사람, 자신들보다 낮은 사회 경제 계층에 있는 여성들에게 맡긴다. 그렇게 '상품화'된 페미니즘은, 여성 간의 분열을 심각하게 심화시키고, 여성의 삶을 전반적으로 향상시키려는 비전을 내던진다.[39]

한편, 사람들에게 기업가가 아닌 노동자계급의 삶에 관한 책은 생소했기 때문에, 단호한 노년의 사회주의 페미니스트 에런라이크가 일시적으로 가난한 여성 노동자들에 합류했던 자신의 경험을 쓴 《노동의 배신》은 출간 후 바로 베스트셀러가 되었고 150만 권이나 팔렸다. 자신의 많은 꿈을 무너뜨린 자본주의의 거대한 힘을 알고 있는 에런라이크는 그녀가 죽기 직전에 한 사회주의 비전의 실패에 대한 인터뷰에서 다음과 같이 간단하게 결론지었다. "우리가 살아생전에 승리하겠다는 것이 아니며, 그것이 우리의 척도가 아니다. 그러나 우리는 노력하다 죽을 것이다. 이것이 내가 말할 수 있는 전부다."[40] 그리고 그녀는 끝까지 싸웠다.

글로벌 페미니즘과 페미니스트 투쟁의 부활

다행스럽게도 페미니스트들이 서로에게서 계속 배우면서, 말하고, 듣고, 해야 할 일이 항상 더 많아진다. 여기에는 최근 수년 동안 눈에 띄는 집단적 저항에 여성의 참여가 지속해서 급증하는 것에 박수를 보내는 일이 포함된다. 이는 또한 영어권 세계에서는 좀처럼 알아채기 어려운 개발도상국에서 일어나고 있는 페미니스트 투쟁의 중요성과 또 그것이 선진국에 어떤 교훈을 주는지 주목하는 일이다.

최근 페미니스트 투쟁의 '그린 웨이브'(여성이 큰 녹색 손수건이나 스카프를 흔들거나 착용하는 것으로 상징)가 아르헨티나, 콜롬비아, 멕시코 전역을 휩쓸었고 여성에 대한 폭력을 종식하고 재생산권을 보장하기 위해 대규모 운동이 일어났다. 2022년 미국 대법원이 원치 않는 임신을 중단할 수 있는 여성의 권리를 명시한 법안을 폐지하는 데 성공했지만, 라틴 아메리카의 활동가들은 얼마나 많은 여성들이 잘못된 낙태술로 사망했는지 알기 때문에 서로를 지지하며 해당 지역에서 역사적으로 여성에게 해를 끼치는 보수적 장벽을 무너뜨렸다. 재생산 권리센터Center for Reproductive Rights의 라틴 아메리카와 카리브해 지역 책임자인 콜롬비아인 변호사 카탈리나 마르티네즈Catalina Martínez는 역사를 거꾸로 뒤집으며 다음과 같이 말한다. "우리는 미국 사람들이 로 대 웨이드Roe v. Wade(1973년 낙태권을 보장하는 미국 연방대법원 판결. 2022년 번복되어 낙태권에 대한 헌법적

보호가 폐지됨.-옮긴이)에 명시된 권리를 옹호하도록 영감을 줄 것이다."[41]

오늘날 라틴 아메리카의 녹색 스카프는 아르헨티나 군사 독재하에서 벌어진 자녀들의 납치를 규탄하기 위해 1980년대 초반부터 마요광장에 모인 피해자 어머니들이 착용했던 하얀 스카프에서 영감을 받았다. 그들의 스카프에는 종종 '사라진' 이들의 이름이 자수로 새겨져 있었다. 전 세계 페미니스트들은 이 아르헨티나 어머니들의 추모 관행을 빌려 살해당한 이들이 잊히지 않게 굳건히 노력했다.

현직 경찰관에 의해 살해된 사라 에버라드Sarah Everard를 추모하기 위해 2021년 런던에서 열린 철야 집회의 현수막에는 "그녀의 이름은 사라였다Her Name Was Sarah"라고 쓰여 있었다. 내게 영감을 주는 아르헨티나 페미니스트 베로니카 가고Verónica Gago는 자신의 저서 《페미니스트 인터내셔널: 어떻게 모든 것을 바꿀 것인가Feminist International: How to Change Everything》에서 "여성과 여성화된 신체가 직면한" 모든 형태의 폭력에 맞서 아르헨티나에서 시작된 강력한 라틴 아메리카 운동인 니 우나 메노스 운동 Ni Una Menos(하나도 적지 않다)의 중요성에 대해 논의한다.

2015년 여성 살해에 반대하는 최초의 시위 이후, 이 운동은 여성과 복장 도착자transvestite에 대한 폭력부터 경찰 폭력, 경제적, 재정적 폭력에 이르기까지 다양한 폭력 사이의 연관성을 끌어내기 시작했다. 이는 2017년 국제여성파업International Women's Strike으로 이어졌고, 아르헨티나에서만 80만 명의 여성이 거리로 나섰다. 가고가 설명하듯이, 이 페미니스트 투쟁의 폭발력은 대륙 전역에서 "거대한 거리 행사와 그 범위에 있어서 똑같이 기념비적인 일상적 사회 운동을 함께 꿰어 인내심으로 엮고 작업되어" 수년 동안 축적된 것이었다.[42]

이러한 새로운 국제적 페미니즘 물결은 폴란드 철학자 에바 마예브스카 Ewa Makewska가 《페미니스트 반파시즘: 대중의 대항공론장 Feminist Antifascism: Counterpublics of the Common》에서 설명한 것처럼 폴란드에서 낙태 권리를 옹호하기 위해 일어난 대규모 행진에서도 분명히 나타난다. 마예브스카는 2016년 4월 21일에 거의 하룻밤 사이에 10만 명의 여성과 일부 남성이 임시로 만들어진 폴란드 소셜 미디어 갈스 포 갈스 Gals for Gals에 가입하여 폴란드가 제안한 낙태 방지법안에 항의했다고 기록했다. 가고와 마찬가지로 마예브스카는 대규모 급진적 페미니스트 연합을 구축하는 데 전념하며, 유연하고 포용적이며 창의적인 페미니스트 반문화가 이제 전 세계적으로 부상하고 있는 파시스트 세력을 막는 핵심 보루라고 주장한다.

마예브스카는 우리가 가장 유망한 좌파 미래를 볼 수 있는 곳은 서구 밖이라고 믿는다.[43] 마찬가지로 남반구의 젊은 페미니스트 역사가 로사 캠벨 Rosa Campbell은 세계적 요소들이 20세기 후반부터 호주에서 여성해방운동에 중요한 영향을 미친 방식들에 대해 보고했다. 캠벨은 특히 호주, 중국, 베트남 페미니스트들의 교류를 통해 동아시아 공산주의가 많은 영향을 미쳤다고 주장한다. 따라서 캠벨은 페미니즘의 역사가 북반구에서 시작해서 남쪽으로 확산된 것이 아니라는 점도 강조한다. "전술, 철학, 사상, 기술도 남반구에서 북반구로, 베이징에서 시드니, 런던으로 이동한다. 그것들은 어쩌면 북반구의 중심을 아예 통과하지 않을 수도 있고, 보고타에서 바르샤바까지 퍼질 수도 있다."[44]

따라서 우리는 북미에서처럼 1970년대 말부터 더 이상 단일한 페미니스트 운동이 존재하지 않았음에도 불구하고 페미니즘 운동이 결코 그냥 사라지지 않았다는 것을 알 수 있다. 이는 미디어가 선호하는 유명인들이 지지하는 '야심 찬 페미니즘'을 홍보하기 쉽게 만들었다. 그러나 많은 서구 페미니스트들이 다양한 정치 캠페인, 특히 긴축 정책에 반대하는 캠페인에 참여했다. 복지의 상당 부분을 지속적으로 없애거나 외주화하는 것이 항상 여성에게 가장 큰 영향을 미치기 때문이다. 그러므로 심각한 돌봄 제공 부족에 대해 전 지구적으로 맞서야 할 필요가 있다. 이는 끔찍할 정도로 불평등한 결과를 초래한 코로나 팬데믹에 의해 강조된 것이기도 하다.

고용 조건으로 인해 우리가 지역공동체의 생존을 돕기는커녕 도움이 필요한 사랑하는 사람을 돌볼 시간도 거의 없다는 사실이 유급 노동 시간의 단축과 보편적 혜택을 포함한 초기 페미니스트 요구가 부활하도록 촉발했다. 이것이 오늘날 우리가 영국 여성 예산 그룹, 포셋 소사이어티, 아동빈곤대책그룹, 또는 자율적인 복지 기관 등에서 이러한 문제들에 대해 논의하고 해결하기 위해 바쁘게 일해온 페미니스트 연구자들과 활동가들의 목소리를 더 많이 듣고 있는 이유다. 그들은 언론 담당자, 정책 입안자, 노조 활동가, 다양한 지역사회 단체에 끈질기게 연락하여 오늘날 많은 여성, 특히 중요한 돌봄 책임이 있는 여성이 직면한 어려움에 대한 증거를 제시하고 이를 해결하는 최선의 방법을 제안해 왔다.

라틴 아메리카에서 일어나고 있는 젠더 폭력에 맞서는 투쟁과 인도 여성운동이 강화되고 있는 것을 보면 결코 혼자는 아니지만, 서구의 많은 페미니스트들은 여성을 대상으로 한 남성 폭력을 종식하기 위해 계속해서 투쟁해 왔다. 뉴욕 여배우 알리사 밀라노Alyssa Milano가 성적 강압의 생존자들에게 #미투MeToo라는 트윗을 올려 그들의 경험을 공유할 것을 촉구한 후, 2017년부터 일어난 #미투 운동에 대한 서구 언론의 갑작스럽고 때로는 조롱 섞인 관심은 이러한 투쟁에서 단순히 유명인들의 참여를 드러내는 것에 불과했다. #미투는 하비 와인스타인Harvey Weinstein의 기소와 지금까지는 보호 받았지만 잘 알려진 다른 성범죄자들이 체포된 이후 엄청난 추진력을 얻으며 80개가 넘는 국가에서 빠르게 유행했다.

그러나 '미투'는 언론에 알려지기 10년 전에 처음으로 등장했는데, 미국 흑인 활동가인 타라나 버크Tarana Burke가 주도한 미국 풀뿌리 운동의 일환이었다. 버크 자신이 열세 살에 강간을 당했고, 성폭행당한 여성들의 자신감을 높이기 위해 학교에서 워크샵을 조직하는 일에 참여했다. 그녀는 또한 강간위기센터를 방문하여 인종차별, 성차별, 폭력, 빈곤 사이의 연관성에 대해 논의했다.[45]

여성을 대상으로 한 남성의 폭력에 대한 초기의 집단적 반발 형태는 2011년 폭발적으로 전 세계에 퍼졌던 슬럿워크 SlutWalks의 활기 넘치는 등장과 함께 나타났다. 원래는 토론토 경찰관이 여성들에게 '창녀'처럼 옷을 입지 않으면 강간을 피할 수 있다고 조언하면서 촉발되었다. 이를 계기로 즉시 수만 명의 사람들이 강간 사건에서 어떤 형태로든 피해자를 비난하는 것에 맞서 거리로 나섰고, 40개국 200개가 넘는 도시에서 여성, 남성, 어린이들이 참여했으며, 누구든지, 어떤 옷을 입든 간에 그 누구도 성폭행을 당해서는 안 된다는 것을 강조하기 위해 종종 반짝거리는 '창녀처럼 보이는' 복장을 입고 유쾌하게 행진했다.[46]

젠더 기반 폭력에 대한 다른 형태의 저항에는 트랜스 여성이 직면하는 일상적인 위협이나 더 나쁜 경우에 맞서 싸우려는 지속적인 시도가 포함된다. 여기에는 여성 공간을 보호한다는 명목으로 트랜스젠더를 배제하는 입장을 채택한 일부 나이 든 서구 페미니스트들에게 거부당한 경험을 다루어야 할 필요성도 포함된다.[47] 그러나 페미니스트 집회가 공개적일수록 일반적으로 트랜스젠더를 포용하게 되는 것은 주목할 만하다.

인종 폭력, 특히 경찰에 의해 행해지는 국가 폭력에 반대하는 캠페인이 다시 활성화되고 있는 것은 이제 주로 블랙 라이브즈 매터의 다양한 형태의 구현을 통해 잘 알려져 있다. 2013년 미국에서 설립된 블랙 라이브즈 매터는 경찰의 만행과 모든 인종차별적 폭력에 저항하는 분산형 사회·정치 운동으로 남아 있다. 영국에서는 사우스얼 흑인 시스터즈와 함께 2014년에 설립된 시스터즈 언컷

Sisters Uncut이 긴축 정책과 성노동자를 더 큰 위험에 빠뜨리는 매춘의 범죄화를 포함하여 여성에게 해를 끼치는 모든 법안에 반대하는 교차 페미니스트 조직으로 등장했다. 최근 몇 년 동안 그들은 수천 명의 여성을 거리 시위, 특히 가정 폭력 피해자를 위한 시설 축소에 반대하는 시위에 끌어들였다. 한 예로, 2016년에는 영국의 추가적인 복지 축소를 위한 정부 제안을 앞두고 여러 도시에서 다리를 막고 시위했다. 시위 참가자들은 이러한 축소의 잔인함에 대한 대중의 인식을 높이는 것을 목표로 삼았다. 복지 축소는 가정 폭력 피해자들을 위한 "안전으로 가는 다리를 막는다"는 그들의 말은 정확하다.

이는 오늘날 활동가들이 기후변화는 물론이고 증가하는 불평등, 사회적 무시를 현대 자본주의 자체에 맞서지 않고서는 해결할 방법이 없다는 데 동의할 가능성이 더 높다는 것을 의미한다. 그러나 우리가 1970년대에 그러한 광범위한 저항으로 시작했지만, 현재의 기업 세계에서는 그 과제가 훨씬 더 어려워 보이며 페미니스트의 투쟁이 그 어느 때보다 더 필요하다.

이상하게도 페미니스트의 투쟁이 취한 한 가지 형태는 셀마 제임스와 실비아 페데리치Silvia Federich가 함께 시작한 오래된 가사노동임금 캠페인의 부활이다. 영국에서는 제임스가 60년에 걸쳐 쓴 글을 모아서 편집한 책이 2012년에 출판되었고, 이어서 40년 만에 처음으로 주류 언론과의 인터뷰가 이어졌다. 제임스는 사람들이 마침내 가사노동임금에 관심을 가지게 되었다고 자신 있게 주장했다.⁴⁸ 5년 후 1970년대부터 가사노동임금을 위해 선동하는 미국에 기반한 위원회의 일상적인 조직활동을 기록한 페데리치의 글을 모은 책이 발간되었다.⁴⁹ 〈네이션〉에 실린 이 책의 서평에서 저널리스트 사라 자페Sara Jaffe는 모든 기본 가정에 동의하며 가사노동임금은 혁명적인 요구였으며 현재 그 어느 때보다 의미 있다고 선언했다. 여성이 무임금 가사 노동 수행을 거부하면 자본주의 체제에 위기가 촉발되어 가사 노동이 자본주의가 의존하는 핵심축이라는 사실이 드러날 것이기 때문이라고 설명했다.⁵⁰

그럼에도 불구하고, 이러한 요구가 다시 나타나는 점에 있어서 매우 특이한 점은 가사 서비스에 대한 비용 지불이 이제 여성과 남성 모두에게 실제로 표준이 된 반면, 기존의 성 불평등을 뒤집기 위해 아무것도 하지 않고 '인종' 불평등을 긍정적으로 증폭시킨다는 점이다. 내 생각에는 가사 서비스에 대한 비용은 이제 자유주의적 헤게모니를 *방해*하는 것이 아니라 오히려 *확보*하는 데 도움이 된다. 신자유주의 논리는 경제적 척도를 삶의 모든 영역으로 확장하는 한편, 임금 노동자들에게는 그들이 돈으로 살 수 있는 부분 이외에는 집안일이나 돌봄을 위한 시간을 거의 주지 않기 때문이다. 내게는 가사노동임금이 한때 가지고 있다고 생각했던 급진적인 면모를 상실한 것으로 보인다.

여성의 가사 노동을 '일'로 여기지 않았던 1960년대 말과는 전혀 다르게, 이제 모든 분야의 정치인과 경제학자들은 가사 노동이 일이라는 사실을 완전히 인정한다. 유엔은 가사 노동의 경제적 가치를 측정하려고까지 시도했으며 정부는 무급 가사 노동을 전체 국민총생산GNP에 포함시키라는 요구에 익숙하다.[51] 그 결과 오늘날 우리는 가사 노동, 돌봄 노동을 가능한 한 최저임금으로 다른 여성에게 외주화하는 것을 본다. 실제로 모든 부유한 국가에서 가장 빠르게 성장하는 고용 시장은 수년간 값싼 가사 노동과 개인 돌봄 서비스 시장이었다.[52]

가사 노동, 돌봄 노동, 성 서비스에 대한 현행 임금은 해방으로 가는 길을 제공하기는커녕 시장 합리성과 순조롭게 양립할 뿐 아니라 꼭 필요한 것처럼 보인다. 한편, 사회주의 페미니스트들이 한때 예견했듯이, 이 과정은 여성들 사이의 오래된 계급과 인종차별적 분열을 심화시키고 있으며, 저임금 돌봄 직업은 여전히 인기가 없어 영국에서만 거의 일자리 10만 개가 비어 있을 정도로 돌봄 인력이 부족하다.

그러나 가사노동임금은 지금이나 어떤 시대에도 당혹스러운 슬로건으로 남아 있지만, 단호한 가사노동임금 활동가 그룹은 그들이 어디에 있든 가난한 여성들을 위해 쉬지 않고 일했으며, 항상 무급, 무지원 여성 돌봄 노동자들에게 가해지는 부담을 강조했다. 또한 가사노동임금 지지자들은 성노동자들의 권리를 위해 싸웠고 인종차별 반대 캠페인을 지지했다. 제임스는 나와 같은 페미니스트들을 '중산층'이나 '동등한 권리' 서구 페미니스트라고 일축하며 경멸했지만, 글로벌 여성 권리 운동의 첨예한 부분에 항상 관심이 있었다. 제임스와 추종자들은 초기에 페루와 트리니다드토바고의 착취당하는 여성들, 인도와 우간다의 시골 여성들, 그리고 필리핀의 성노동자들과 결연을 맺었는데, 이들 중 일부는 더 부유한 나라로 이주하는 경우도 있었다.

따라서, 일부 흑인을 비롯한 소수민족 철학자들과 함께 많은 좌파 페미니스트들도 이제 여성의 중복되는 정체성의 복잡성을 분석하고 '교차성'과 포스트 식민 지배에 주의를 기울이는 고등교육 분야에서 두각을 나타내고 있지만, 큰 목소리로 여성 사이에 심화되는 분열을 강조하고 페미니스트 투쟁이 전 세계적으로 부상하는 데 일조한 것은 바로 굳건한 국제가사노동협회Internation Wages for Housework, IWFH였다. 이는 2000년 아이슬란드 여성의 사례를 따라서, 또 아일랜드 극작가이자 활동가인 마가레타 다아시Margaretta D'Arcy의 요청에 따라 IWFH가 3월 8일에 세계여성파업Global Women's Strike을 촉구했을 때 가장 두드러졌다.

우리가 라틴 아메리카의 그린 웨이브에서 보았듯이, 이 운동은 "살인이 아닌 돌봄에 투자하라"와 같이 더 이상 논쟁의 여지가 없는 많은 새로운 요구와 함께 그 이후로 추진력을 얻었다. 세계여성파업은 또한 성별, 인종, 연령, 이민자 신분의 구분을 무너뜨리는 데 필수로 제시된 엄마와 기타 모든 보호자를 위한 '생활임금living wage'을 요구하는 청원을 시작했다. 이러한 움직임의 반향과 호소력은 분명하다. 유럽에서 여성 파업 행동의 가장 큰 이벤트는 2018년 3월 8일 스페인의 페미니스트 파업에 여성 500만 명이 참여한 때였다. 그럼에도 불구하고 계속 *집단*적인 해결책보다 *개인*의 임금이 중심이 되는 점이 내게는 만족스럽지 못하다. 그 어느 때보다 지금 우리에게 필요한 것은 가구 간 불평등을 해결하기 위한 공공 서비스의 광범위한 확장이다. 단순히 개인에게 쓸 돈을 더 많이 주는 것으로 해결될 수 있는 문제가 아니다.

그러나 가까운 곳이든 먼 곳이든 전 세계 여성의 투쟁은 계속 진화하고 있으며, 우리는 대규모의 개방적이고 포용적인 급진적 연합에 대한 어떤 요구에도 진심으로 응답해야 한다. 서구 페미니스트들이 현재 다루어야 할 많은 문제에 대한 의제를 설정하고 있는 것은 의심할 여지 없이 글로벌 페미니스트 운동이다. 전 세계의 페미니스트 투쟁의 부활에 주의를 기울이며 과거의 성공과 패배로부터 배우는 것은 내 정치적 삶을 되돌아보는 데 필요한 교훈을 준다. 이것은 내가 인간의 취약성 문제를 더 깊이 성찰할 때 나를 지탱한다. 그리고 확실히 노년기로 들어서면서 개인적으로나 정치적으로 그 무엇보다 나와 관련 있는 부분이다.

4장

어려운 문제는
누구에게나 있다

Lean on Me

나이가 들수록 우리를 괴롭히는 더 많은 두려움이 생긴다. 시들어 가는 외모, 나빠지는 건강, 죽음에 대한 자각. 아마도 동시에 우리는 다른 사람의 고통과 괴로움을 더 잘 이해할 수 있을 것이다. 그런데, 그 고통과 괴로움은 우리가 재빨리 외면하지 않는 한, 치유는 말할 것도 없이 우리가 쉽게 다룰 수 있는 수준을 넘어선다. 이 중 어떤 것이라도 불안감, 공포감, 최악의 경우 방어적인 편집증을 쉽게 일으킬 수 있다.

우리는 종종 자신의 문제로 다른 사람을 괴롭히지 않고 두려움이나 고통에 홀로 직면해야 한다고 느낀다. 그리고 그에 따른 고립감으로 인해 무엇보다도 가장 큰 비참함을 경험한다. 영국의 시인 존 던John Donne은 갑자기 알 수 없는 병에 걸려 주변 사람들이 전염될 수도 있다고 생각했을 때 이를 깨달았다. 강제 격리는 던에게 극심한 육체적 고통보다 더 견디기 힘든 외로움을 낳았다. 던이 이듬해 시 〈인간은 섬이 아니다〉를 집필해 무엇보다도 고통 속에서도 인류의 자연스러운 결속을 주장했는데 이러한 예상치 못한 고립의 교훈을 성찰한 작품이었다.

> 어떤 사람의 죽음도 나를 작아지게 한다.
> 왜냐하면 나는 인류에 속해 있기 때문이다.[1]

이것이 1624년이었다. 5세기가 지난 지금, 정부는 여전히 우리의 공통된 인간성을 인정하지 못하고 있지만, 우리는 세계 나머지 국가와의 관계를 매일 인식하고 있다.

자신의 죽음을 상상하는 것보다 다른 사람의 죽음을 상상하는 것이 항상 더 쉽다. 우리는 항상 시선을 외부뿐만 아니라 내부로도 돌리려고 하지만 프로이트는 "실제로 우리 자신의 죽음을 상상하는 것은 불가능하다. (…) 그러려고 할 때마다 우리는 사실 여전히 구경꾼으로 존재한다는 사실을 알 수 있다"[2]라고 말했다. 죽음에 대해 평정심을 갖고 사는 것처럼 보이는 사람이 몇 명 있지만, 그것은 대개 그들에게 죽음이 추상적이고 멀리 떨어져 있을 만큼 충분히 젊을 때만 가능하다. 이것은 삶의 영원한 순환에 대해 숙고하고 각 연령대에서는 나름의 비애가 있다고 주장한 시인 월트 휘트먼Walt Whitman의 말에서 나온다. 비록 당시 스물한 살인 청년이었지만 말이다.

> 그래, 죽음을 환영한다! 두려운 소환에 응해야 하는
> 그때가 언제든 간에

나는 한치의 두려움도 없이 항복할 것이다

그렇지 않으면 한숨을 쉬거나 헛된 후회를 할 터이니.³

그럴 수도 있겠지만, 노년이 되면 죽음에 관한 생각은 대개 옆으로 밀려난다. 이는 분명히 우리가 나이나 신체 상태에 상관없이 하루하루를 살아가는 데 도움이 된다. 그러나 이것이 우리 자신의 취약성과 더 큰 약점에 대해 진지하게 성찰하는 것을 막을 필요는 없으며, 가까이 있든 멀리 있든, 다른 사람들의 다양한 필요에 주의를 기울이는 것을 방해해서도 안 된다.

그러나 오늘날 우리는 평생 정신과 신체를 건강하고 튼튼하게 유지해야 한다는 엄청난 압력을 받고 있다. 이는 우리가 아프거나 약해지는 것에 대해 갖는 공포를 심화하고, 종종 너무 무서워 직면하지 못하게 한다. 그러나 우리가 다른 사람들의 고통과 괴로움에 최대한 반응해야 할 이유는 많다. 우리의 취약성과 실망을 삶의 피할 수 없는 한 부분이라고 일단 인정하면, 우리가 왜 평생 서로 필요한지가 즉시 분명해진다.

취약성과 포용

우리는 서로 필요하다. 우리는 어디에 살든 우리를 보호하고, 먹이고, 교육하고, 지탱하는 공유 구조와 진화하는 사회적 관계에 의존한다. 이것이 취약성이 단순히 개인이나 집단의 속성이 아니라, 우리가 공유하는 삶의 한 면모인 이유다. 어떤 사람들은 지원이나 돌봄을 받을 수 있는 네트워크가 전혀 없이 지속적인 위험에 처해 있는 반면에, 다른 사람들은 어떤 상황에서든 자신들의 삶에 대해 어느 정도 통제력을 유지할 수 있다. 우리의 목표는 의존성을 극복하여 자급자족하는 것이 아니라 상호의존성을 민주주의의 기초로 인식하는 것이다.

코로나19 팬데믹의 갑작스러운 출현은 이러한 현실을 극적으로 부각했다. 우리는 모두 이 질병에 취약했지만, 특히 인종, 민족, 지리, 이주와 관련해서 가장 취약한 그룹 간 명암이 존재했다. 불평등이 주요 원인이기는 하지만 그 이유 중 하나일 뿐이다. 우리 중 누구라도 나이에 상관없이 부상이나 질병의 피해자가 될 수 있다. 또는 우리는 가까운 사람들로부터 다양한 정도의 방치, 조롱, 잔인함, 학대, 버림을 견디어 냈거나 계속해서 견디고 있을 수도 있다. 이것이 생존 이야기가 그토록 흥미로운 이유다. 우리는 때때로 매우 다양한 방식으로 가장 무력하게 된 사람들이 자신들의 이야기를 누군가 들어주고 적절한 도움을 받으면 용기와 존엄성을 가지는 경우를 본다. 신체적, 정신적으로 더 어려운 사람들의 삶과 요구를 성찰하는 장애 운동가들의 학문적 활동이나 캠페인을 통한 활동은 왜 자율성과 의존성이 동전의 양면과 같은 관계인지 밝히며 '취약성'이라는 단어의 복합성을 드러내는 데 중요한 역할을 해왔다. 많은 장애 활동가가 자신들이 본질적으로 취약하다는 생각을 거부하는 데는 그럴 만한 이유가 있고, 이러한 생각은 그들이 공공 생활에서 배제되는 이유로 작용했다.

제니 모리스Jenny Morris는 가장 유명하고 끈질긴 영국 장애 운동가 중 한 명이다. 나는 모리스가 휠체어에 앉은 장애인 챔피언으로 새 삶을 살기 전 비장애인 사회주의 페미니스트로 활동할 때부터 알았다. 이상하게도 모리스가 가장 독립적이고 강해 보였던 때는 그녀의 두 번째 삶에서였다. 이즐링턴에서 나와 몇 블록 떨어진 곳에 살고 있던 그녀는 1980년 갑자기 하반신 마비가 왔다. 당시 서른세 살이었던 그녀는 철도 난간에 매달린 아이가 철로로 떨어질까 걱정해 아이를 보호하기 위해 난간으로 올라갔는데 정작 자신이 떨어지고 말았다. 그리고 최악은 신체장애로 인해 사회적 배제라는 새로운 경험을 하게 되었고, 유감스럽게도 여성운동 자체에서 무시당하는 느낌을 받은 것이라고 후에 모리스는 말했다.

모리스는 자신의 마비가 영국에서 장애인 운동이 성장하던 1980년대 초에 발생했다고 밝힌다. 《편견에 맞서는 오만: 장애에 대한 태도를 변화시키다Pride against Prejudice: Transformting Attitudes to Disability》에서 모리스가 설명했듯이, 장애인 운동은 모리스가 새로운 상황을 이해하고 그에 따라 행동하기 위한 지원 네트워크와 정치적 틀을 제공하면서 새롭게 자리잡는 데 중요한 역할을 했다. 페미니스트 장애인 운동가이자 노동조합 조직자가 된 모리스는 곧 편견, 차별, 배제라는 사회적 장벽에 맞서기로 결심했다. 실제로 그녀는 전통적인 의료 모델에서 장애를 인지하는 것이 고통받는 사람들의 기본적인 인권과 시민권을 거부하는 관문임을 입증했다고 주장한다. 예를 들어, '중증 장애'로 분류되면 사람들은 고립된 제도적 환경으로 분리되는 경우가 너무 많다.

모리스에게는 다행스럽게도 장애에 대한 새로운 사회적 모델이 개발되고 있었는데, 또 다른 장애인 학자이자 활동가인 마이크 올리버Mike Oliver가 《장애의 정치학The Politics of Disability》에서 이를 명확히 설명했다. 장애인이 직면하는 어려움의 대부분은 개인의 본질적이거나 불가피한 특성보다는 사회가 장애인의 필요에 적응하지 못하는 데서 비롯된다. 이러한 접근 방식은 '장애차별주의'에 맞서 싸우는 활동가들에게 엄청난 힘을 실어주었으며, 모리스의 친구이자 공동 작업자인 리즈 크로우Liz Crow의 말이 이를 입증했다. "내 경험에 대해 이러한 사고방식을 발견한 것은 폭풍우 치는 바다에서 뗏목과 같은 것이었다. 이를 통해 나는 전 세계 수천 명, 심지어 수백만 명의 다른 사람들과 공유되는 내 삶을 이해할 수 있었고 나는 그것에 의지했다."[4]

종종 눈치채지 못하는 경우가 많지만, 사실 주변 곳곳에 장애인들이 있다. 나와 아주 가까운 또 다른 이웃인 로이스 키스Lois Keith는 두 어린 자녀를 둔 건강한 엄마였던 30대 중반에 트럭에 치였다. 그 이후로 휠체어에 묶여 있던 키스 역시 재빨리 장애인 운동에 합류했고 영어학자로서의 전문 지식을 활용하여 장애를 둘러싼 부정적인 메시지들을 도표로 작성했다. 이를 통해 키스는 이런 부정적인 메시지들을 어린이들이 어릴 때부터 아무 의심 없이 받아들이고 있다는 사실을 보여준다. 키스의 책《일어나서 네 침상을 들고 걸어가라Take Up Thy Bed and Walk》는《하이디》나《비밀의 화원》과 같은 많은 아동문학 고전을 살펴보며, 장애인의 삶은 비참하기만 하고, 그들의 고통은 대체로 스스로 만들어냈고, 의지의 힘으로 치료할 수 있다고 여겨진다는 것을 지적한다.[5]

모든 장애인 활동가들이 가장 먼저 요구한 것은 사회적 포용을 위한 인권의 인정이다. 그들은 장애가 있는 사람들에게 '사회가 장애를 가하는 것'을 중단해야 한다고 주장한다. 뚜렷한 신체적, 심리적 차이로 인해 일부 사람들은 자신들을 포용하는 적절한 규정이 마련되었을 때만 선택과 사회 참여라는 공유된 인권을 누릴 수 있다. 이 견해에 따르면 신체적 또는 정신적 능력이 부족한 사람들이 직면한 가장 큰 장애물은 개인적인 취약성이 아니라 모든 사람을 위한 완전하고 적절한 사회적 포용을 보장하지 못하는 정치적 실패다. 따라서 모리스는 다음과 같은 결론을 내렸다. "장애로 인한 우리의 차이(우리의 의존성을 포함해)를 인정하는 것은 우리의 공통된 인간다움을 인정하는 여권passport이 될 수 있다."[6]

모리스는 수년 동안 영국의 장애인 권리에 관한 정부 컨설턴트였다. 노동당 정부에서 모리스는 장애인으로 간주되는 사람들에게 삶에서 더 큰 선택권을 제공하는 것을 목표로 하는 2005년 〈장애인의 삶의 기회 개선하기Improving the Life Chances of Disabled People〉라는 희망적인 정책 보고서를 작성하는 원동력이었다. 이 보고서는 2008년에 합의된 '자립적 생활 전략'의 일환으로 장애 평등을 요구했으며, 서비스, 주택 개조 및 선택, 통제, 사회적 포용을 촉진하는 데 필요한 모든 장비를 제공할 수 있는 공공자금의 할당을 제안했다. 이러한 지침을 따른다면 현재 기관에 수용되어 있는 많은 장애인들이 비장애인들이 가지고 있는 선택권과 비슷한 선택권을 가지고 지역사회에서 생활할 수 있게 될 것이다.

이렇게 공유된 인권에 대한 민주적 주장을 통해 '장애' 또는 '쇠약debility'을 다루는 사회적 모델은 곳곳의 장애인 활동가들에게 힘을 주었다. 영국에서는 장애인 운동Disabled People's Movement, DPM이 1974년에 처음 모임을 갖고 2000년대까지 지속되었다. 긍정적인 문화적 인식과 사회적 지원 증가를 위한 결연한 투쟁의 원동력이 된 것은 취약성이 아닌 집단적 힘의 이미지였으며, 이로 인해 한동안 장애인들이 교육, 교통, 주택에 대해 더 나은 접근을 확보할 수 있었다. 미국의 강력한 장애인 권리 운동Disability Rights Movement을 포함해 유사한 운동이 다른 곳에서도 급증해 성공적인 결과를 얻었다.

1970년대 초 장애인 운동가들은 장애인의 시민권을 인정하는 재활법Rehabilitation Act이 1973년에 통과될 때까지 의회에 로비를 하고 워싱턴으로 행진해 들어갔다. 당연히 미국 장애 운동가들은 장애의 사회적 모델을 강조하는 데 있어서 영국 운동가들과 유사한 접근 방식을 채택했다. 그들은 사회적, 환경적 장애물을 편견과 더불어 '다른 방식으로 능력 있는differently abled' 사람들을 온전히 사회 안에 포용하는 데 걸림돌이 되는 것으로 확인했다.

그러나 1980년 레이건이 대통령으로 당선되면서 지난 10년간의 모든 인권법이 번복될 위험에 처했다. 그럼에도 불구하고 일부 도시에서는 장애인의 자립생활과 관련하여 지역적으로 얻은 것이 있었다. 오하이오주의 클리브랜드는 1980년에 최초의 자립생활센터 Independent Living Center를 개설하고 장애인을 위한 접근 가능한 주택과 대중교통을 제공하는 법안을 마련했다. 곧 전국적으로 수백 개의 자립생활 시설이 생겼다.

주요 장애인 활동가이자 척추이분증을 가지고 태어나 휠체어를 사용하는 메리 베르디-플레처Mary Verdi-Fletcher는 오하이오주에 최초의 자립생활센터를 만드는 데 도움을 주었다. 같은 해 그녀는 댄싱휠즈컴퍼니Dancing Wheels Company의 창립 예술 감독으로 장애인 예술가를 댄스 수업과 공연에 참여시켰다. 10년 후, 장애가 있는 무용수들이 훈련 받는 것이 얼마나 어려운지 깨닫고 베르디-플레처는 댄싱휠즈학교Dancing Wheels School를 설립했으며, 이 학교는 무용에 장애를 통합하는 기술을 배우고 싶어하는 전 세계의 학생들을 빠르게 끌어모았다. 동시에 그녀는 장애에 관한 법률을 변경하기 위해 노력했으며, 그 결과 1990년에 재정된 미국 장애인법Americans with Disability Act, ADA이 개정되었고, 이는 장애인이 완전하고 평등한 대우를 받고 고용 기회와 공공 주택에 접근할 수 있는 권리를 보호한다.[7]

하지만 특히 어려운 시기에는 취약성을 경시하고 오직 공유된 인권만을 강조하면 위험이 있다. 예를 들어 영국 페미니스트 마그릿 실드릿Margrit Shildrick은《장애, 주체의식, 성에 관한 위험한 담론들

Dangerous Discourses of Disability, Subjectivity, and Sexuality》에서 장애 정치가 포용의 중요성을 강조하고 '장애인'과 '비장애인'의 이분법을 해소하는 것에 박수를 보내면서, 동시에 한때 무능하다고 무시당했던 사람들의 강인함을 축하했다. 그러나 그녀는 이 접근 방식이 개인의 자립과 자기관리만을 미화하는 신자유주의 수사에 너무 딱 들어맞는다고 우려한다.[8]

여기에 나는 좀 더 광범위한 우려를 덧붙이고 싶다. 개인의 권리와 자립에 대한 논의가 때때로 가치가 있기는 하지만 사회복지 정책과 관행에 있어서 의존에 대한 위험한 비난을 조장했다는 점이다. 정신분석가 팀 다팅턴Tim Dartington이 감동적인 책 《취약성 관리하기Managing Vulnerability》에서 언급했듯이, 우리는 복지 담론에서 의존성에 대한 괴로운 폄훼를 목격했을 뿐만 아니라 인간관계에 있어서 보다 개인주의적인 접근 방식을 선호함으로써 관계의 중요성이 평가 절하되는 것을 보았다.

다팅턴은 사랑하는 아내 애나Anna가 조기 발병 알츠하이머병에 걸린 후 수년 동안 돌보며 그녀의 필요를 최우선으로 생각했다. 다팅턴은 아내의 점점 더 커지는 무력함에 거의 본능적으로 반응하고 있었다고 회고했다. 실제로 다팅턴은 "아무것도 돌려줄 것이 없는 사람들의 가장 기본적이고 친밀한 필요 사항"을 돌보는 데 엄청난 시간을 할애하는 파트너와 자녀들을 얼마든지 볼 수 있다고 지적한다. 다팅턴은 인권에 대한 장애인 운동의 강조가 장애인뿐만 아니라 "정신 건강 문제를 가진 사람들로 가득 찬 감옥들, 그리고 범죄자가 되는 것 외에는 다른 기회를 거부당한 망명 신청자들"과 관련하여 다양한 형태의 사회적 배제로 인한 차별과 불이익에 대해 생각하는 데 유용했다는 점에 동의한다.[9] 그럼에도 불구하고, 어떤 형태든 포괄적인 장애를 돌보는 데 있어서 문제가 되는 것은 자율성이 아니라 의존성이다.

징벌적 복지 제도

자율성 프레임과 관련된 다른 문제들은 곧 영국에서 명백해졌다. 일단 개별화되면 '능력이 있는 장애인'은 근로 가능 판정을 받을 수 있는데, 2007~2008년 금융 위기 이후 복지 수급권에 대한 맹공격으로 인해 바로 이런 일이 일어났고 그 결과는 재앙에 가까웠다. 2010년부터 보수당이 주도하는 영국 정부의 긴축 체제하에서 복지 서비스가 대규모로 철회되면서 곧 장애인의 생산성과 재정적 기여를 높이겠다는 결의가 나타났다. 이는 개인의 상황과 관계없이 모든 개인의 근로 능력을 지속적으로 평가하는 근로능력평가Work Capability Assessment, WCA의 도입으로 이어졌다. 그 결과 거의 모든 장애인들과 그들을 돌보는 사람들에게 엄청난 고통을 안겨주었다.

  WCA는 기괴할 정도로 부적절한 것으로 드러났는데, 모든 연령과 장애 수준에서 가장 심각하게 취약한 사람들을 위한 어떤 형태의 재정 지원도 철회되는 결과를 낳았다. 언제나 그렇듯이 인종과 민족은 이 평가에서 실패한 사례를 정의하는 데 중요한 역할을 했다. 정부 자체의 통계에 따르며 소수민족 집단의 장애인은 10퍼센트 더 많이 일을 할 수 있다고 판정되며, 항소에서 그 격차는 줄어들지 않고 오히려 약간 증가하는 것으로 나타났다.[10]

이로 인해 매년 '근로 적합'으로 잘못 판정받은 사람들 수천 명이 사망했으며, 일부는 자살했다. 이 재앙은 2015년에 발표된 노동연금부 자체 통계에 기록되었다.[11] 같은 해 제니 모리스는 장애인들의 건강한 삶, 선택권과 통제를 강화하기 위해 고안된 것으로 알려진 새로운 법안에도 *불구하고*, 지방 당국으로부터 돌봄과 지원을 받는 장애인 중 거의 절반이 삶의 질이 떨어지는 경험을 했다고 보고했다.[12] 현재 2023년 건강과 장애 문제에 대한 정부 제안에는 WCA를 폐지할 계획이 있는데, 그 결과로 오히려 복지 시스템이 더 망가질 것이라는 우려도 있다. 복지 혜택 청구인의 자격을 중지하고 일자리로 돌아가게 할 필요성만을 또다시 강조하기 때문이다.[13]

따라서 장애인 운동가인 아일린 클리포드Eileen Clifford가 《장애인에 관한 전쟁The War on Disabled People》에서 설명한 것처럼 최근 몇 년 동안 상황은 더욱 악화되었다.[14] 2016년 유엔은 영국 정부의 징벌적인 복지 체제와 필수 지원 및 서비스 부족으로 인해 장애인 권리에 "심각하고 체계적인 위반"이 있었다고 판결 내렸으며, 이러한 상황이 많은 장애인들에게 "인도적 재앙"이었다고 결론지었다.

이러한 인도적 재앙은 프란시스 라이언Frances Ryan의 《불구가 되어Crippled》와 스테프 벤스테드Stef Benstead의 《이등 시민Second Class

Citizen》을 포함해 오늘날 모든 장애인 운동가들의 글에서 분명히 드러난다.15 두 책 모두 정부 지원 축소로 장애인의 삶이 파괴된 참혹한 이야기를 담고 있다. 라이언은 혜택 변경의 눈덩이 효과로 인해 조셉 라운트리 재단Joseph Rowntree Foundation이 정의한 대로 장애인 약 65만 명이 극심한 빈곤에 빠졌다고 지적한다. 대부분의 지방자치단체들은 심지어 이동식 식사 서비스와 같은 전통적인 서비스까지 폐기했으며 휠체어를 비롯한 다른 필수 장비 제공을 거부당한 절박한 사람들도 있다고 밝혔다.

동시에 라이언은 장애가 있는 엄마를 둔 빈곤 가정의 어린 자녀들은 돌봄을 받고 있는 반면, 수천 명의 나이 든 자녀들은 아무런 공공지원 없이 장애인 부모들을 돌보도록 방치되어 있다고 말한다. 수치스럽게도 보수 언론은 이 변명의 여지가 없는 상황이 사회적인 우려를 낳지 않도록 방지하려는 듯이, 이 힘든 시기에 장애인을 가짜와 '혜택 사기꾼'으로 매도하는 악성 서사를 양산했다. 벤스테드의 포괄적인 개요는 영국의 최근 '복지 개혁'이 만성질환이나 장애로 고통받는 사람들에게 미치는 똑같이 파괴적인 영향을 드러낸다. 이러한 상황을 고려할 때 2020년 영국에서 기록된 코로나19로 인한 전체 사망자 중 무려 60퍼센트가 장애인과 관련이 있으며, 그들이 직면한 불평등한 대우로 인해 수만 명이 사망했다는 사실을 정부 자체 통계를 통해 알게 된 것은 놀라운 일이 아니다.16

1990년에 재정된 미국 장애인법에 따라 권리가 부여된 지 30년이 지난 후에도 동일한 패턴이 미국에서도 나타났다. 장애인 경제적 정의 협동조합Disability Economic Justice Collaborative의 공동 책임자인 레베카 발라스Rebecca Vallas는 오늘날 빈곤에 처한 장애인의 숫자가 두 배나 높고 거의 절반에 가까운 장애인들이 집세 마련이나 식료품 구매에 어려움을 느끼고 있다고 주장한다. 유색인종 장애인은 훨씬 더 큰 경제적 어려움에 직면해 있으며, 수감 된 여성 중 절반이 장애를 갖고 있다.[17] 전반적인 상황이 이보다 더 암울할 수는 없다.

오늘날의 장애인 운동

그렇다면 현재 장애인 운동의 상황은 어떤가? 모리스는 영국에서 '장애인 차별주의'와 장애인들을 위한 끔찍한 돌봄 부족에 대해 계속해서 블로그에 글을 쓰고 있다. 그러나 몇 년 전 그녀는 초기의 집단적 저항이 사라졌다고 언급하며 슬프게도 다음과 같이 고백했다. "나는 장애 정책에 영향을 미치기 위해 연구와 자료를 활용하는 데 시간을 보냈다. 그런데 2010년 총선 일주일 전에 그 일을 그만두었다. 이제 나는 정원 가꾸기에 시간을 보내고 있다"라고.[18] 그러나 영국에서 이 분야의 새로운 목소리들은 사회운동의 투쟁 정신과 장애인 연구를 연계하면서, 장애인 운동을 되살리기 위해 열심히 노력하고 있다. 그중 하나는 루크 비슬리Luke Beesley다. 그는 장애에 관한 최근 몇몇 책들이 장애인에 대한 잔혹한 공격과 방치를 강조하면서도 더 이상 투쟁의 현장에서 말하고 있지 않은 점을 우려한다. 그럼에도 불구하고 2019년에 비슬리는 2010년대 최악의 위기 이후, 특히 지난 몇 년 동안 장애인 운동가들의 저항이 다시 시작되었다고 설명한다.[19]

오늘날 장애인 운동은 분명히 사라지지 않았다. 이는 뛰어난 예술가이자 활동가인 돌리 센Dolly Sen의 눈에 띄는 참여로 2010년에 결성된 복지 예산 삭감에 반대하는 장애인Disabled People Against Cuts, DPAC의 캠페인 활동에서 분명하게 드러난다. 그녀와 다른 사람들은 2019년에 노동연금부를 포위했다. 커다란 붉은색의 깨진 하트를 들고 있었는데, 각각에는 노동연금부의 복지 예산 삭감으로 인해 사망한 사람들의 이름이 새겨져 있었다. 더욱 극적으로 다음 해에 센은 의사 가운을 입고 노동연금부를 테이프를 둘러 '격리'하고 '자신과 다른 사람들에게 위험'하다고 선언했다.

동시에 힐링 저스티스Healing Justice 그룹의 대표인 차이나 밀스China Mills도 사람들의 죽음과 복지 개혁 사이의 연관성을 강조하면서 만성 고통, 탈진, 불안, 경찰 폭력, 그리고 접근 가능한 교통수단의 부족 중 일부, 또는 전부를 경험한다는 것은 많은 장애인이 거리 시위에 참여할 수 없다는 의미라고 지적했다. 그러나 밀스는 저항이 "내면화되고, 체화되며 보이지 않는" 조용한 형태는 물론 "증언과 이론 만들기의 형태"일 수도 있다고 말한다. 복지 개혁으로 인한 사망자 수를 조사하는 일은 가슴 아프지만, 밀스가 상기시켜 주듯이, 이것들은 풍부한 저항의 역사다. "이것은 장애인들이 유족과 힘을 합쳐 복지 개혁의 치명적 영향을 증언하고, 우리가 생각하는 저항의 경계를 넓히며, 함께 정의를 그려나가는 이야기다."[20]

미국에서도 장애인 운동이 부활하는 조짐이 나타났다. 로버트 맥루어Robert McRuer와 애나 몰로우Anna Mollow는 《성과 장애Sex and Disability》에서 퀴어와 장애인 운동 결합하며 장애에 대한 문화적 평가 절하를 거부할 뿐만 아니라, 장애를 조연으로 전락시키는 장애 차별주의 규범에도 불구하고 장애를 우리의 문화를 끊임없이 재구성하는 핵심 동력으로 인식할 필요가 있다고 주장한다.[21]

2022년, 태어날 때부터 근이영양증 진단을 받은 아시아계 미국인 앨리스 웡Alice Wong은 여러 플랫폼에서 활동하며 장애인 운동을 통해 얻은 강인함을 예찬했다. 웡은 《미래에서 날아온 회고록》에서 "나는 사람들이 나도 그들과 같은 공간에 있는 것을 당연하게 여기기를 바란다. (…) 사람들은 아직도 장애인이 아이, 직업, 또는 놀라운 재능을 갖거나 거친 모험을 하는 것이 예외적이거나 놀랍다고 생각한다. 이는 문화적인 동시에 정치적 문제다. 그리고 이 점이 가시성visibility과 대표성representation이 내게 중요한 이유다"라고 말한다.

웡은 장애인 가시성 프로젝트Disability Visibility Project를 시작해 장애인의 삶에 대한 이야기를 수집하고, 장애인들의 지혜, 투쟁, 그리고 놀라운 성취뿐만 아니라 세상과 연결하고 고립을 넘어설 방법을 찾으려는 그들의 노력에 초점을 맞추었다. 웡이 편집한 모음집인 《장애 가시성: 21세기의 1인칭 이야기Disability Visibility: First-Person Stories from the 21st Century》에는 많은 이야기가 등장한다. 여기서 우리는 인종과 민족이 주류 사회에서 장애인을 더욱 소외시킬 뿐 아니라 원주민의 존재를 지우는 데 일조한다는 것을 알 수 있다.[22]

신체가 건강한 사람이든 장애가 있는 사람이든 우리는 장애의 정도를 깨닫는 것부터 시작하여 장애 관련 문제에 훨씬 더 주의를 기울여야 한다. 전 세계적으로 약 13억 명이 심각한 장애를 경험하고 있다. 신체적, 정신적 한계가 너무나 다양하기 때문에 '장애'를 안고 살아가거나 그 어려운 결과를 극복하는 이야기는 매우 다양하다. 모든 장애인 활동가는 자신만의, 종종 흥미진진하지만 대부분 고통스러운 생존의 이야기를 가지고 있다.

예를 들어 놀라운 회고록 《골렘 소녀Golem Girl》에서 리바 레러Riva Lehrer는 장애 아동들이 매일 학대를 당했던 1960년대 신시내티에서 척추이분증을 앓으며 성장하면서 겪었던 정신적, 신체적 고통을 묘사한다. 해방의 해로 알려진 1960년대를 뒤돌아보면, 같이 학교에 다녔던 다른 모든 장애 아동들처럼 성인이 되면 그저 버림받을 것이라고 설득당했다는 레러의 이야기는 충격적이다. 일을 하고 성적 관계를 맺거나 아이를 갖는 일은 아예 기대하지 말라는 이야기를 끊임없이 들으면서 자랐다는 것이다.

레러는 어머니에 대한 심한 의존성과 때때로 그 의존성에서 벗어나기 위해 필사적으로 노력하는 모습을 감동적으로 묘사한다. 10대 시절 레러는 과잉보호하는 어머니와 끝없는 갈등을 겪었는데, 이는 두 사람 모두에게 파괴적인 영향을 미쳤다. 레러는 "내 머릿속에 벽, 어머니를 막을 수 있는 경계"를 세우기를 원했다고 설명한다. 그러나 대학에 진학하고 자신의 장애와 굴욕적인 신체를 받아들이는 법을 배우면서 레러의 삶은 완전히 바뀌었다. 머지않아 레러는 자신의 예술작품을 통해 창의성과 저항의 풍부한 기회를 발견하며 자신을 "퀴어, 불구자 유대인"이라고 묘사한다.

지속적인 병원 방문(미국에서는 비용을 지불해야 함)과 함께 통증과 여러 문제들이 남아 있었다. 그럼에도 불구하고 레러는 "침을 흘리고, 점액을 흘리고, 피를 흘리고 감염시키는 것으로 생각되는, 사실은 그렇지 않더라도 대중의 상상 속에서는 (…) 그러나 어쩌면 우리는 그 흘림을 세상에 닿으려는, 인류라는 부족에 합류하려는 욕망"이라 말하며 장애인 신체의 마법과 신비에 대해 명확하고 강력하게 표현한다.[23]

영국에서는 라이언이 휠체어 사용자로서 의사로부터 받은 견해와 그것에 대한 자신의 감정을 비교하면서 거의 같은 말을 한다. "기쁨과 눈물과 감동이 넘치는 이 몸은 완전히 사랑받는다. 장애에도 불구하고가 아니라 장애 때문에."[24]

취약성과 돌봄

장애에 대한 내러티브가 취약성에 대한 논의에서 벗어나 많은 사람들에게 창의성과 집단적 행동을 강조하도록 영감을 주었다는 것은 매우 분명하다. 장애에 대한 사회적 모델은 활동가들에게 힘을 실어주고 장애에 대한 인식을 바꾸어 변화에 대한 요구를 지속시켰다.

그러나 이는 일부 잘 알려진 장애 대변인들에게 문제를 일으켰는데, 이는 영국의 톰 셰익스피어Tom Shakespeare의 글과 미디어 출연에서 가장 분명하게 나타났다. 2006년 《장애학의 쟁점》이 등장했을 때 많은 활동가들은 그것이 장애의 의학적 모델을 부분적으로 수용했기 때문에 이를 배신으로 여겼다. 셰익스피어는 단순히 사회적 지원 부족으로 축소될 수 없는 장애를 둘러싼 고통과 취약성의 수준에 대해 논의하려고 했다. 이후의 에세이 〈우리는 모두 연약하다 We Are All Frail〉에서 셰익스피어는 신체적 또는 기타 장애가 있는 사람들이 부정적인 고정관념을 강화하지 않기 위해 '취약하다'는 이름표를 거부해야 한다는 생각을 다시 반박했다. 이러한 거부로 인해 모든 사람의 주체적 역량 강화에 필요한 시설 제공을 위한 공공자금 지원의 실패에 대한 그들의 비판이 힘을 잃었다.

셰익스피어는 영국과 미국의 장애인 권리 운동가들과 다소 상충되는 입장에서, 장애는 '단순한 차이'가 아니며 모든 경우에 해당되지 않지만 고통스럽고 어려운 불이익을 수반할 수 있다고 주장한다. 장애의 위험을 야기하는 데 있어서 의료적인 것과 사회적인 것이 확실히 교차한다. 영국과 미국 모두에서 장애인이 친밀한 관계에서 그들의 의존성을 착취당하면서 가정 폭력을 당할 가능성이 두세 배 더 높다고 알려져 있다는 사실에 주목하라.[25] 더욱이 현재 많은 연구는 장애인의 성을 적절히 수용하기는커녕 인정조차 하지

않은 역사적 실패가 장애인들을 성적 학대에 더욱 취약하게 만들었다는 사실을 보여준다.[26]

그러나 이러한 모든 잠재적인 위험에도 불구하고, 셰익스피어는 장애인과 비장애인 사이에는 날카로운 이분법이 아니라 연속성이 있다는 데 동의한다. "인간이 된다는 것은 신체적 결함을 경험하는 것"이기 때문이다. 여기에 나는 빈번한 정신적 고통을 겪어야 한다는 것도 덧붙이고 싶다. 셰익스피어는 모든 사람이 위험에 처해 있기 때문에 해결책은 "다름에 상관없이 모든 사람을 장애와 질병에 취약한 사람으로 포함할 수 있는 세상을 만드는 것"이라고 결론지었다.[27]

비록 시기와 정도는 다르겠지만, 우리가 모두 나약함과 장애에 취약하다는 사실을 받아들이면 우리는 모두 때때로, 그리고 우리 중 일부는 항상, 지원과 돌봄이 필요하다는 것이 분명해진다.

미국의 시인이자 작가인 앤 보이어Anne Boyer는 자신의 매혹적이고 분노 어린 책 《언다잉》에서 마흔한 살에 발병한 매우 공격적인 삼중음성 유방암의 아주 길고 극도로 고통스러운 치료를 어떻게 견뎌냈는지 이야기한다. 보이어가 치료를 견뎌낼 수 있었던 유일한 방법은 자신의 고통을 어떻게든 공유하는 것, 고통을 찬양하거나 정복하려고 하지 않고 오히려 현실로 받아들이고 다른 사람들과 공유하는 것임을 알게 되었다. 보이어는 치료 중에 자신과 합류한 다른 환자들을 회상했다. 그녀는 그들에게 자신이 받고 있는 치료가 얼마나 아픈지 분명히 표현했다. 이상하지만 꼭 필요한 연대였다.

"이것이 바로 내가 다른 사람에게 말할 수 있는 고통의 민주주의, 끔찍하게 느껴지는 공유된 풍경을 기록하려고 노력한 이유다."

보이어의 회고록에서 주체성은 문제가 되지 않는다. 그녀는 '싸움'과 '회복탄력성'이라는 지배적인 암의 내러티브를 거부했기 때문이다. 암은 대부분의 사람들이 보거나 듣고 싶어 하지 않는 고통의 이야기다. "우리는 우리의 불행을 혼자만 간직하고 모든 사람들에게는 용기를 기부해야 한다"고 그녀는 말한다. 보이어는 또한 치료비를 지불할 수 있는 사람과 지불할 수 없는 사람 사이의 격차와 치료 후 관리에 대한 규정이 부족한 것에 분노한다. 이것이 바로 그녀와 같은 종류의 유방암에 걸린 미혼 여성의 사망률이 기혼 여성의 두 배이고, 가난하거나 흑인 여성의 사망률이 훨씬 더 높은 이유다. 그녀는 어떤 사람들은 그들의 생명을 유지할 가치가 거의 고려되지 않는다고 회고하며, "이 여성들의 죽음은 인종차별적이고 불필요한 것이며, 그들에 대한 슬픔은 온 땅을 찢어야 마땅하다"라고 말한다.[28]

뉴욕의 페미니스트 철학자이자 장애 이론가인 이바 키테이Eva Kittay가 《돌봄: 사랑의 노동》에서 언급했듯이 "극단적인 의존"을 다룰 때 "자립을 가장하는 것pretense of independence"은 있을 수 없다. 그녀는 심각한 인지 장애와 신체적 장애가 있는 딸의 주 보호자이기 때문에 이 사실을 너무나 잘 알고 있다. 키테이는 우리는 모두 상호 의존적이며, 이는 우리가 모두 "우리의 자립에 대한 허구를 잘라낼 만한 날카로운 칼"을 찾아야 한다는 것을 의미한다고 강조한다.[29]

모든 것을 고려해볼 때, 나는 장애와 만성질환에 대한 셰익스피어의 보다 절충적인 접근 방식에 끌리고 "진정한 포용은 능력에 상관없이 사람들을 똑같이 귀하게 여기는 것이다. 행복은 연약함을 받아들이는 데서 온다"는 그의 진언을 지지한다.[30] 그리고 행복까지는 아니어도 적어도 우리가 공유하는 인간성에 대한 감각과 의존성, 평등, 배려 사이의 피할 수 없는 관계에 대한 더 큰 지식을 얻는다. 보이어의 설명처럼 때로 우리가 느껴야 할 고통과 괴로움은 공유되는 것일 수도 있다.

그러나 보이어가 암에 대한 자신의 시련을 통해 설명하는 것처럼 우리는 모두 취약하지만, 그 취약성의 정도를 조절하는 돌봄, 지원 또는 방치의 맥락에 세심한 주의를 기울이는 것이 여전히 중요하다. 우리는 공유된 취약성의 개념을 되찾고 그 낙인을 제거하기 위해 싸울 수 있지만, 어느 시점에서 우리 중 일부는 다른 사람들보다 훨씬 더 취약할 것이다. 물론 우리는 어린 시절을 지나면 취약하고, 상당한 돌봄이 필요한 사람은 장애인, 만성 질환자 또는 매우 나이가 든 사람들뿐이라고 믿도록 설득당한다. 그러나 이제 알고 있듯이, 우리는 나이와 관계없이 심각한 위기의 순간에 처하고, 다른 사람의 돌봄에 의존할 수도 있고, 또 생애 전반에 걸쳐 다양한 형태의 돌봄에 의존한다는 것이 분명하다.

그럼에도 우리가 다른 사람에게 의존하는 방식은 특정 시기에, 특히 젊고 건강할 때 부정하기가 더 쉬울 수 있다. 그러므로 우리가 성인이 되어감에 따라 노화와 죽음에 대한 두려움이 더욱 커지는 이유는 의존성이 눈에 보이는 취약성과 특별히 연관되어 있기 때문이다.

노화 스캔들

"나이나 관습적인 진부함은 그녀를 시들게 할 수 없다/그녀의 무한한 다양성을." 비록 우리가 클레오파트라의 전설적인 아름다움을 소유한 적이 없더라도, 사람들은 나이 들수록 제각기 더 달라지는 경향이 있다. 그럼에도 우리 대부분은 죽음에 대한 생각하는 것을 피하는 것처럼 노화에 대해서도 생각하지 않으려고 한다. 우리는 노년이 되면 세상에서 자신의 지위가 떨어지고 심지어 가시성이 떨어진다고 알고 있다. 특히 우리가 여성이라면 더욱 그렇다. 그리고 우리는 확실히 권위를 잃는다. 짓궂게도 이것이 바로 일부 최고의 여성 범죄 작가들이 나이 든 여성 탐정을 선호하는 이유다. 아가사 크리스티Agatha Christie의 마플 여사Miss Marple부터 아만다 크로스Amanda Cross의 대놓고 페미니스트인 주인공들, 또는 사라 파레츠키Sara Paretsky의 예순이 되어서도 여전히 활동적인 워쇼스키V.I.Warshowski에 이르기까지.

 나이 든 여성을 감싸는 사회적 투명 망토는 이러한 탐정들의 위장이 되어 그녀들이 기대를 뒤집고 세상이 돌아가는 방식에 대한 평생의 경험을 이용해 눈에 띄지 않고 기웃거릴 수 있게 한다. 나이

든 여성에 대한 문화적 선입견, 경멸과 함께 불임과 주름살을 이용하는 것이다. 그러나 위대한 낙천주의자인 뉴욕 출신 유대인 작가 그레이스 페일리Grace Paley는 예순일곱 살에 노화에 대해 말하며 다음과 같이 질문한다. "누구의 눈에 보이지 않는다는 건가? 그리고 그래서 뭐? 최고의 소수자들 모두 그런 고통을 겪었으며 오늘날 의로운 진노의 기쁨 속에서 일어나고 있다"라고.[31]

그래서 뭐? 글쎄, 노년에 무시당하는 것에 대한 우리의 분노가 아무리 의롭다 해도, 늙어서 즐겁게 지내기가 항상 쉽지는 않다. 노벨상을 수상한 소설가 올가 토카르추쿠Olga Tokarczuk는 호평을 받은 스릴러 소설 《죽은 이들의 뼈 위로 쟁기를 끌어라》에서 "우리가 특정한 나이가 되면 사람들이 항상 우리에게 조급해할 것이라는 사실을 받아들이기가 어렵다"라고 썼다.[32] 어떤 사람들은 이 말을 과장이라고 생각할 수도 있지만, 점차 외모가 '추해지면서' 신체와 정신도 약해질 거라는 생각이 우리 같은 여자가 나이가 들었을 때 받게 되는 터무니없는 조롱을 뒷받침한다는 것은 의심의 여지가 없다.

우리를 위험하거나 혐오스러운 존재로 규정하든지, 불쌍한 존재로 규정하든지 간에 '마녀', '흉측한 할멈', '불쾌한 노파', '쭈그렁 할멈', '할망구'와 같은 나이 든 여성을 따라다니는 악의에 찬 동의어는 끝이 없다. 실제로 늙는다는 것 자체가 아마도 '여성적인' 나약함과 연관되어 있기 때문에 여성으로 성별화되는 경향이 있다. 이것이 바로 문학계의 남성들을 괴롭힌다. 자신들이 난공불락으로 보이고 싶은 소망을 이루기가 어려워질 때 '그것을 상실'하는 모습처럼 보일까 두려워하기 때문이다. 이들은 나이 들어가는 일이 남자를 여자로 변화시키거나 적어도 자신들을 중성화한다는 두려움을 가지고 있다. 미국 법학 교수인 빌 밀러Bill Miller는 《늙으면서 잃어가는 것들Losing It》에서 "그것이 바로 노년, 심지어 중년의 나이가 남자들에게 미치는 영향이다"라고 한탄했다.33

물론, 노화에는 단순히 연령차별주의, 신체적 허약, 적절한 사회적 지원의 부족에 관한 논의로 축소될 수 없는 혼란스러운 측면이 있다. 물론 이러한 것들에서 완전히 분리될 수는 없지만 말이다. 나이가 갈수록 시간이 얼마나 빨리 가는지 놀랍다. 어린 시절에는 하루가 영원히 지속되는 것처럼 느껴질 수 있는데, 나이가 들면 수십 년이 눈 깜짝할 사이에 지나간다. 몸은 나이가 들면서 계속 변하지만 마음은 좀 다르다. 건망증이 심해지지만, 적어도 심각한 인지 기능 저하가 발생하기 전까지는 여러 면에서 대체로 변하지 않는다.

기억은 우리가 평생 공유했던 경험에 접근하고, 어린 시절을 다시 방문하고, (적어도 트라우마, 방치, 극심한 인지 장애가 없을 때) 어느 정도 지속적인 자아감을 유지할 수 있게 해준다. 신경학자 스콧 스몰Scott Small의 인상적인 표현에 따르면 기억 상실은 우리 삶의 대리석을 깎아내는 끌인데, 선별적으로 깎은 우리 자신의 이미지를 보존하려면 망각의 형태도 필요하다.34 하지만 결정적으로 우리가 시간이 지나도 개인적인 연속성을 유지하려면 적어도 때때로 주변 사람들에게 확인받을 필요가 있다. 특히 다른 사람들이 우리의 과거에 관심을 가질 때, 그들이 우리에게 '우리 자신'을 상기시켜 주려고 노력할 때, 우리는 언제나 그랬다고 느끼고 싶은 우리 자신에 대한 감각을 가장 쉽게 다시 받아들일 수 있다. 이것이 함께 과거를 기억하고, 이야기를 더하고, 잊고, 부분적으로 창조하면서 지속되는 우정의 기쁨과 의미다.

그러나 우리가 무관심한 환경에서 존엄성이나 존중을 거의 받지 못한다면, 심지어 고독 속에서도 정신적으로 과거의 삶을 되돌아보기가 훨씬 어렵거나 아마 불가능할 것이다. 노인이 되면 우리가 누구인지에 대한, 또 세상에서 우리가 차지하는 위치에 대한 감각을 실존적으로 훼손할 수 있는 여러 형태의 사회적 거부에 특히 취약해진다. 이것이 노년기에 발생할 수 있는 외로움과 방치의 위험이다. 정서적이고 반응적인 돌봄과 공감의 부재는 신체적 돌봄의 거부만큼이나 해로울 수 있다.

에이지UK Age UK의 보고는 특히 충격적이다. 노인 50만 명이 일주일에 최소한 5~6일은 누구와도 만나지 않거나 말을 하지 않고 지내며, 전체 노인 중 5분의 2가 텔레비전을 주요 동반자로 여긴다고 말했다고 한다.[35] 소수 인종과 민족, 특히 이민자의 경우 평생 동안 차별로 인해 더 나쁜 건강 상태와 더 큰 취약 위험에 처한 상태에서 노년기에 접어들 가능성이 높다는 압도적인 증거도 있다.[36]

마찬가지로, 미국에서 많은 노인들이 외롭다고 말한다. 특히 보조금을 받는 주택에 거주하는 저소득층 노인들 사이에서 외로움이 더 많이 보고되고 있으며, 이는 높은 수준의 우울증을 동반한다. 다시 말하지만, 인종과 민족은 중요한 역할을 하며, 모든 연구에 따르면 경제적 불안과 제한된 사회적 선택이 맞물려 아프리카계 미국인 사이에서 극심한 고립과 심지어 장애까지 초래할 수 있다.[37]

그러나 그들이 어떤 소속감을 가지고 있든, 결국 혼자 살 가능성이 가장 높은 사람은 나이 든 여성이다. 영국에서 한 최근 연구에 따르면 전체 인구의 49퍼센트가 혼자 사는 데 비해 75세 이상 여성 중 60퍼센트가 혼자 살고 있으며, 혼자 사는 여성이 외로움을 느낄 가능성이 더 높은 것으로 나타났고, 오늘날 50만 명의 나이 든 여성이 극도로 외롭다고 말한다.[38]

나는 가능할 때마다 한동안 내 노년 경험을 활용해 연령차별에 맞서려고 노력해 왔고, 동시에 나이 들면서 서로를 지원할 수 있는 더 나은 방법을 찾고 있다. 여기에는 노인 돌봄을 개선하는 정책을 위해 가능한 모든 분야에서 싸우는 일이 포함된다. 더욱이 노화는 여전히 중요한 페미니스트 문제로 남아 있다. 나이 든 여성이 혼자 살다 생을 마감할 가능성이 훨씬 높을 뿐만 아니라, 돌봄 문제와 관련해 여전히 가장 복잡한 관계를 맺고 있는 사람도 전반적으로 여성이기 때문이다. 가정주부로서 여성에게는 궁핍하거나 의존하는 것에 대한 특별한 공포심이 있는데, 이는 오랫동안 자신에게 의존해 온 사람들에게 자신이 잠재적인 부담이 된다고 생각하는 고통을 반영한다.

그러나 의존성이 커지는 것에 대한 두려움은 우리 모두에게 공통적이며, 우리가 느끼는 우리의 모습 또는 계속 그렇게 보이고 싶은 모습과 우리 문화가 노년기의 우리를 인식하는 방식 사이의 격차가 커지는 것에 대한 두려움과 연관되어 있다. 이는 왜 그토록 많은 노인들이 자신은 '늙었다고 느끼지 않는다'고 격렬하게 선언하고, 자신을 돌볼 수 있다고 주장함으로써 나이 듦과 그에 따른 필요를 강하게 거부하는 이유이기도 하다.

노인들의 취약성과 상실에 대한 개인적인 두려움을 심화시키는 것은 악화된 젊은이들의 처지가 노인들을 향한 사회적 분노의 심화로 이어지는 사회적 분위기다. 우리는 수명이 점점 길어지는 것에 대해 문화적 축하가 아닌 공공의 경각심을 발견한다. 이는 요즘 세 배의 연금을 요구하고 젊은 세대를 희생시키면서 국가의 끝없는 돌봄과 지원을 요구하는 노인들의 '쓰나미'에 대한 이야기에 잘 나타난다. 실제로 우리는 젊은이들의 현실적인 곤경을 이야기하며 노인들을 비난하는 경향이 공식적으로나 언론에 의해 조장되는 것을 많이 보았다.

항상 사회 이슈에 민감한 캐나다의 존경받는 작가 마가렛 애트우드Margaret Atwood는 최근 소설에서 이러한 분노의 가능한 궤적을 확대했다. 그녀의 종말론적 단편 소설 중 하나인 〈먼지 더미 불태우기〉는 노인 요양원을 배경으로 하는데, 요양원 주민들이 "우리 차례"라는 깃발 아래 모인 국제 청소년 십자군의 일부로 알려진 폭력적인 젊은이들로 구성된 살인적 군중에게 포위당한다. 치명적으로 변한 연령차별주의 속에서 젊은이들은 요양원에 불을 붙이고 "기생하는 죽은 나무"를 끝장낼 각오다. 그들은 "아기 마스크"를 쓰고 "이제는 가야 할 시간. 천천히 말고 빠르게. 태워, 아기야, 태워. 이제 우리 차례야"라는 노래를 부른다.

애트우드는 노인의 돌봄 요구를 둘러싼 위기와 재난에 대한 수사로 젊은이들의 분노를 불러일으키는 데 일조하고 여러 토크쇼에서 젊은이와 노인을 대결시키는 미디어의 역할을 강조한다. 영리하고 반쯤 장님이지만 투지 있는 주인공이 깨닫듯이, "사회에서 가장 취약한 사람들을 희생시키는" 방식으로 젊은이들의 분노가 부채질 된 것이 역사상 처음 있는 일이 아니다.[39]

애트우드의 디스토피아 소설은 잘 나이 들어가는 것ageing well에 대한 문화적 장애에 관해 글을 쓰는 석학 마가렛 굴레트Margaret M. Gullette와 같은 많은 다른 사람들의 실제 관찰을 반영한다. 굴레트는 《미국의 노인 살해American Eldercide》라는 직설적인 제목의 책에서 코로나 위기가 최고조에 달했을 때 노인들은 단순히 소모품으로 간주되었다고 주장했다. 미국 요양 시설 및 퇴역 군인 시설에 있는 노인을 부적절하게 돌보거나 무자비하게 방치하는 일은 2020년에 엄청난 숫자의 사망자를 초래했다.[40]

우리는 영국에서도 비슷한 방치 사건 목격했는데, NHS는 처음에 노인 환자들을 코로나19 검사도 하지 않고 요양원으로 돌려보내야 했다. 그 결과 간병인을 포함한 요양원 내 코로나19 사망자가 급격히 증가했다. 수치스럽게도 영국 요양원 내의 사망률은 독일 요양원 내의 사망률보다 13배나 높았다. 이러한 취약한 상태에 있던 노인들의 죽음에 대한 초기의 무관심도 같은 메시지를 전한다. 이들은 영국 정부의 초기 일일 코로나19 사망자 보고에조차 포함되지 않았다. 대부분 예방이 가능한 사망이었으며, 처음에는 공개적인 애도도 없었다. 지방정부의 야만적인 지원 축소와 요양원의 강제 민영화로 수십 년 동안 노인의 사회적 돌봄은 경악할 만한 수준이었으니, 이는 이미 정해진 결과였다.

　이러한 방치를 한탄하기는커녕 당시 〈데일리 텔레그래프The Daily Telegraph〉 부편집장이었던 제레미 워너Jeremy Warner를 포함한 몇몇 사람들은 영국 언론에서 자신들의 플랫폼을 사용해 "노인 피부양자의 불균형적인 도태"가 코로나19로 얻은 경제적 이익일 수 있다고 말했다. 똑같이 역행적인 평론가 토비 영Toby Young도 노인 수천 명의 잠재적 사망은 "받아들일 수 있는 부수적 피해"로 간주할 수 있다는 데 동의했다. 다행스럽게도 이러한 노골적인 연령차별은 강력한 비난을 불러일으켰고, 곧 코로나19가 노인들에게 미치는 영향에 관한 관심이 급증했다. 이는 에이지 컨선Age Concern 같은 자선단체와 노인을 위한 기타 대변인들이 주도했으며, 이들의 보고서는 많은 노인들이 코로나19로 인해 가장 위험에 처한 집단으로서 종종 파괴적인 불안의 희생양이 되는 방식을 강조했다.

　오늘날에는 노인들의 필요 사항에 대해 더 많이 듣고 있지만, 에이지UK는 여전히 약 150만 명의 노인들이 해소되지 않은 돌봄 필요 사항을 지닌 채 살아가고 있다고 보고한다. 〈영국의학저널British Medical Journal〉은 10여 년 전에 예방이 가능한 노인 사망이 매년 최대 4만 건에 달했으며, 그 이후로 그 숫자는 계속 증가했고, 특정 노인 집단, 특히 노동자계급 여성의 사망률이 눈에 띄게 증가했다고 보고했다.[41] 그 이유는 분명하다. 팬데믹이 발생하기 오래전에 노인을 위한 돌봄 서비스는 이미 축소되고 민영화되어 많은 사람들이 접근할 수 없었기 때문이다. 2011년부터 미국에 본사를 둔 많은 사모 펀드 회사는 여러 개의 요양기관 체인을 인수하여 요양원을 금융화하고 과도한 차입을 통해 막대한 이익을 얻었다. 한편 돌봄 부문에서는 점점 더 많은 저임금 근로자들이 기업의 긱이코노미gig economy(발생하는 업무 수요에 따라 일자리에 계약직, 프리랜서 형태 등을 위주로 채용하는 현상.-옮긴이)로 내몰려졌고, 과중한 업무에 시달리면서 취약해지는 바람에 돌봄 능력이 저하되었다.

다른 사람들이 말했듯이, 모든 사회를 평가하는 좋은 척도는 취약한 노인들을 돌보는 방식이다. 그 점에서 우리 사회는 도덕적으로 파산한 상태다. 우리는 진정한 돌봄에는 인내와 공감, 그리고 무엇보다 시간이 필요하다는 것을 알고 있다. 특히 연약한 노인들을 대할 때는 더욱 그렇다. 불행하게도 이것이 바로 우리의 민영화된 돌봄 형태가 배제하는 것이다.

다시 말하지만, 다팅턴은 취약한 노인을 돌보는 것에 관한 그의 저서에서 돌봄을 제공하는 데 있어서 시장의 위험성을 강조하는데, 시장은 돌봄을 제공하는 자와 받는 자 사이의 공감을 나누는 상호작용을 방해하거나 억제하도록 고안한 것으로 보인다고 밝혔다. 이는 가장 무력한 사람들, 특히 치매 환자들에게 제공되는 '돌봄'에서 가장 분명하게 나타나며, 그 결과 피할 수 있었던 고통을 초래한다. "스스로 먹을 수 없고 영양실조와 탈수에 직면한 노인들이 향정신성 약물을 처방받고 있다. 사망률을 높이기 위한 고의적인 정책이 아니라 의존성을 치명적으로 무시하는 정책의 결과다."[42]

보살핌이 필요한 사람이든, 사랑하는 노인들을 돌보려고 하는 사람이든, 많은 사람들이 입은 피해는 엄청났다. 2017년 영국의 유명한 사회학자이자 현재 우리의 주요 돌봄 옹호자 중 한 명인 베브 스케그스Bev Skeggs는 자신의 부모님이 마지막 몇 년 동안 겪은 돌봄 부족에 관한 가슴 아픈 에세이를 썼다. 〈인류의 위기A Crisis in Humanity〉라는 제목의 신랄한 비판을 담은 고발장에서 스케그스는 자신이 런던에서 일하는 동안, 영국 북부 지역의 NHS와 돌봄 시스템의 이중 붕괴로 인해 부모님에게 적절한 돌봄 서비스를 찾기 위해 지속적으로 노력했음에도 실패했던 일을 설명한다. 심지어 나이 든 어머니가 입원했을 때에는, 병원 직원들이 당시 눈이 보이지 않았던 어머니를 돌보기는커녕 식사할 시간도 없다는 것을 알았다. 스케그스는 "계획된 방치가 게임의 이름이다"라고 결론지었다.[43]

그러나 오늘날 적절한 자원만 있으면 거의 모든 사람이 품위 있게 생활하고 끝까지 보살핌을 받을 수 있다고 주장하는 목소리가 많다. 노인들 자신도 이미 높은 수준의 필수적인 돌봄노동을 제공하고 있다. 우리가 돌봄을 사회 정책과 지역사회 기금의 중심에 놓고 전반적인 건강 불평등을 줄이기 위한 계획을 고안한다면 더 많은 사람들이 노년기까지 잘 살 수 있고 평생 필요한 돌봄을 받을 수 있을 것이다.

전염병학자인 마이클 마멋과 그의 동료들은 수십 년 동안 이를 달성하는 방법을 옹호해 왔다. 그가 말하듯이, 돌봄은 교육, 직업, 소득, 주택, 그리고 지역사회 자원을 포함하여 건강에 영향을 미치는 모든 사회적 요소에 관한 조치를 필요로 한다.[44] 무엇보다도 끔찍할 정도로 자금이 부족하고 소홀히 여겨지는 의료 서비스에 돈을 투자해야 한다.

노인에 대한 방치와 경멸에 대한 비관적인 평가와는 대조적인 낙관적인 흐름을 특히 미국에서 가장 뚜렷하게 볼 수 있는데, 노년기에도 잘 살고 번영할 수 있는 많은 방법들을 자신 있게 내세우고 축하한다. 한 가지 예를 들면, 2020년에 미디어 학자 수잔 더글라스 Susan Douglas는 《우리의 전성기: 노년 여성들이 앞길을 재창조하는 방법In Our Prime: How Older Women Are Reinventing the Road Ahead》에서 모든 사람이 노년기에 성공하지 못할 이유가 없다고 말한다. 더글라스는 오늘날 많은 나이 든 여성들이 성차별적 연령차별주의를 거부하고 활기차고 활동적이며 사회적으로 만족스러운 삶을 영위하고 있음을 발견한다.[45] 그러나 안타깝게도 이런 사례가 모든 그룹이 아닌 일부 그룹에 치우쳐 발견된다.

발칙하게 나이 들어가기

60대 후반에 노화의 위험과 즐거움에 대해 글을 쓰기 시작한 지 벌써 10년이 지났다. 나는, 늘 그랬듯이, 우리의 불안과 도전은 함께 나눌 때 더 쉽게 극복될 수 있다는 변함없는 페미니스트 신념에 기대었다. 1970년대 페미니스트들에게 있어 여성의 전반적인 삶을 개선하기 위해 목소리를 내고 고군분투하는 것에 대한 이전의 걱정은, 점점 허약해지는 신체와 다가오는 죽음에 관한 새로운 두려움으로 변이되었다. 이제 나는 70대 후반이 되었고 많은 사람들의 상황은 더욱 악화되었다.

나는 운이 좋다면 우리가 더 넓은 돌보는 공동체에 연결되어 있다고 느끼는 한 우리 자신에 대한 뚜렷한 감각을 유지하고 과거의 정체성과 현재의 소속감을 어느 정도 유지할 수 있다고 믿는다. 이는 무엇보다도 우리가 보살핌을 주고받는 방법을 찾고, 그 둘 사이의 복잡한 상호작용을 이해하고, 우리를 보살피는 사람들을 지원하기 위해 최선을 다해야 한다는 것을 의미한다.

그러나 나는 내가 이러한 것들을 누리는 것이 얼마나 큰 특권인지 알고 있다. 모든 영역에서 깊어지는 불평등으로 인해 많은 이들이 기본적인 돌봄을 받지 못하거나 돌보는 공동체의 일부가 될 수 없는 상황에서 말이다. 더욱이 나는 70대에 은퇴하기로 결정할 때까지 일을 계속할 수 있었지만, 유럽 전역의 데이터에 따르면 연령차별은 중년부터 시작되어 나이 든 근로자가 경험하는 업무 관련 차별의 이유로 가장 일반적으로 보고된다. 특히 여성에게는 더욱 그렇다.[46]

그럼에도 불구하고, 노화라는 주제 자체에 대한 문화적 혐오감을 해결하기로 결심한 작지만 용감한 반연령차별주의자들의 집단은 지난 10년 동안 의심의 여지 없이 증가해 왔다. 그들은 대부분 노인 공포증의 주요 대상인 나이 든 여성들이다. 미국 작가들, 특히 그레이스 페일리와 어슐러 르 귄Ursula Le Guin의 유머와 통찰은 나를 가장 감동시켰다. 르 귄은 대담하게도 아름다움과 노화에 관해 글을 쓰면서 아름다움은 항상 젊음의 일부지만 그녀가 아름답다고 생각하는 노인들도 있다는 점을 지적했다. "나이 든 사람에게 있어서 아름다움은 젊은 사람처럼 호르몬 작용으로 그냥 얻어지지 않는다. 그 사람이 누구인지와 관련이 있다. 쭈글쭈글해진 얼굴과 몸을 뚫고 빛나는 것들과 관련이 있다는 사실이 점점 더 분명해진다."[47] 노인들에게 가장 두려운 것은 아름다움의 상실이 아니라 정체성의 상실이다.

영국의 학자이자 작가인 제인 밀러Jane Miller는 일흔여덟에 쓰기 시작한 《크레이지 에이지: 나이 듦에 대한 생각Crazy Age: Thoughts on Being Old》을 자신감 넘치는 주장으로 시작한다. "나는 늙었고, 그렇게 느끼고 또 그렇게 보인다." 그리고는 재빨리 덧붙이기를 "적어도 중년이 좋았던 만큼 늙어가는 것이 좋고 젊음을 좋아했던 것보다 훨씬 더 좋다." 2년 후 그녀는 "노인들은 무엇을 원하는가?"라고 직접 묻고 "대부분의 사람들은 친구와 독립을 원한다고 생각한다"고 답하곤 했다.[48] 그럼에도 노년에 대한 폄하는 여전히 만연해 있고, 이것이 내가 나의 책 《아웃 오브 타임Out of Time》을 다소 자신 없게 시작하는 이유다. "나는 몇 살인가? 묻지도, 말하지도 말라. 질문이 겁이 난다", 그리고 "노년에 대한 두려운 멸시를 마주하는 것은 경악스럽다"라고 말하면서.

그럼에도 불구하고 그 책을 쓰는 것은 나 자신과 다른 사람들이 경험하는 노년의 변화를 둘러싼 정교한 문화적 부정을 직면하는 데 도움이 되었으며, 심지어 더 즐겁게도 내가 노년기를 충만하고 창의적으로 살아갈 수 있는 가능성들을 살펴보았다. 가장 기뻤던 점은 그 주제에 관심 있던 새로운 젊은 친구 한두 명을 알게 되었으며, 그들은 지금까지도 소중한 친구로 남아 있다. 그러나 '잘 늙어가기'에 대한 공식적인 담론은 대체로 여전히 나이가 들어도 전혀 늙어 보이지 않는 것, 모두 겪게 될 더 허약하고 특정한 도움이 필요한 상태가 되는 것을 부정하는 것으로 축소되어 있다. 우리 시대의 노화 경험의 이율배반을 이해하기는 어렵다.

"나는 늙었다고 *느끼지* 않는다"가 나이에 상관없이 대부분의 사람들이 습관적으로 되풀이하는 말이다. 이는 다른 무엇보다 노화를 둘러싼 유해한 고정관념에 대해 많은 것을 말해준다. 모든 최신 보고서에서 여전히 드러나듯이, 노인들에 대한 부정적인 인식은 미디어, 광고, 중앙 및 지방정부를 포함한 사회 모든 영역을 지배하고 있다. 이는 실제로 중년층에서 가장 강하기는 하지만 노인을 포함한 모든 연령층에 걸쳐 있다.[49] 그러나 오늘날 그 어느 때보다 중요한 우리의 첫 번째 과제는 은퇴하면 우리는 '비생산적'이 되어 세상에서 가치가 떨어진다는 포스트코로나 시대의 시장경제 사고방식을 무너뜨릴 방법을 찾는 것이다.

이제 우리 대부분이 은퇴 후에도 수십 년을 더 살게 될 것이기 때문에 이는 더욱 중요하다. 다시 말하지만, 이는 '생산성'이라는 개념 자체에 의문을 제기하고 돌봄 자체가 삶을 유지하는 데 생산적일 뿐만 아니라 우리의 모든 개인적인 상호작용을 풍요롭게 하는 관계 맺음의 방식임을 주장하는 것을 의미한다.

그럼에도 나는 여전히 노화의 다양한 복잡성을 다루기가 어렵다고 생각한다. 한편으로는 나이에 상관없이 바쁘고 충만한 삶을 살 수 있는 모든 방법을 찬미하고 싶다. 실제로 여든을 앞둔 지금, 은퇴와 코로나19와 그로 인한 봉쇄의 위험에도 불구하고 나는 예전과 변함없이 정치적으로 활동하고 있고, 여전히 오래된 친구와 새로운 친구에게서 힘을 얻고 있다. 그리고 (단기 기억에 가끔 문제가 생길 때도 있지만) 때로는 내가 제공할 수 있는 유용한 무언가가 있을 것이라는 희망을 감히 품고 있다. 최근 기억이 빨리 사라지는 경우가 많지만, 나의 기억들은 중요하다.

반면에 나는 특히 지난 10년 동안 노년기에 있는 많은 이들이 형언할 수 없는 수준의 불평등에 묶여 그 어느 때보다도 냉혹한 수준의 방치와 잔인함과 학대로 고통받고 있다는 것을 잘 알고 있다. 두 번째 관찰은 나의 첫 번째 야망을 압도할 만큼 위협적이다. 우리의 상황이 큰 특권을 누리는 것이라는 사실이 분명할 때, 나 자신과 다른 사람들이 누리는 노년기의 긍정적인 경험을 축하하기는 분명 어렵다. 게다가, 우리 늙은이들에게는 잘 늙고 있다는 명랑하고 회복력 있는 이야기를 제시해야 하는 문화적 압력이 있다. 이것이 바로 많은 이들이 겪고 있는 지속되는 방치, 심지어 잔혹함을 모호하게 만든다.

그러므로 우리는 노년에도 잘 살 수 있는 가능성에 대해 생각할 때 신중하게 행동해야 한다. 우리가 '영원한 젊음'을 유지할 수 있다는 시장의 약속이 넘쳐나는 가운데 이는 더욱 혼란스러울 수 있다. 우리가 해야 할 일은 값비싼 스킨케어 로션을 구입하고, DNA를 복구한다는 약물을 삼키고, 호르몬 대체 요법을 받거나 성형수술을 받으면 된다. 그리고 그 목록은 끝이 없다. 모두 엄청난 수익을 내는 장수 산업을 지원한다.

이러한 침해적이고 계급과 인종을 고려하지 않는 '회춘 체제'에 대해 누구보다도 비판적인 사람은 에런라이크였다. 그녀는 내가 이 책을 시작할 때 영감을 주었지만, 나는 지금 이 책을 완성하면서 그녀를 애도하고 있다. 여든을 앞두고 에런라이크는 마지막 저서 《건강의 배신》에서 우리가 좀 더 자기 자신을 사랑하고 관리를 하면 마음과 몸을 완전히 통제할 수 있다는 널리 퍼진 허구를 비웃었다. 실제로 우리는 우리 몸이 늙어가는 것을 통제할 수 없다. 이 나이 든 사회주의 페미니스트가 자신의 특별한 삶 내내 한 주장은 우리가 어떤 나이에도 좋은 삶을 살기 위해서는 *자기 돌봄*이 아닌 *상호 돌봄*이 필요하다는 것이었다. "우리는 서로 이야기할 수 있고 더 많은 파티와 축하 행사를 열 수 있고, 더 많이 춤출 수도 있다. 이상하게 들리겠지만 나는 이것이 우리 삶에서 아주 많이 부족하다고 생각한다."[50]

그녀의 말은 정말 옳았다. 그리고 더 많은 파티, 더 많은 축하 행사가 바로 일부 노년층, 주로 여성들(나를 포함)이 만들어내기로 결심한 것이다. 우리는 더 이상 투명 인간이 아니었으며, 은폐의 장막을 걷어내고 발칙하게 늙어가기로 했다. 몇 년 전 미국에서 애쉬턴 애플화이트Ashton Applewhite는《이 의자는 흔들린다: 반연령차별주의 선언This Chair Rocks: a Manifesto against Ageism》을 출간했다. 이는 우리가 모두 노년을 축하하고 연령차별주의 신화를 폭로하는 데 동참할 것을 요구한다. "더 빨리 나이 들수록 반사적 두려움이 사라지고 우리를 풍요롭게 하는 수많은 방법으로부터 혜택받을 준비를 더 잘 갖추게 된다." 애플화이트는 다른 노인들과의 인터뷰를 작성하면서 여든여덟 살 민속 예술가 마르시아 무스Marcia Muth의 말을 인용한다. "나이가 들어가면서 삶은 변합니다. 중요한 것과 중요하지 않은 것을 알게 됩니다."[51]

연령차별에 대한 자신감 있고 단호한 공적인 저항은 영국에서도 찾아볼 수 있다. 여기에서는 예를 들어 시인이자 작가인 리아 손 Leah Thorn이 나이 든 여성들과의 대화를 바탕으로 시, 복고풍 의상, 공연, 영화를 포함하는 프로젝트인 올더 우먼 락 Older Women Rock을 설립했다. 손과 그녀의 동료들은 연극 행사를 무대에 올리는데, 각 공연자들은 대담한 노화 방지 문구가 새겨진 화려한 옷을 입고 있다. 그들은 특히 나이 든 여성이 뷰티 산업, 패스트 패션 등으로부터 받는 많은 해로운 영향을 다루기 위한 공간으로 팝업 상점을 열었다. 나이 든 여성을 대상으로 하는 약탈적 시장에 대한 이러한 저항은 기후변화에 저항하는 것의 중요성과 연결된다.

손의 목표는 분명하다. 우선 미디어에 나이 든 여성은 무섭거나 코믹한 고정관념을 다룰 때를 제외하고는 거의 없다는 것을 비난한다. 그리고 많은 사람들이 자녀 양육이나 노부모 돌봄으로 인한 경력 단절로 적은 연금을 받고 빈곤에 빠지는 것에 대해 분노하며 비난한다. 또한 "나이 많은 여성의 불안감"을 이용해 미용 산업이 벌어들이는 막대한 수익금에 대해 비난한다. 마지막으로 손은 나이 든 여성들이 흰머리, 얼굴 털 또는 요실금과 같은 신체적 변화를 숨기거나 "비밀스럽게" 행동하는 경향에 맞서고자 한다.[52]

여성은 문화적으로 남성보다 더 빨리 늙고, 우리는 남성보다 10년 일찍 사회에서 밀려나는 방식에 대해 좀 더 가시적으로 저항하려고 노력한다. 그러나 나이가 들수록 자살 위험이 가장 높은 사람은 남자, 특히 65세 이상의 남자다. 미국에서 노인 자살자의 85퍼센트는 65세 이상의 남자다.[53] 이에 대한 일반적인 설명은 평균적으로 노인 여성이 노인 남성보다 더 큰 사회적 네트워크를 갖고 있으며 가족이 아닌 사람들과 더 많은 관계를 유지하기 때문이라는 것이다.[54]

그러나 최근에는 노인 남성에 관한 연구의 부족을 바로잡기 위한 노력이 이루어지고 있다. 영화와 책들도 노인 남성의 경험을 탐구하기 시작했다. 가장 인기 있는 작품으로는 〈그랜 토리노〉, 〈네브래스카 Nebraska〉, 〈크라이 마초 Cry Macho〉 등이 있다. 이 영화들의 요점은 그들의 잘 알려진 스타가 이번만큼은 로맨틱한 주인공으로 캐스팅된 것이 아니라(나이에 상관없이 일반적으로 그래왔듯이), 우울하고, 소외되거나, 더 이상 쓸모없는 노인으로 캐스팅되었다는 것이다. 비록 투박할지언정 더 큰 현실감 있는 진보의 한 유형이다!

이러한 우울함을 조명하면서, 남성 노인의 높은 자살 위험을 조사한 호주의 한 연구는 80대 표본이 "가족과 지역사회 내에서 역사적 지위를 상실하는 것과 관련된 사회적 소외와 친구를 사귀고 의미 있는 관계를 유지하는 능력의 부족에 대해 불만이 있음"을 발견했다. 슬프지만 의미심장하게도 일부 참가자들은 자살이 말년의 '의존'에 대한 가장 합리적인 대안일 뿐이라고 주장했다. 이 연구는 또한 여성이 남성보다 노화에 더 잘 대처한다고 언급했으며, 그 차이는 "뚜렷하고 변함이 없다"고 밝혔는데 이는 다른 연구들과도 일치한다.[55] 다른 연구들에서는 노년기 성소수자들의 자살률이 더 낮다는 사실을 발견했는데, 이는 그러한 남성들이 이미 더 많은 역경을 겪었고 애초에 특권을 덜 받았기 때문에 더 큰 "위기 대처 능력"을 얻었을 수 있음을 시사한다.[56]

세대를 넘나드는 돌봄

나이가 들수록 직면하는 장애물을 수용하려는 노인들의 인식과 실천이 무엇이든, 우리는 어느 시점에서 더 구체적인 형태의 지원이 필요할(장애인과 만성 질환자에게는 이미 익숙한 상황) 가능성이 높다. 많은 관찰자들이 노인 게토화의 위험이 증가하고 있다고 경고해왔다. 노화와 연령차별에 관해 많은 글을 쓴 영국의 사회학자 앤 카르프Anne Karpf는 이 주제에 관해 예일대 공중보건대학원Yale School of Public Health의 연구자들이 20~29세 사람들이 만든 페이스북 그룹의 대규모 샘플을 조사한 결과를 언급했다. 참여자들의 4분의 3이 노인을 폄하했으며, 3분의 1 이상은 특히 노인이 쇼핑과 같은 공공 활동을 하지 못하도록 하자는 의견을 옹호했다.[57]

영국의 젊은이들은 우리 노인들에 대해 똑같이 부정적인 태도를 가지고 있으며, 그들의 높은 디지털 활동 수준은 우리와의 접촉을 더욱 차단한다. 이러한 문제에 대한 보고서에 따르면, 세대를 넘나드는 우정은 물론 돌봄이나 연대의 여지는 전혀 없는 것 같다. 유럽 전역에서는 세대 간 정보 격차를 줄여야 할 필요성에 대해 많은 논의가 있지만, 상황이 조정된다고 해도 여전히 큰 격차가 남아 있다.[58]

세대 간 더 나은, 아니 그 어떤 사회적 다리도 구축하지 못한 이러한 명백한 실패는 젊은이와 노인 모두에게 해롭다. 노화는 조기 사망이 아니라면 모두가 건너야 하는 다리이기 때문이다. 따라서 다른 사람들이 나보다 앞서 지적한 것처럼, 연령차별주의는 사실 우리가 두려워하는 미래의 자아에 대한 편견이며, 이는 중년이 겪는 위기가 만연한 이유를 설명한다. 노년에 대한 두려움을 없애는 방법 중 하나는 분명히 젊은이와 노인 간의 접촉을 촉진하는 더 나은 방법을 찾는 것이다. 특히 많은 노인들이 적절한 자원을 가지고 번영하고, 가능한 모든 방법으로 삶에 참여하기를 열망할 때 더욱 그렇다.

내가 케어 컬렉티브Care Collective에서든 다른 수단을 통해서든, 그리고 행복하게도 소셜 미디어를 통해 많은 젊은 친구들과 긴밀한 연락을 유지할 수 있었던 것은 행운이었다. 정치적 견해를 적극적으로 공유하고 집단적 참여를 함께할 때, 소중한 유대 관계가 세대를 넘어 유지될 수 있다. 젊은이와 노인이 연합할 수 있었던 곳은 그린햄커먼에서만이 아니었다. 오늘날 많은 사람들이 기후 운동, 긴축에 맞서 싸우기, 지역사회 자원 보호하기, 푸드 뱅크에서 상호 지원을 제공하기, 또 그 밖의 수많은 공유된 목표를 중심으로 먼 곳과 가까운 곳 모두에서 그러한 만남을 즐긴다.

따라서 나는 세대 간 유대를 강화할 수 있는 가능성을 내다볼 때 희망과 불길한 예감 사이를 오간다. 이러한 불길한 예감은 주로 노년층의 복지와 돌봄 접근성에 대한 극심한 대조에서 비롯된다. 엘레나 부시Elena Buch는 《나이 듦에 있어서의 불평등Inequalities of Aging》에서 자립을 미화하면서 자립을 유지하기 위한 공공지원은 거의 또는 전혀 하지 않는 미국 시스템에서 나타나는 홈 케어 산업의 문제를 폭로한다. 그녀는 미국의 돌봄 제공의 핵심에 있는 추악한 비밀은 가장 취약한 사람들을 돌보는 사람들이 그 과정에서 스스로 취약해지는 것이라고 말한다. 부시는 간병인으로 일하는 마리아Maria와 동행하며 그녀가 여러 가지 창의적인 작업을 통해 나이 든 고용주의 예전 자아 감각을 보존할 수 있도록 끊임없이 애쓰지만, 그런 노고에 대한 보상은 거의 없는 것을 지켜본다.

부시는 일반적으로 흑인과 소수민족 여성 간병인이 "[더 부유한]

고객의 신체 건강을 유지하고, 그들의 주체성을 유지하며, 그들이 자립적으로 보이도록" 하는 데 전념하고 있다고 본다. 그러나 그러한 노동은 간병인 자신의 안녕을 희생하며 이루어진다. 홈 케어 직업은 사회적 지위가 거의 없고, 건강보험, 병가 수당 또는 퇴직 혜택도 제공되지 않는다. 따라서 부시는 다음과 같이 결론을 내린다. "정치적, 개인적 자립에 대한 믿음을 바탕으로 설립된 국가에서 우리는 삶을 가능하게 하는 심오한 상호의존성을 수용하는 것을 힘들어한다. 이 시스템은 시스템 자체를 지탱하는 사람들을 소비하는 시스템이다."[59]

    영국에서도 우리는 한동안 같은 길을 가고 있었다. 집에서의 돌봄이든 케어홈에서 제공되는 돌봄이든 우리는 여전히 돌봄에 대한 접근성과 질을 향상하기 위해 사회 돌봄 자금을 늘려야 할 필요가 절실하다. 영국의학협회British Medical Association가 필요한 시점에 돌봄 서비스를 무료로 제공함으로써 돌봄 서비스에 대한 접근성을 확대하고, 사회 돌봄 인력에 투자하고, 근로자의 가치를 적절하게 평가할 것을 정부에 거듭 촉구하는 이유도 바로 여기에 있다. 그러나 정부의 거듭되는 약속에도 불구하고 우리는 실질적인 진전을 전혀 보지 못했다. 따라서 영국에서만 사회복지 부문에 10만 개 이상의 공석이 남아 있으며, 싱크탱크인 킹즈 펀드King's Fund의 조사에 따르면 현재 이 숫자는 계속 늘어날 가능성이 높다.[60]

    우리 중 일부는 다른 사람들보다 훨씬 더 큰 위험에 처해 있지만, 노년에 대한 적대적인 태도는 어디에서나 고질적으로 남아 있으며, 모두 노년을 단순히 쇠퇴의 과정으로 묘사하는 경향이 있다는 것은 분명하다. 그러나 우리가 본 것처럼, 관행적으로 연령차별이 이루어지는 동일한 장소에서 때로는 반론도 나온다. 영국에서는 에이지 컨선Age Concern이나 센터 포 에이징 베터Centre For Aging Better 와 같은 잘 확립된 다양한 캠페인과 기관에서 반론들을 만들어낸다. 더욱이 코로나 팬데믹 기간 동안, 우리는 더 많은 사람들이 생산성을 극대화하지 않으면 누구에게도 관심을 끌지 못한다는 원칙에 이의를 제기하는 것을 보았다.

우리는 이전에 본 것처럼, 전염병이 처음 닥쳤을 때 전국적으로 상호 지원 그룹이 급증하여 안타깝게도 모두는 아니지만 일부 혼자 사는 노인들이 고립되고 방치되는 느낌을 덜 받도록 도왔다. 동시에 노인들도 푸드 뱅크 지원과 이웃돕기 활동에 적극적으로 참여했다. 많은 취약한 노인들과 마찬가지로 팬데믹으로 인해 나는 대부분 집에만 머물게 되었다. 그리고 이 경험을 통해 다른 사람들과의 유대와 그들에 대한 의무를 더욱 소중히 여기도록 배운 사람은 나 혼자만이 아니다. 오늘날 나는, 여전히 온라인인 경우가 종종 있지만, 아마도 이전보다도 훨씬 더 자주 친구들, 이웃, 정치적 동지들과 일상적 접촉을 하고 있다.

코로나19는 나이와 상관없이 우리가 모두 어떤 식으로든 다른 사람의 돌봄에 의존한다는 점을 전례 없는 수준으로 분명히 했다. 나는 이것이 서로 돌봄을 주고받는 가능성을 확장하기 위한 더 많은 시간과 자원을 확보하기 위해 싸우도록 더 많은 사람들을 격려할 수 있기를 희망한다. 이를 확대하면, 미국의 돌봄 이론가인 조앤 트론토Joan Tronto가 주장한 것처럼, 인간의 생명이 이 지구상에서 계속 번영하려면 우리는 어떤 수준에서든 세상을 유지하고 복구하는 데 관련된 모든 사회운동에 참여하며, "새로운 한계의 시대"에서 돌봄의 중요성을 재고해야 한다는 것을 깨달아야 한다.[61]

우리 대부분은 지구상에서 생명이 계속 번영하는 데 한계가 있다는 사실을 이제 막 인지하기 시작했다. 우리 주변의 세상과 우리의 관계를 다루어야 할 필요가 시급하다는 것을 깨달으며, 이제 세상 자체를 돌보는 가장 광범위한 돌봄 실천에 대해 살펴보자.

5장

지구 복구하기

Lean on Me

돌봄에는 다양한 방법이 있으며, 어떤 돌봄이든 항상 유연하고 적응력이 있어야 한다. 그러나 자연과 세상 자체를 돌보는 일은 이제 가장 어려운 일이 되었으며, 전 세계적으로 혁신적인 정책 수립과 함께 새로운 감성과 상상력이 요구된다.

서구적 사고에서 '자연'은 우리에게 봉사하기 위해 존재한다. 우리가 마음대로 착취할 수 있는 것이다. 흙, 물, 불, 공기라는 기본 요소를 갖춘 자연은 인간이 소비하고 사용하고 여가 활동을 할 수 있는 자원을 제공한다는 점에서 무엇보다 귀하게 여겨진다.

그러나 위협을 받는 자연이 점점 위협적으로 변하고 있다. 생태학적 변화로 빙하가 녹고, 해수면이 상승하고, 홍수, 허리케인, 산불, 가뭄이 생기고, 광범위한 종의 멸종이 발생하고 있다. 지구 자원 고갈에 대한 우리의 관심 부족으로 '생긴 기후변화가 그 원인으로 여겨진다. 이는 이제 국가 경제부터 세계 정치, 이주, 지구에 관한 장기적인 미래에 이르기까지 모든 것에 영향을 미치고 있다.

그러나 서방 국가들은 인간이 만들어낸 지구온난화와 환경 악화에 대한 과학적 경고가 수십 년간 있었지만, 이에 귀를 기울이는 것을 꺼려왔다. 대부분의 국가가 화석연료로 인한 탄소 배출 문제를 해결할 필요성을 마지못해 인정한 것은 아주 최근의 일이며, 지금까지는 대체로 제한적이고 이기적인 방식으로만 진행되었다.

기후 비상사태에 대처하기 위해 유엔이 설립한 최초의 당사국총회Conference of the Parties, COP가 1995년 베를린에서 열렸다. 당시 화석연료는 전 세계 에너지 생산량의 약 80퍼센트를 차지했으며, 지구온난화에 가장 큰 영향을 미치는 온실가스, 이산화탄소 배출의 원인이었다. 거의 30년간의 연례 총회 이후에도 화석연료는 여전히 전 세계 에너지 생산량의 80퍼센트를 차지하며 기온은 여전히 상승하고 있다. 기후 운동가들과 과학자들은 수년 동안 기후변화의 힘과 위험에 대해 경고해 왔지만, 우리 대부분, 특히 정부와 다국적 기업은 고의적인 거부의 형태를 취하고 있다.

내가 이 글을 쓰는 동안 유엔 기후변화에 관한 정부 간 패널UN Intergovernment Panel on Climate Change, IPCC의 기후 위기에 관한 최신 보고서는 폭염과 물 부족이 증가할 것으로 예측하고 있으며, 각 정부는 기후변화에 대해 적극적으로 대처하기는커녕 아무 준비도 하지 않고 있다. 실제로 그들은 정반대의 행동을 하고 있으며, 대부분이 마치 무관심한 태도를 고집하듯이 앞으로 다가올 재앙에 여전히 일조하고 있다.

존경받는 인도 작가 아미타브 고시Amitav Ghosh는 20년 전 벵골만을 배경으로 한 소설을 쓰기 위해 자료를 모으던 중 기후변화의 파괴적인 상황을 직접 목격하면서 놀랐다고 썼다. "사람들이 자신들의 집이 사라지는 것과 해수면의 상승과 바닷물 침식에 관해 이야기했다. 그러나 아무도 무슨 일이 일어나고 있는지 알지 못했다. (…) 그리고 세월이 지나면서 그 징후는 점점 더 명확해졌다." 더욱이 고시는 이러한 기후 비상사태의 토대를 마련한 것은 영국의 토지 약탈과 원주민 살해였다고 주장한다.[1]

영국의 학자이자 저널리스트인 앤 카르프Anne Karpf는 《여성이 지구를 구할 수 있는 방법How Women Can Save the Planet》에서 수많은 인간 재앙과 마찬가지로 이미 기후 위기로 가장 큰 고통을 받는 사람들은 이에 대해 책임이 가장 적은 사람들이라고 지적한다. 주로 석탄, 석유, 가스와 같은 화석연료의 연소로 발생하는 전 세계 CO_2 배출량의 86퍼센트가 세계의 부유한 국가들 책임이다. 평균적인 영국인은 우간다, 말라위, 소말리아 시민이 1년에 배출하는 것보다 더 많은 탄소를 2주 만에 배출한다.[2] 이는 최초의 그리고 여전히 진행 중인 일부 환경 운동이 왜 상대적으로 가난한 지역에서 발생했는지를 설명한다. 가장 두드러진 운동은 1970년대 초기 인도에서 발생한 간디에게서 영감을 받아 나무를 껴안는 칩코 운동, 또는 칩코 안돌란Chipko Andolan이다. 이 동맹은 우타라칸드Uttarakhand의 히말라야 지역의 숲을 보존하는 것이 목표였으며 오늘날까지 비폭력 환경운동의 집결지가 되었다.

그렇다면 기후 위기를 이해하는 데 있어서 우리는 모두 서로 연결되어 있는 것이 분명하다. 그러나 많은 사람들이 역사적으로나 현재에 여전히 그러한 관계를 인정하기를 거부한다. 사람들이 자신이 초래한 또는 종종 계속 초래할 해악을 부인하려고 할 때, 그 거부는 더욱 강해진다. 이는 우리가 바로 문 앞에 있는 것이든 멀리 있는 것이든 과거와 현재에 우리가 자연과 맺고 있는 관계에 대해 주의 깊게 살펴볼 필요가 있음을 의미한다. 특히 현대에 들어와서는, 적어도 최근까지, 대다수 사람들이 자연에 대한 우리의 영향이나 그 안에 존재하는 우리의 위치에 대한 호기심이 거의 없었고 자연에 대해 무관심하거나 다소 양가적인 관계를 갖는 경향이 있다.

순전히 도구적으로 다루어지지 않을 때, 자연은 종종 우리에게 위안과 아름다움의 순간을 제공하는, 본질적으로 우리를 보살피는 존재로 여겨진다. 시인들이 자주 찬양했듯이 자연은 우리가 위로받고 치유될 수 있는 곳이다. 그러나 어떤 사람들에게 자연은 정복하고 통제해야 할 도전 과제로 여겨진다. 또 다른 사람들에게는 자연이 무섭고 공포와 불길한 예감을 일으키는 곳이다. 특히 먹구름이 끼고 강이 넘치고 야생동물이 배회할 때 더욱 그렇다.

우리 조상들은 수렵 채집인으로 생존했으며, 자신들을 탄생, 성장, 죽음의 자연 순환의 일부로 인식하고, 자연 자체에 영적 가치를 불어넣어 자연재해를 예방하려 했다. 예를 들면 프랑스 남동부 쇼베Chauvet에서 발견된 것과 같은 선사 시대 동굴 벽화에서는 인간과 다른 생물을 연결하는 연관성이 분명하게 나타나 있다. 이들은 반은 동물이고 반은 인간인 존재를 묘사했다.

자연 돌보기

근대에 들어서면서 낭만주의 시인과 예술가들은 산업화와 도시 확장의 영향을 걱정하며 자연에 대한 경외심을 품고 있었다. 윌리엄 워즈워스William Wordsworth가 1804년에 쓴 인간의 영혼을 고양시키는, "만 개의 수선화"를 대하는 그의 기쁨을 표현한 시를 모두가 알고 있다. 그로부터 10년 후 병상에 누워 있던 존 키츠John Keats는 자연을 바라보는 것만으로도 기분이 회복될 수 있고, 지나가는 참새조차 그의 존재를 풍요롭게 한다는 것을 알았다.[3]

   작가들이 자연과 문명의 관계를 고민했고, 자연의 중요성과 힘에 대한 선언은 당시 미국에서도 흔했다. 철학자 랄프 왈도 에머슨Ralph Waldo Emerson은 고전이 된 에세이 《자연Nature》에서 자연 세계와 일체감을 느끼는 초월적인 즐거움에 관해 말하며 독자들에게 '야생wilderness'의 지속적인 파괴를 줄여야 한다고 경고했다. 후에는 동일한 정서가 그의 제자인 헨리 데이비드 소로Henry David Thoreau의 글에 반영되었다. 소로는 기념비적인 생태학 논문 《월든》에서 숲속에서의 고독을 추구했으며, 이는 오늘날까지 여러 세대의 환경 운동가들에게 영감을 주고 있다.[4]

그러나 그 누구보다도 열정적이었던 사람은 미국 시인 월트 휘트먼으로 '인간'을 자연에 더 가까이 다가가게 하는 것이 시인의 임무라고 믿었다. 그의 뛰어난 서사시 풀잎은 1855년에 처음 나왔고, 그는 평생 그 작품으로 되돌아가기를 반복했다. 《풀잎》은 부를 경멸하고 대신 "땅과 태양과 동물을 사랑하라"는 권고로 시작된다. 휘트먼은 사람들이 자신들이 숭배하는 자연으로부터 멀어지는 것을 개탄했고, 이후 개정판에서는 시인들의 노력 덕분에 언젠가는 "자연과 인간이 더 이상 분리되거나 흩어지지 않을 것"이라는 희망을 표현했다.[5]

그 경건한 전통을 보존하면서 오늘날 우리는 자연의 보살피는 능력에 관한 풍부한 문헌을 가지고 있다. 영국의 학자이자 자연주의자인 로버트 맥팔레인Robert MacFarlane은 그의 모든 저서에서 자연이 주는 시각적, 정서적, 본능적 만족감을 표현하는데, 특히 《랜드마크Landmarks》에서는 자연 세계에 대한 어휘를 확장하고 "대지에 대한 문해력"을 심화시키고자 한다. 휘트먼과 달리 맥팔레인은 "풍경에 대한 현대 언어를 다시 야생화"하려고 노력했으며 이것이 환경보호에 도움이 될 수 있기를 바랐다. 유사한 아이디어가 리처드 뮈어Richard Muir의 《풍경 백과 사전Landscape Encyclopedia》에 생기를 불어넣고 로저 디킨스Roger Deakins의 아름다운 문장과 부드러운 연필 삽화를 통해 파급된다. 자연을 사랑하는 이 모든 사람들은 현재 자연에서 위협받거나 빠르게 사라지고 있는 모든 것들에 대한 경이로움을 우리에게 알리기를 열망한다.[6]

당연히 19세기 중반 소로의 시대부터 현재에 이르기까지 가장 잘 알려진 자연에 대한 서정적 작가는 주로 남성이다. 그러나 문화적으로 덜 주목받긴 했지만, 여성들도 풍경과 자연 세계에 대한 기쁨을 기록해 왔다. 영국의 작가이자 자연을 사랑하는 캐서린 노버리Katharine Norbury는 자연에 대한 여성의 생각을 모아놓았다. 자연이란 주제에 대한 여성의 고유한 관점이 무엇인지 찾기 위해 그녀는 소설, 일기, 시, 정원 가꾸기 노트, 가사 계획 등을 조사해 《자연에 관한 여성의 생각Women on Nature》이라는 모음집을 냈다.

노버리의 모음집에는 14세기까지 거슬러 올라가는 100명이 넘는 여성의 글이 포함되어 있으며, 아프리카, 인도, 카리브해, 일본 여성의 글도 있다. 심지어 유명한 아프리카계 미국인 노예였던 필리스 위틀리Phyllis Wheatley가 1773년에 쓴 시 〈저녁에 바치는 찬가A Hymn to the Evening〉도 포함되어 있다. "미풍의 날개에서/피어나는 봄의 향이 피어오른다./시냇물은 잔잔히 흐르고, 새들은 노랫소리를 새로이 가다듬고, 그들의 뒤섞인 음악이 공중에 떠다닌다."

그러나 노버리는 '여성'과 '자연'이 둘 다 모호한 개념이며 그 의미가 시간과 장소에 따라 변한다는 것을 잘 알고 있다. 한편으로 여성은 다양한 방식으로 '자연에 더 가까운' 존재로 여겨졌다. 또 다른 한편으로는 '자연'이라는 단어 자체가 암묵적으로 인간 중심적이며, 인간이 자연의 일부가 되기보다는 '인간'이나 '인류'에 의해 정의되고 구별된다고 노버리는 말한다. 그녀가 모음집을 내는 목적은 "단순히 세상의 멸망을 관찰하고 기록하는 것"이 아니라 우리

주변의 세상을 보존하고 재생하도록 모두를 설득하는 일이기도 했다.[7]

마찬가지로 스코틀랜드 시인 캐슬린 제이미Kathleen Jamie는 우리에게 '자연'을 신선한 눈으로 바라보고 그것의 역사적 취약성을 관찰할 것을 촉구하는 동시에, 우리 주변 세계에 대한 인간의 영향이 특정 종의 개체 수가 놀라울 정도로 줄어드는 현상과 연결되어 있음을 지적한다. 따라서 《시선》에서 제이미는 가장 거친 풍경이든, 겉보기에는 고정된 존재처럼 보이는 우리 주변의 땅이든 바다든, "모든 것은 새 날개의 퍼덕임처럼 사라진다"라는 생각으로 기민하고 강력하게 서정적인 관찰을 마무리한다.[8]

개인적으로 말하자면, 나는 자연과 밀접하게 접촉해본 적이 없다는 사실을 다소 슬프게 생각한다. 그럼에도 불구하고, 내 인생의 진정한 위안 중 하나는 정원 뒤편에 심은 유칼립투스 나무를 보는 것이다. 처음 심을 때는 90센티미터 정도였던 묘목이 지금은 3미터가 훨씬 넘는 나무로 자랐다. 그 유칼립투스는 튤립부터 에셀나무까지 내가 심고 키운 다른 모든 것들과 함께, 또 내가 고향 호주에 살 때 자주 방문했던 놀라운 해변과 숲과 푸른 산에 대한 행복한 기억들과 함께, 확실히 기분을 좋게 만드는 데 도움이 된다.

그래서 나는 가까이에 있는 자연에만 익숙하긴 하지만 궁극적으로 자연을 사랑하는 사람이다. 더욱이, 나이가 들수록 점점 더 많은 사람들이, 실제로 내 오랜 친구 모두가 비록 작고 제한된 공간이지만 정원 가꾸기를 통해 어떤 식으로든 자연에서 위안을 찾는다.

때로는 창가의 화분만으로도 충분하다. 자메이카 킨케이드Jamaica Kincaid의 쾌활한 모음집 《정원에서: 자연과 성장에 관한 에세이In the Garden: Essay on Nature and Growing》에서 작가 퍼넬러피 라이블리Penelope Lively는 당시 아흔을 앞두고 다음과 같이 약속한다.

> 일단 정원사가 되면 당신은 완전히 새로운 차원의 경험과 자라나는 것들의 세계에 대한 통찰력을 얻게 된다. 창틀에 달린 화분 박스가 있든, 몇 평방 야드의 지하 공간이 있든, 땅 위아래로 넓은 정원이 있든, 당신은 직접 해보고 싶을 뿐 아니라 이제 영구적인 관심과 호기심도 갖게 된다. 더 보고 싶고 더 알고 싶을 것이다.[9]

많은 이들이 자연의 치유력에 대해 확신을 갖게 되었고 일부 의료 전문가들은 선별된 환자, 특히 우울증을 앓고 있는 환자에게 '자연 치료법'을 처방하기 시작했다. 몇 년 전, 에든버러에 있는 5개 진료소의 GP(영국에서 주치의 역할을 하는 지역의사.-옮긴이)는 왕립 조류보호협회와 협력하여 정신 건강을 개선하고 불안을 줄이기 위한 자연 치료를 장려하기 시작했다.[10] 캐나다 의사들도 비슷한 움직임을 보였다. 그들은 자연에서 더 많은 시간을 보내면 혜택을 받을 수 있는 환자들을 위해 국립공원 무료 이용권을 처방했다. 한 옹호자는 "자연은 다양한 증상에 좋다. (…) 자연이 개선하지 않는 건강 상태는 거의 없다"고 열광했다. 미국 병원에서도 비슷한 관행이 나타났으며, 일부 의사들은 자연에서 더 많은 시간을 보내면 더 건강한

사람들이 사는 더 건강한 지구를 만들 수 있다고 주장했다.[11]

그러나 우리가 사방에서 인간 복지를 위한 자연의 선물에 대한 달콤한 이야기를 듣는 동안에도, 더 암울한 목소리들은 이러한 자연 자산에 대한 인간의 끊임없는 공격을 경고하고 있다.

자연 파괴

자연 세계를 찬미하느라 바쁘고 자신들이 자연의 일부라고 느꼈던 선조들도 급속한 산업화로 인해 자연에 닥친 위협을 뼈저리게 인식하고 있었다. 그 시대의 다른 사람들과 마찬가지로 그들은 급격한 도시화와 기계화된 공장 시스템, 비좁은 주거 시설에 끼어 사는 노동자들, 이로 인한 질병의 확산과 아이들을 포함한 사망률의 증가에 놀랐다. 이러한 새로운 제조 공정이 만들어낸 즉각적인 파괴는 유럽과 미국 전역에서 다양한 형태의 저항을 불러일으켰다.

이것이 19세기 초에 유토피아 사회주의 형태가 나타난 이유다. 유토피아 사회주의는 지구의 자원을 돌보는 동시에 모든 사람들을 위한 교육적, 문화적 자원을 확대해 가정과 직장에서의 삶을 모두 개선할 수 있는 '새로운 도덕적 세계'를 만들고자 했다.

샤를 푸리에Charles Fourier, 앙리 드 생 시몽Henri de Saint Simon 같은 프랑스 급진주의자들과 웨일즈의 로버트 오웬은 더욱 보살피며 자립적인 공동체를 구축하기 위해 계급 간 협력과 공정성을 주장했다.¹² 우리가 살펴본 것처럼 오웬은 수십 년 동안 직원 모두를 위한 주거, 의료, 무상 교육을 포함한 복지와 교육 프로그램을 갖춘 시범 공장을 운영했다. 이들 중 다수는 곧 초기 페미니즘 사상을 포괄하는 진보적이고 자비로운 오웬주의 운동의 일부를 형성했다.[13]

이러한 인도주의적 형태의 유토피아 사회주의는 자연에 대해 더욱 존중하고 덜 약탈적인 관점을 보여주었다. 그러나 19세기 중반부터 그들을 대체한 혁명적 마르크스주의 운동은 다소 다른 비전을 제시한다. 기술 진보, 생산성, 노동자 조건 개선에 전념하는 마르크스주의는 자신들이 반대했던 자본주의 체제와 마찬가지로 환경에 관심이 없다고 여겨졌다. 급진적 사상가들은 마르크스주의가 여전히 자본주의에 대한 가장 강력한 비판으로 남아 있으며, 우리의 정치와 문화에 지속적으로 영향을 미친다는 데 동의하지만, 마르크스주의가 환경에 기여했다는 점에는 의문을 제기할 것이다. 그러나 최근 존 벨라미 포스터John Bellmay Foster와 폴 버킷Paul Burkett을 포함한 몇몇 학자들은 마르크스와 엥겔스 모두 자본주의가 환경에 미치는 부정적인 영향에 대해 비판적이었다는 점을 보여주었다.[14]

1867년《자본론》제1권에서 마르크스는 자본주의적 생산이 "인간과 땅 사이의 상호 대사 작용을 교란한다. (…) 따라서 자본주의적 생산은 오로지 모든 부의 원천, 즉 토양과 노동자를 약화시킴으로써만 기술을 발전시킨다"고 주장했다.[15] 마찬가지로, 엥겔스는《가족, 사적 소유, 국가의 기원》에서 우리의 개입은 예측불가한 결과를 초래한다고 지적하며 "자연에 대한 인간의 승리"를 축하해서는 안 된다고 경고했다.

> 우리의 모든 승리에 대해 자연은 복수한다. 각각의 승리는 처음에는 우리가 기대했던 결과를 가져오지만, 두 번째와 세 번째에서는 매우 다른 예상치 못한 결과가 발생하여 첫 번째 결과를 상쇄한다. (…) 따라서 모든 단계에서 우리는 결코 자연을 지배하지 못한다는 것을 상기시킨다.16

그럼에도 불구하고, 환경을 파괴하는 산업 자본주의의 초기 약탈에 대한 가장 강력한 비판은 19세기 말에 나타났다. 장식 예술가이자 혁명적 사회주의인 윌리엄 모리스William Morris는 대량 생산과 수십만 명의 억압받는 사람들이 비좁은 주거 환경에 밀집되어 사는 것이 경관에 위협이 된다는 사실을 그 누구보다 예리하게 알아차렸다. 그는 도시의 무분별한 확장으로 마을의 삶이 사라지는 것을 불안하게 지켜봤다. 19세기부터 20세기까지도 노동자들은 여전히 12시간 교대근무를 했고, 여성과 심지어 아이들도 공장이나 탄광에서 오랜 시간 노동을 했다. 이익에 대한 자본주의적 집착에 반발한 모리스는 급진적인 재고를 요구했다. 모리스는 1884년 사회주의 민주연맹Socialist Democratic Federation의 해머스미스 지부에서 했던 강연〈우리가 사는 또 살게 될 방식How We Live and How We Might Live〉에서 "우리 사회처럼 부유한 공동체가 그토록 비천하고, 누추하며 더러운 삶을 사는 것을 받아들였다는 사실을 사람들이 믿기

어려워할 때가 올 것이다"라고 외쳤다.[17]

모리스는 자신의 유토피아 소설인 《에코토피아 뉴스》에서 미래에 대한 대안적인 비전을 구체화했다. 여기서 그는 더 이상 산업 자본주의로 인해 황폐해지지 않는 자연을 상상한다. 존경받는 장인들이 다시 한번 사람들에게 필요한 상품을 생산하고 자연과 조화롭게 일하는 곳이다. 생활방식의 단순함, 지역사회의 자립, 필요에 따른 생산, 폐기물 감소를 주장하는 모리스의 비전은 녹색 사회 또는 지속 가능한 사회에 대한 최근의 개념과 일치한다.[18]

거의 같은 시기에, 작가이자 시인이며 철학자인 에드워드 카펜터 Edward Carpenter도 땅으로의 복귀와 단순한 삶의 미덕을 찬양했다. 그는 1883년 밀소프 Millthorpe에 대안 사유지를 세우고 작은 마켓 가든을 만들어서 가죽 샌들을 생산했다. 그의 시집 《민주주의를 향하여 Towards Democracy》에서 자연은 산업 자본주의에 대한 거대한 대안으로 제시되었으며, 카펜터는 "자연에 대한 인간의 길고 헛된 싸움"을 마침내 끝낼 수 있는 더 자유롭고 더 정의로운 사회를 주장했다.[19] 또 다른 빅토리아시대 비평가이자 철학자인 존 러스킨 John Ruskin은 자연을 자신의 삶을 지배하는 열정으로 묘사했으며, 자연 보호를 증진할 수 있는 예술, 과학, 그리고 자연의 융합을 보고 싶어 했다. 마치 오늘날의 기후 비상사태를 예상이라도 하듯, 나중에 《19세기의 먹구름 The Storm-Cloud of the 19th Century》에 실린 1884년에 했던 두 번의 강의에서 러스킨은 산업화가 날씨에 미치는 불길한 영향에 대해 언급한다.[20]

이런 선지자들은 모든 곳의 인간이 자연의 일부로서 자연과 조화를 이루며 살기를 선택할 때가 오기를 희망하고 있지만, 그때는 아직 오지 않았다. 그리고 이제 많은 이들이 우리가 그와 같은 것을 실현하기에는 모든 것을 너무 늦게까지 방치했다고 두려워한다.

그럼에도 불구하고, 급속한 산업화와 그에 따른 대기 오염으로 인해 인간이 입는 피해를 억제하려는 노력이 20세기 초부터 중반까지 지속적으로 진행되어 어느 정도 결과를 얻었다. 영국에서는 심각한 스모그의 해로운 영향으로 인해 1956년 청정공기법Clean Air Act이 제정되면서 돌파구가 마련된 것으로 여겨졌다. 이로 인해 대기로 방출되는 연기와 기타 위험한 입자를 차단하기 위한 무연 구역이 도입되었다. 도시 계획에 대한 통제 강화와 중공업의 쇠퇴, 그리고 1968년에 또 다른 청정공기법이 시행되면서, 마침내 오염이 줄어들고 영국 도시의 두터운 스모그가 확실히 감소했다.

비슷한 '청정공기' 법안이 1963년부터 미국 의회에서 통과되기 시작했다. 대기오염을 줄이기 위한 프로그램이 1970년부터 여러 유럽 국가, 특히 유럽 연합 내에서도 나타났다.[21] 그러나 비극적으로 이러한 노력 중 어느 것도 100년 전부터 생긴 스모그를 없애는 것 이상을 이루지 못했다. 대기오염으로 인한 피해가 곳곳에서 계속되고 있다. 놀랍게도 영국의 의사들은 최근 사망자 중 매년 4만 명은 대기 오염과 관련이 있다고 보고했다.[22]

더욱이 환경문제의 초점이 무분별한 화석연료 연소와 그에 따른 온실가스 배출로 인간이 스스로를 해치고 있는 방식에 맞춰져 있었지만, 근본적인 문제는 이와는 다르며, 전반적으로 훨씬 더 크다. 우리는 우리 자신뿐만 아니라 지구에도 해를 끼쳐왔다. 우리는 이제야 자연에 대한 의존의 복잡한 형태를 이해하기 시작했다. 더 나쁜 것은, 우리가 조기에 조치를 취했다면 총체적인 환경 재앙이 임박한 상황을 피할 수도 있었다는 점이다.

시기적절한 조치를 취했다면 현재 우리가 직면하고 있는 급진적인 위험을 예방할 수 있었지만, 해마다 조치를 취하지 않아 상황은 더욱 악화되었다. 화석연료 추출업체가 대안을 모색*했다면* 우리의 상황은 달라졌을 수도 있다. 제조업체가 지속 가능한 제품을 만들고자 *했다면*, 정부가 화석연료를 규제하고 친환경 대안에 보조금을 지급*했다면*, 또 소비자가 선택과 환경 위기에 대해 더 잘 알았*더라면* 말이다.

기후변화의 가장 큰 책임이 누구에게 있는지는 복잡한 질문이지만 한 가지는 부인할 수 없다. 가장 큰 문제는 연료를 생산하는 자본주의 기업을 규제하지 않는다는 것이다. 지금도 우리는 그들이 우리를 통제하고 공공 의제를 설정하도록 허용한다.[23] 2022년 COP27에는 600명이 넘는 화석연료 로비스트가 있었는데, 지금까지 탄소배출 감소에 대해 아무 성과도 달성하지 못했다. 이전에 열렸던 어떤 회의에서보다도(26번의 회의가 있었다) 많은 로비스트 숫자다.

그러니 분명히 하자. 우리는 단지 화석연료 생산업체 100개가 온실가스 배출량의 70퍼센트에 책임이 있으며, 상위 20개 업체가 그

배출량의 3분의 1을 생산한다는 것을 알고 있다. 그리고 우리는 이들 생산자들이 자사 제품의 위험성을 이해*했지만* 제품 사용을 줄이거나 변경하지 않았다는 것을 알고 있다. 대신, 그들은 수십 년 동안 화석연료와 기타 위험한 물질의 위험성을 대중에게 부인하는 데 돈을 쏟아부었다. 두 명의 역사가 나오미 오레스케스Naomi Oreskes와 에릭 콘웨이Erik Conway는《의혹을 팝니다》에서 그 기업들이 화석연료 산업과 연계된 소규모 미국 우익 싱크탱크 그룹에 자금을 지원한 사실을 폭로했다. 모든 종류의 규제성 입법을 막기 위해 연료회사는 기후변화와 기타 환경문제에 대한 축적된 과학적 지식에 이의를 제기해 공개 토론을 왜곡한 소수의 과학자들을 지원했다.[24]

마찬가지로, 〈인사이드 클라이메이트 뉴스Inside Climate News〉(환경 저널리즘에 초점을 맞춘 비영리 뉴스 조직.-옮긴이)의 전문 저널리스트 그룹은《엑손: 가지 않은 길Exxon: The Road Not Taken》에서 거대 석유 기업인 엑손Exxon이 50년 전에 자신들의 사업이 환경에 미칠 영향을 예측하는 중요한 연구를 스스로 개척했다고 밝혔다. 그러나 최근 다시 확인된 바와 같이, 재생 가능 에너지로 전환할 가능성을 잠시 수용한 후, 1990년대에 엑손은 기후 위기 부정 홍보에 투자하는 것으로 방향을 틀었다.[25]

오염의 주범인 연료 회사의 또 다른 비뚤어진 책략은 소비자를 비난하는 것이다. 그들은 단지 사람들이 원하는 것을 따르고 있을 뿐이라고 주장한다. 사실 소비 패턴을 살펴보면 연료 소비가 고르지 않다는 점이 가장 먼저 눈에 들어온다. 영국 싱크탱크 오토노미

Autonomy의 최근 분석에 따르면 1998년부터 2018년까지 20년 동안 영국 소득 상위 1퍼센트, 즉 '오염 엘리트'가 하위 10퍼센트가 사용하는 만큼의 탄소를 사용한 것으로 나타났다. 전 세계의 비교 가능한 수치에 비추어 볼 때, 가장 가난한 사람들의 온실가스 배출량은 극히 일부분에 불과하다. 오토노미의 연구 책임자인 윌 스트론지Will Stronge는 다음과 같이 말한다. "지난 수십 년 동안 사회에서 가장 부유한 사람들이 배출하는 엄청난 양의 탄소는 놀랍다. 우리의 분석에 따르면 정부가 기후변화에 대처하는 가장 효과적인 방법은 목표가 명확한 탄소세 제도를 통해 부자들에게 적절한 세금을 부과하는 것이다." 상위 1퍼센트에 탄소세를 부과했다면, 지난 20년 동안 1260억 파운드가 영국 국고로 쌓였을 것이고, 이는 오염 방지에 투자될 수 있었다. 이런 기회를 놓치다니 얼마나 아타까운 일인가![26]

교활하게도, 에너지 기업들은 대체에너지가 더 비싸기 때문에 재생에너지로 전환하면 가장 가난한 사람들에게 가장 큰 타격을 줄 것이라고 항상 주장한다. 에너지 불평등을 해결하기 위해 다양한 유형의 보조금을 제공하는 보다 공정한 세금 시스템이 있을 수 있다는 것은 상상할 수 없는 일인 듯 보인다. 국가 내 탄소배출에 대한 책임의 심각한 불평등은 국가 간에서도 똑같이 나타나기 때문에, 기후정의에 가까운 그 무엇이라도 이루기 위해서는 부유한 국가들이 더 빠르게 탈탄소화를 이루어야 하며, 저소득 국가들이 청정에너지 기술로 전환하도록 도와야 한다는 것이 분명하다.[27]

여전히 강력하게 남아 있는 수많은 형태의 회피와 부정을 뒤집지 않고서는 기후 피해를 결코 줄일 수 없다. 선도적인 기후 과학자인 피터 스토트Peter Stott는 40년 동안 계속 된 기후변화에 대한 부정에 맞서 사실을 알리기 위해 노력했던 자신의 개인적인 경험을 설명한다. 그의 저서 《뜨거운 공기: 기후변화 부정에 맞선 싸움의 내막 Hot Air: The Inside Story of the Battle against Climate Change Denial》은 상업 로비, 정치인, 자금이 풍부한 독자적인 과학자, 전문 반대론자들의 비공식 동맹이 기후 연구를 훼손하고 그 유효성을 무력화하고 있음을 폭로한다.

이 로비가 여전히 위험하긴 하지만, 스토트는 그들의 부정직한 도발이 단기적인 선거 때문에 급진적인 기후 조치를 취하는 것을 꺼리는 무책임한 정치인들의 이해관계에 부합하지 않는다면 그저 허풍으로 남을 것이라고 지적한다. 더욱이 기후변화에 대한 부정론은 화석연료 회사들로부터 매우 후하게 보상받기 때문에 수익성이 좋다.[28]

마찬가지로 지치지 않는 조지 몬비오George Monbiot는 거의 40년 동안 세계에서 가장 파괴적인 사업을 보호하고 지원하는 각국 정부의 극심한 부주의를 비난해 왔다. 얼마간의 개인적인 대가를 치르며 그는 전 세계적으로 환경 피해가 어느 정도인지 알리기 위해 영웅적으로 노력했다. 그의 연구에 따르면 영국 정부의 자금은 가장 큰 피해를 주는 세 가지 산업인 화석연료, 축산업, 수산업을 지속해서 지원해 왔다. 충격적이게도, 그는 실제로 사업이 더 파괴적일수록 국가의 보호를 받을 가능성이 더 높다는 사실을 발견했다. "지구 시스템을 붕괴로 몰아가는 '강인하고', '남성적인' 산업들은 정부의 보호와 특혜를 받지만, 덜 파괴적인 부문들은 스스로 살아남아야 한다."

몬비오는 파괴적인 산업에 대한 정치적 보호가 어떻게 정부 절차에 깊게 얽히게 되는지 설명하면서 이를 "오염 역설"이라고 부르는데, 가장 해로운 상업 기업이 정부의 보호를 받기 위해 가장 많은 돈을 지불하기 때문이다. 최근 몇 년 동안 토리당 리더십 캠페인은 브리티시페트롤리엄 같은 화석연료 생산업체로부터 상당한 자금을 받아왔다. 그 대가로 2021년 석유 및 가스 탐사와 생산에 530억 파운드의 보조금이 지급되었다.

몬비오는 매년 전 세계 정부가 환경보호를 무시하는 축산업에 5000억 달러라는 막대한 돈을 지출하고, 해양 생태계가 붕괴되고 있는데도 불구하고 수산업에 약 600억 달러를 지출하고 있다고 덧붙인다. 요점은 우리가 살아 있는 세상을 보호하든, 그것을 파괴하는 기업들을 보호하든 둘 중 하나라는 것이다. 현재 우리는 후자를 보호하고 있다.[29] 이것이 바로 유엔 사무총장 안토니우 구테흐스António Guterres가 "세계에서 가장 큰 오염을 유발하는 자들은 우리의 유일한 집에 방화를 한 죄가 있다"고 말한 이유다.[30] 그리고 우리 정부는 이를 부추긴다.

페미니스트 환경주의

이러한 환경 파괴를 조장하는 파멸적인 행위들이 항의가 부족해서 일어난 일은 아니다. 수십 년 동안 환경 운동가들은 우리가 자연 세계를 돌보고 보호해야 할 시급한 필요성을 알았기 때문에, 우리가 모두 서로와 지구와의 관계를 재정립하도록 설득하려고 노력해 왔다. 60여 년 전, 미국의 해양 생물학자이자 자연을 사랑하는 레이첼 카슨Rachel Carson은 1950년대 후반에 새와 다른 생물의 죽음을 연구하기 시작하면서 서구 환경 정치의 초석을 놓았다. 1962년에 출간된 《침묵의 봄》은 규제되지 않은 DDT 및 기타 화학 살충제의 사용에 대한 열정적인 공격으로 즉시 베스트셀러가 되었다. 카슨은 이러한 살충제가 돌이킬 수 없을 정도로 해롭고, 많은 종을 사멸시키고 세계의 먹거리와 물을 오염시킨다고 주장했다.[31] 카슨은 대중의 눈을 뜨게 하려고 애쓰며 자신의 책에 대해 논할 때 다음과 같이 말했다. "오늘날 자연에 대한 인간의 태도는 매우 중요하다. 우리는 이제 자연을 바꾸고 파괴하는 운명적인 힘을 얻었기 때문이다. 그러나 인간은 자연의 일부이며 자연에 대항하는 인간의 전쟁은 인간 자신에 대항하는 전쟁이다."[32]

《침묵의 봄》은 실제로 전국적으로 농업용 DDT 사용을 금지하는 결과를 가져왔다. 그러나 농업 산업계가 이미 카슨의 연구와 카슨 개인을 비방하는 데에만 25만 달러 이상을 쓴 후였다.

1964년 카슨이 암으로 조기 사망한 것은 2세대 페미니즘이 탄생하기 불과 몇 년 전이었다. 1960년대 말에 처음 시작된 이 운동은 비록 다양하고 때로는 논쟁의 여지가 있는 방식이기는 했지만, 인간과 자연 세계의 관계에 중요하게 관여했다. 예를 들어, 급진적 페미니스트이자 미국 철학자인 수잔 그리핀Susan Griffin은 1978년 서정적인 《여성과 자연: 그녀 안의 포효Woman and Nature: The Roaring insside Her》를 발표해 가부장적인 서구의 철학, 종교, 언어 및 문화 전반에서 흔히 볼 수 있는 자연과 여성을 동일시하는 폄하적인 태도를 비난했다.

그리핀은 남성이 여성과 자연 모두에 대한 지배력을 가졌고 스스로를 여성과 자연보다 우위에 두었다고 주장했다. 여성과 자연은 모두 착취당하고 침묵했으며, "수동적이고 무기력한" 존재로 간주되었고 여성은 남성보다 진화가 덜 되었다고 여겨졌다.[33] 그 책은 10만 부 이상 팔렸으며, 성차별주의, 인종차별주의, 생태학적 파괴 사이의 연관성을 설명한 최초의 페미니스트 책으로 흔히 인용된다.[34]

대부분의 2세대 페미니스트들은 여성을 자연과 일치시키는 남성 중심적 사고가 남성이 자연과 여성을 모두 착취하도록 돕는 동시에 인간과 세상의 나머지 부분 사이의 상호 연결을 모호하게 만든다는 점에 동의했다. 프랑스 급진 페미니스트 프랑수아즈 도본느Françoise d'Eaubonne는 격렬한 논조의 저서 《페미니즘이냐 죽음이냐 Feminism or Death》에서 "에코페미니즘"이라는 용어를 만들었고 가부장제가 여성과 자연을 모두 파괴한다고 비난했다.[35] 이러한 관점에서 볼 때, 환경주의와 결합된 페미니즘만이 이 지구를 번영시킬 수 있다.

에코페미니즘은 우리가 모두 지구에 의존하고 있다는 사실을 인지하고 지구를 신성한 것으로 보는 대안적인 세계관을 제안했다. 그러나 나의 첫 책《미래는 여성형인가?Is the Future Female?》에서 나를 포함한 많은 페미니스트들은 이에 대해 유보를 두었다. 에코페미니즘은 여성을 '여성다움', '엄마다움'과 연관시켜 남성 중심적 본질주의의 측면을 모방해, 여성이 전반적으로, 적어도 문화적으로는 남성보다 자연과 더 가깝다는 것을 시사했으며, 따라서 지구를 구하기 위한 투쟁을 이끌어야 하는 사람은 여성이어야 한다고 주장했다. 우리는 미국의 활동가이자 작가인 스타호크Starhawk가 표현한 영향력 있는 페미니스트 영성feminist spirituality에서 이러한 관점을 다시 볼 수 있다. 그녀의 목표는《나선형 춤The Spiral Dance》에서 상상한 대로 자연의 순환에 반응하는 보살피는 인간 공동체를 만드는 것이었다.

비슷한 맥락에서, 유명한 인도 학자이자 활동가인 반다나 시바 Vandana Shiva는 여성들이 별개의 전문 분야로 나눌 수 없는 폭넓고 상호 연결된 기술을 사용하면서 재생산 및 가사 노동에 대한 일상적 참여를 통해 다중적인 돌봄 업무를 수행할 수 있는 역량을 갖추고 환경과 특별한 관계를 맺는 다양한 방식에 대해 수십 년 동안 글을 쓰고 말해왔다. 이는 여성이 항상 자연에 의존하고 있음을 인식하는 생계 경제에서는 더욱 그렇다. 1988년에 처음 출판된《살아남

기: 여성, 생태학, 그리고 개발 Staying Alive: Women, Ecology and Development》을 포함한 많은 저서를 통해 시바는 인도에서 농업 자원과 기타 공공 공간을 파괴하는 다국적기업들의 공격적인 침입에 맞서 싸우는 지역 저항 운동의 상징적인 인물이 되었다.[36]

그러나 에코페미니즘이 많은 사람들에게 '페미니즘의 모호한 종말'로 여겨졌음에도 불구하고, 오늘날 기후 운동에서 매우 중요한 부분인 환경 운동의 성장에 있어 중요한 역할을 했다. 그것은 우리가 실제로 자연의 일부를 이루고 있다는 것, 그리고 가장 파괴적인 부분임을 인정하는 것에서 시작된다. 따라서 우리는 서로와의 관계, 자연계와의 관계, 그리고 지구 자체와의 관계를 완전히 변화시켜야 한다. 1970년대 초에 출판된 호주 철학자이자 녹색 운동가인 발 플럼우드 Val Plumwood의 설득력 있는 저술은 현재 영향력 있는 비판적 에코페미니즘의 일부를 형성하는 일종의 생태철학을 발전시키는 데 핵심 역할을 했다.

플럼우드의 가장 잘 알려진 작품인 《페미니즘과 자연의 지배 Feminism and the Mastery of Nature》는 인간이 아닌 것들에 대한 인간의 의존성을 부인하고, '자연'을 '열등'하다고 정의된 것들의 영역으로 보는 서구 합리주의의 지배적인 형태를 부인하면서 시작된다. 젠더, 인종, 계급 억압은 모두 자연 질서 속에서 인간과 다른 동물 사이의 연관성을 부인하는 것과 관련이 있는데, 인간이 관여할 때는 아마도 이를 자연적 질서보다는 자연적 혼돈이라고 표현하는 것이 더 적절하다고 플럼우드는 말한다.[37]

플럼우드는 자연과의 연결에 대한 인식이 페미니즘에 중요하다는 것을 제시한 후, 더 평등한 자연과의 관계는 필연적으로 가장 넓은 의미에서 타인의 필요에 대한 인정과 우정의 미덕이 포함된다는 것을 보여준다. 실제로 내가 이 책 전반에 걸쳐 제안한 내용과 같은 선상에서, 플럼우드는 이러한 민주적 개방성은 우리가 공유하는 인간의 의존성, 책임, 상호 연결을 인식하는 데서 비롯되며, 우리가 거주하는 지역의 독특한 성격에 따라 달라질 것이라고 주장한다.

원주민과 기후변화에 대한 저항

플럼우드의 글은 많은 원주민들의 글과 그들이 전개하는 사회운동에 나타난 분석과 겹친다. 예를 들면 사우스다코타 보호구역에서 태어난 학자이자 투사인 킴 톨베어Kim TallBear는 미국 원주민이 물리적으로 제거된 일과 그들의 땅과 문화에 대한 폭력적인 강탈에 관해 쓴다. 그녀는 내가 태어난 호주를 포함해 전 세계의 광범위한 원주민 운동을 반영하면서 정착민 식민주의가 발생하는 곳마다 초래되는 파괴적인 영향에 대해 논의한다.

문제는 토지와 '자원'의 물질적 '강탈'이 정착민 국가를 건설할 뿐만 아니라 '강탈'이 존재들 사이의 공동 구성 관계를 망가뜨린다는 점이다. 재산은 말 그대로 원주민 친족 관계를 무너뜨리고 이를 대체하려

고 시도한다. 이는 땅과 물과 인간 이외의 존재들을 잠재적으로 소유할 수 있는 자원으로 대상화한다.38

1992년 과테말라 원주민 운동가 리고베르타 멘추Rigoberta Menchú는 원주민의 권리와 인종 집단 간 화해의 필요성에 관한 연구와 활동으로 노벨 평화상을 수상했다. 그러나 이 목표를 향한 진전은 제한적이었다. 대신 원주민을 강탈하는 일은 전 세계적으로 계속되었다. 따라서 원주민들이 자신의 땅과 자원을 보호하기 위해 수많은 생태적 캠페인을 주도한 것은 놀라운 일이 아니다. 대부분의 기후 운동가들은 원주민이 가진 지식을 존중하고 지역공동체를 참여시키는 것이 기후변화를 억제하기 위해 숲과 천연자원을 보호하는 최선의 방법 중 하나라는 것을 잘 알고 있다.

여기에는 남부 아프리카의 탄자니아와 모잠비크 국경을 따라 있는 셀루스-니아사Selous-Niassa 동물보호구역의 생태통로와 같은 국경을 초월한 보호 지역에서의 야생동물보호가 포함된다. 또한 아마존강을 따라, 특히 에콰도르와 페루와 국경을 접하고 있는 코르디예라 델 콘도르Cordillera del Condor의 풍부한 숲과 자연보호구역을 보호하기 위한 지속적인 투쟁이 있었다. 이 문제로 두 나라는, 특히 2000년에 구리가 풍부한 광석이 발견된 이후, 수십 년 동안 싸워왔다. 원주민 슈아르Shuar와 사라구로 키치와 Saraguro Kichwa 공동체의 항의에도 불구하고 에콰도르 정부는 여러 국제 채굴 회사에 사용권을 넘겨주었고, 이로 인해 강이 오염되고 채굴 회사에 의해 지역

사람들이 강제로 퇴거당했다.

　세계 최대의 열대우림이 있는 아마존 분지에는 9개 국가 출신의 원주민이 살고 있으며 이들은 세계 무대에서 자신의 목소리를 내기 위해 여러 세대에 걸쳐 투쟁해 왔다. 1984년에 호세 그레고리오 디아스 미라발 José Gregorio Días Mirabal의 협력으로 페루에서 아마존 분지 원주민 조직 연합 Confederation of Indigenous ORganizations of the Amazon Basin, COICA이 설립되었다. 디아즈는 COICA가 산림 벌채를 막고 토지를 보존하기 위해 싸울 뿐만 아니라, 그들의 투쟁은 전 지구적 기후변화, 인간 생명을 보존하기 위한 싸움과도 연결된다고 설명한다. 실제로 COICA는 COP포럼을 통해 2025년까지 아마존의 80퍼센트가 보호 지역으로 유지되는 것을 보장하라고 촉구해 왔다.

　땅과 직접적인 접촉을 유지하는 생활방식 때문에, 원주민들이 살고 있는 곳에서 자연계가 더 풍부하고 다양하다는 사실이 이제 널리 인식되고 있다. 그러나 특히 침략적인 광산이나 농업 회사로부터 땅을 보호하기 위한 싸움은 원주민들에게 엄청난 고통을 안겨주었고 수많은 생명을 잃게 했다. 또 다른 치명적인 갈등은 약 70년 동안 자치권을 위해 싸워온 미얀마의 주요 소수 민족인 카렌 Karen족과 관련이 있다. 대량 학살과 박해로 인해 수만 명의 카렌족이 집에서 쫓겨났다. 태국과 접해 있는 미얀마의 동부 국경은 이 지역을 공동으로 관리하는 약 350개의 원주민 공동체의 조상 토지를 연결하는 중요한 생물 다양성 영역이다. 그러나 다른 곳과 마찬가지로 이곳에서도 그들의 토지 소유권을 보호하기로 한 이전의 합

의에도 불구하고 수만 명의 원주민이 강제 이주를 당하는 가운데 체포와 살인이 발생하고 있다.[39]

가까스로 살아남은 지도자 중 일부는 원주민 권리를 위해 유엔과 협력하여 목소리를 낼 수 있었다. 이들 중 한 명이 필리핀 활동가 빅토리아 타울리-코푸즈Victoria Tauli-Corpuz로 1980년대 페르디난드 마르코스Ferdinano Marcos의 지휘하에 파괴적인 치코강 수력발전댐Chico River Hydroelectric Dam 프로젝트에 반대하는 원주민 투쟁을 조직하는 데 도움을 준 인물이다. 그녀는 단지 자신의 땅을 보호하기 위해 애썼을 뿐인데 '테러리스트'로 분류되고 살해된 엄청난 수의 산림 거주자와 수호자에 대해 정기적으로 보고했다.[40] 2020년에 나온 또 다른 보고서는 그해에만 300명이 넘는 환경 운동가가 사망했다고 폭로했는데, 역시 이들 중 대부분은 벌목, 광업, 대규모 농업, 수력발전댐 및 다른 침입으로부터 땅을 지키기 위해 캠페인을 벌인 원주민들이었고, 이들 살해 사건의 절반은 콜롬비아에서 일어났다. 비극적이게도 글로벌 위트니스Global Witness에 의하면 2015년 파리 기후 협약이 체결된 이후 1만 명이 넘는 환경보호 활동가들이 살해당했으며 그 수는 계속 증가하고 있다고 추정된다.[41]

원주민 투쟁과 조화를 이루는 블랙 라이브즈 매터는 기후 위기가 곧 역사적으로 노예 제도와 제국주의의 침략, 그리고 산업화와 연결된 인종차별 위기이며, 이제는 전 세계 자원의 회복적 재분배를 요구한다고 지적한다. 영국의 흑인 영화 감독이자 기후 운동가인 아시시 가디알리Ashish Ghadiali는 다음과 같이 지적한다. "잇따른 기후 정상회담은 세계에서 가장 취약한 지역사회의 필요를 무시하고 블랙록Black Rock과 셸Shell을 포함한 글로벌 기업의 손에 국제 기후 대회의 통제권을 넘겨주었다."[42] 이들은 바로 수년 동안 탈탄소화를 방해하고, 표면적으로는 새로운 녹색 자본주의로의 전환, 즉 2050년까지 넷제로Net Zero로의 전환을 선언하면서도 순전히 자신의 이익을 위해 행동한 기업들이다.

이러한 전환의 공허함은 세계적 불평등과 관련된 물과 식량 부족에 대해 기업들이 전혀 관심을 보이지 않는다는 점에서 분명히 드러난다. 대조적으로, 기후 문제에 대한 진정한 참여는 지구온난화에 대한 즉각적인 영향을 다루는 것에서 시작해야 하며, 이는 바로 우리가 공유하는 자연 세계와 서로에 대한 모든 사람의 관계에 있어 전 지구적인 변혁이 필요하다. 우리가 보아왔듯이, 이는 현재의 국가가 보호하고 규제에서 자유로운 자본주의적 생산·교환 관계와 완전히 반대되며, 항상 성장과 이익에 대한 갈망으로 추동될 것이다. 시장 성장은 해결책이 아니라 문제이다.

기후정의

우리는 기후 비상사태에 대처할 수 있는 기회의 창이 빠르게 닫히고 있다고 계속 듣고 있다. 내가 이 글을 쓰는 동안 남극 대륙 일부 지역의 기온이 계절 평균보다 40도 더 높다고 보고되었다. 북극에서도 30도 상승에 도달했다. 옥스퍼드대학교 환경변화 연구소의 리사 스키퍼Lisa Schipper는 2022년 3월에 절망적으로 외쳤다. "이런 극단적인 기온이 사람들에게 이 시급성을 일깨우지 못한다면, 동시에 전쟁이 화석연료 채굴과 사용을 더욱 부추기는 상황에서, 과연 무엇이 사람들에게 이 위기에 대해 깨닫게 할지 나는 모르겠다."[43] 나도 모르겠다.

우리는 실질적인 진전이 이루어지기 전에 국가, 특히 부유한 국가가 과감하게 장비를 바꾸고 대체 불연성 에너지 솔루션에 돈을 쏟아부어야 한다는 것을 알고 있다. 이것이 유엔 IPCC의 요점이었으며, 매년 화석연료 배출을 줄이는 데 실패함으로써 세계가 끔찍할 정도로 안전하지 않다는 점을 각국에 상기시켰다. 1997년 첫 번째 교토의정서에는 "공통적이지만 차별화된 책임과 각자의 능력"이라는 원칙에 따라 고도로 발전하고 역사적으로 더 많은 오염을 시킨 국가가 배출 억제에 대한 대부분의 책임을 져야 한다는 점을 인정하는 내용이 포함되어 있다.[44]

그러나 참가자들이 지구 기온 상승을 2도 미만으로 유지하고 이를 1.5도로 제한하기로 약속한 역사적인 2015년 파리 협약을 포함한 모든 후속 회의에도 불구하고, 이러한 서약 중 *어느 하나도* 지켜지지 않았다. 대부분의 부유한 국가에서는 화석연료 소비가 거의 감소하지 않았을 뿐만 아니라 미국, 캐나다, 호주에서는 오히려 *증가했다*. 영국에서는 저탄소 및 재생에너지 경제 분야의 고용이 실제로 감소했는데, 특히 에너지 효율적인 제품을 생산하는 공장들과 육상 풍력, 태양에너지 부문에서 두드러졌다.[45] 서구 국가들이 계속해서 과잉 소비를 허용하고 보상한다는 점을 고려하면, 우리는 어떻게 지구온난화에 대한 저항을 강화해야 할까?

비상 상황의 규모조차 심각하게 다루지 않는 대부분 정부들의 무관심과 부인에 직면해, 일부 기후 투사들은 본격적인 혁명적 의제로의 전환을 촉구했다. 가장 주목할 만한 것은 스웨덴의 역사가이자 급진적 활동가인 안드레아스 말름Andreas Malm이 스웨덴 체트킨 컬렉티브Zetkin Collective의 지지를 받으며, 우유부단한 국가들이 잘못 관리하여 점점 심각해지는 환경 재앙을 극복하기 위한 반체제 조직을 구축해야 한다고 촉구하는 세 편의 글을 이미 발표했다는 점이다.

말름은 기존 기후 운동의 비폭력주의와 아무 행동도 취하지 않는 기후 숙명론자들을 경멸한다. 그의 가장 도발적인 저서인 《석유관을 폭파하는 법How to Blow Up a Pipeline》은 혁명적인 파괴행위를 제시한다. 이러한 관점에서는 극단적인 기후전투주의만이 승리할 수 있으며, 이는 수백만 명이 하나의 목표를 중심으로 조직화된 운동이 필요하다. "새로운 탄소배출 장치를 손상시키고 파괴하라. 작동을 중지시키고, 분해하고, 철거하고, 태우고 폭파하라. 불길에 계속 투자하는 자본가들에게 그들의 재산이 쓰레기가 될 것이라는 사실을 알게 하라."[46]

또 다른 책 《코로나, 기후, 오래된 비상사태》에서 말름은 기후 위기가 코로나19 팬데믹의 원인이기도 하다고 주장한다. 이미 예견

되었고 예방할 수 있었다! 그러나 끈질긴 경고는 평소와 같이 무시되었고, 야생동물은 계속해서 인간의 먹이사슬을 잠식했다. 더욱이 말름은 급격한 변화가 없다면 더 많은 전염병이 발생할 것이라고 지적한다. 동남아시아에서 삼림 벌채로 인해 2050년까지 이 지역 박쥐의 99퍼센트가 이주할 것이고 3,000종의 코로나바이러스가 이 박쥐 종 사이에 돌고 있다고 설명한다. 말름은 이러한 재난 시나리오를 완화할 수 있는 다양한 조치를 열거한다. 석유, 가스 회사의 국유화와 이들을 "이산화탄소 제거(공기 포집 기술을 통해)를 위한 조직"으로 전환하는 것, 야생 동물 고기의 소비 금지 및 모든 고기 식용의 단계적 금지, 대부분의 항공 여행 금지. "우리는, 일부 형태의 소비는 반드시 필요하지 않고 명백히 파괴적이며, 향후 전염병의 위험을 악화시키고, 이러한 형태는 규제되어야 한다고 말해야 한다."[47]

물론 말름은 국가나 글로벌 기업이 화석연료에 대한 투자를 중단하도록 하는 것이 얼마나 어려운지 알고 있다. 특히 러시아-우크라이나 전쟁으로 인해 다가오는 에너지 위기를 막기 위해 즉각적인 새로운 가스 공급과 석유 공급을 위한 쟁탈전이 촉발되었기 때문이다. 사실은 2022년 러시아의 침공 이전에도 서방 정부는 화석연료 생산과 관련된 산업에 수백억 달러의 복구 자금을 투입하고 있었다.

한편, 바로 이 기업들은 그들의 운영 방식이 항상 사람보다, 또 환경에 대한 우려보다 이익을 우선시한다는 것을 숨기기 위해 '겉으로는 친환경인 척'하는 데 바빴다. 실제로 오늘날 거의 모든 주요 브랜드와 일부 정부는 환경을 심각하게 오염시키거나 손상하는 현실을 숨기기 위해 친환경이라는 뻔뻔한 주장을 하고 있다. 그들의 비행기가 '낮은 수준의 가스를 배출'한다는 라이언 항공Ryanair의 주장은 단순히 너무 터무니없는 주장 중 하나였다. 또 다른 터무니없는 예는 이노센트Innocent 음료수인데, 귀여운 동물들이 재활용하고 지구를 고치는 것을 노래하는 만화를 텔레비전에 광고한다. 실제로 이 회사는 세계 최악의 오염 유발 기업 중 하나로 알려진 코카콜라 소유다.

코로나19 이후 국가 투자가 환경 정의의 관점에서는 잃어버린 기회였다는 점을 지적하는 것은 대단히 절제된 표현이다.[48] 불길하게도 현재 극우의 부상은 화석연료를 옹호하고 기후 위기를 부정하는 것으로 특징된다. 이는 2019년 미국 트럼프 정부의 파리 협정 탈퇴와 브라질 보우소나루Bolsonaro 정부의 열대 우림 벌채, 그리고 극우인 독일대안당이나 스웨덴 민주당의 강령에서 분명히 나타났다.

그러나 이러한 도전이 여전히 두렵기도 하지만 더 많은 사람들이 가까이, 또 밀리서 기후 붕괴의 영향을 목격하면서, 말름의 혁명적인 노선과는 별개로, 혹은 어쩌면 그것과 나란히 환경을 지키기 위한 영향력 행사 방안들이 몇 가지 존재한다. 모든 분야의 비폭력 기후 운동가들뿐만 아니라, 유엔을 시작으로 전 세계의 주류 조직들도 급진적 변화를 촉구하며 끊임없이 시위하고 있다. 대부분의 진보적 좌파, 녹색당, 사회 민주주의 세력은 이제 긴급한 조치가 필요하다는 데 만장일치로 의견을 모았고, 위에서 본 것처럼 조기 조치가 이러한 곤경을 완화할 수 있었을 것이라는 점을 모두 너무 잘 알고 있다.

더욱이 저신다 아던Jacinda Ardern이 이끄는 뉴질랜드와 최근 산나 마린Sanna Marin이 총리가 된 핀란드를 포함한 몇몇 국가는 이미 기후변화와 환경보호에 관한 교육자료를 학교 교과과정에 통합하는 데 앞장섰다. 영국 노동당 대표였던 제러미 코빈Jeremy Corbyn은 2019년 선언문의 중심에 녹색 정치를 두었다. 그 선언문은 녹색 에너지 부문에 대한 국립투자은행과 일자리 100만 개를 약속하고, 인구를 재교육하여 탄소 제로 경제에 도달하게 할 것이라고 약속했다. 같은 해, 작지만 눈에 띄는 미국 민주당 좌파 소속의 알렉산드리아 오카시오-코르테스는 그린 뉴딜 정책을 하원에 제출했다. 이 보고서는 "10년 내에 온실가스 제로 달성과 화석연료로부터의 완전한 전환"을 요구했으며, 국가의 모든 건물을 새로운 에너지 효율 표준을 충족하도록 개조하겠다고 약속했다.

가장 오랫동안 캠페인을 벌이고 그린 뉴딜의 대략적 형태에 대한 아이디어를 널리 알리고 심지어는 유행시키기까지 한 사람들은 기후정의를 자본주의의 종식과 함께 환경문제의 중심에 둔다. 여기에는 영국의 페미니스트 경제학자 앤 페티포Anne Pettifor, 《도약 선언The Leap Manifesto》을 쓴 캐나다의 유명한 작가이자 활동가인 나오미 클라인이 포함된다. 물론 그들은 국가에 자금을 지원하고 영향을 미치는 기업의 이해관계로부터 국가를 분리시켜야 하는 엄청난 임무를 알고 있으며, 국가가 진로를 바꾸고 석유와 가스 채굴 산업에 반대하도록 압력을 가하기가 어렵다는 사실에 절망한다.

우리는 또한 이러한 움직임이 무엇보다도 부유한 국가에서 가장 먼저 이루어져야 한다는 사실을 알고 있다. 그들은 가난한 국가에 청정에너지에 필요한 돈을 기부하고 재야생화와 삼림 벌채 방지 프로젝트를 진행해야 한다. 페티포와 클라인은 과거에 발생한 피해를 복구하기 시작하는 데 막대한 금액이 필요하지만, 그렇다고 지레 포기하는 것은 선택지가 아니라고 전 세계 기후 운동가들과 의견을 같이한다.[49]

이것이 변화에 대한 희망이 초등학생부터 노년층까지, 그레타 툰베리Greta Thunberg부터 80대 후반의 기후 운동가 필 킹스턴Phil Kingston, 또는 90대 브라질 원주민 지도자 라오니 메투쿠티레Raoni Metuktire까지 전 세계 수십만 명으로 이어지는 거대한 저항 속에서 순환하는 이유다. 암울한 이유가 많지만, 저항은 계속되고 있으며, 기후 지도자들은 저항할 의무뿐만 아니라 희망을 유지하고 그 과정에서 서로와 세상 자체를 돌보아야 할 의무가 있다고 믿는다.

미국의 환경 운동가이자 이야기꾼인 리베카 솔닛Rebecca Solnit은 "모든 저항은 세계의 균형을 바꾸"거나 적어도 그렇게 하는 데 기여한다고 우리를 확신시킨다.[50] 몬비오는 "잔해에서 벗어날" 방법을 모색하면서 이에 동의하고, 이타주의와 타인에 대한 관심이 우리의 진화된 인간성의 일부라고 주장한다. 아무리 조직화된 개인주의가 그것을 약화시키려고 해도 말이다. 우리의 목표는 지역적인 것에서 전 지구적 수준에 이르기까지 삶의 모든 영역에서 더 큰 민주주의를 향한 열정적인 요구를 포함해야 하며, 이는 우리가 단계적으로 공간을 시장에서 되찾아 진정한 공공 소유로 돌려놓으면서 우리 각자가 공동의 소속감을 느낄 수 있게 하기 위해서다. 이는 모든 사람에게 광범위한 공공의 사치 속에서 개인적인 풍요로움을 누리게 할 것이다. 이는 현재 경험하고 있는 널리 퍼진 공공의 비참함 속에서 누리는 제한된 개인적 사치와 반대되는 것이다.[51]

제이슨 히켈Jason Hickel은 인기 저서 《적을수록 풍요롭다: 지구를 구하는 탈성장》에서 "공동사회의 사치"를 찬양하는 유사한 주장을 펼치며, "탈성장" 정책이 손상된 지구를 재생시키고 재앙을 피할 수 있게 한다고 주장한다. 이 비전은 재생에너지 공급을 포함한 식량과 기타 필수 생산 형태를 보다 지역화하고 이에 대한 실질적인 민주적 통제와 운송과 같은 공공 기반 시설의 활용도를 높이는 것이다.[52]

마지막으로, 대체에너지에 투자하는 척만 하는 정부의 허풍에도 불구하고, 적어도 캘리포니아 스탠포드대학교의 마크 제이콥슨 Mark Jacobson과 그의 동료 연구원들에 따르면, 풍력과 태양에너지가 전 세계 전력망을 계속 운영할 수 있는 가능성은 단순한 꿈이 아니다.[53] 실제로 아이슬란드, 코스타리카, 나미비아, 노르웨이를 포함한 일부 국가에서는 이미 청정 에너지원에서 전력의 90퍼센트를 생산하고 있다.[54]

가능한 모든 방법으로 주도성을 확보하라

우리 중 많은 사람들은 100여 년 전 제1차 세계대전 중에 공식화된 강력한 슬로건 '사회주의냐 야만이냐'를 잘 알고 있다. 오늘날, '생태사회주의냐 야만이냐'는 수많은 기후 과학자들이 예언한 지구 붕괴의 위험을 포괄하기에는 너무 약하다. 아마 '전환이냐 재앙이냐'쯤 되어야 할 것 같다.

재앙적 사고는 전통적으로 임상의들에 의해 병리적인 것으로 여겨졌다. 그러나 국제 정신분석학회International Psychoanalytical Association가 기후변화를 "21세기의 가장 큰 세계적 건강 위협"으로 인식하고 있는 시점에 심리학자와 임상의들은 모두 다음과 같이 충고한다. "기후변화라는 재앙적인 현실은 우리 모두에게 재앙적 사고를 키울 것이다."[55] 이에 따라, 환자들의 기후변화에 대한 빈번한 불안을 경청해 온 미국의 정신분석학자 수잔 카수프Susan Kassouf는, 이러한 재앙적 사고로부터 특정한 무력감, 의존성, 그리고 절망이 반드시 주체성의 상실이나 사회적, 정치적 행동의 중단으로 이어지는 것은 아니라는 점을 배웠다고 말한다.

오히려 그녀는 "취약함이 약함을 의미하지는 않는다. (…) 우리 몸은 다공성이며 연약하다"고 반성한다. 우리는 이를 너무 잘 알고 있다. 카수프는 "나는 나의 취약성을 이끌어냈기 때문에 지금의 위치에 이르렀다"는 한 환자의 말을 인용한다. 그녀는 트라우마를 인정하고 실제로 트라우마를 통해 생각하는 것이 아무리 괴롭더라도 기후변화와 관련해 우리가 모두 공유하는 고뇌가 무엇인지 인식하는 데 도움이 된다고 믿는다. 아마도 "우리의 삶과 실천에서 더욱 파멸적인 사고"를 키움으로써 "우리는 살아 있다는 사실에 새삼 감사함을 더 느낄 수 있다"고 카수프는 결론짓는다.[56]

비슷한 맥락에서 웨일스 심리학자 스튜어트 캡스틱Stuart Capstick은 기후 위기를 인정하는 일이 암울하고 제한된 자기 부정의 삶을 사는 것을 의미한다는 견해에 이의를 제기한다.[57] 한편으로는 정부의 거짓말과 회피를 듣고, 다른 한편으로는 세상의 종말을 피하기 위해 "지금이 아니면 절대 안 된다"고 우리를 질책하는 뉴스 속보를 들을 때 우울한 체념이 불가피해 보일 수도 있는 것이 사실이다.[58] 그러나 환경에 대한 태도에 관해 캡스틱과 그의 동료들이 실시한 광범위한 세계적 연구에서 환경에 대한 관심과 개인의 건강한 삶 사이에 지속적인 상관관계가 있음을 발견한 것은 흥미롭다.[59]

캡스틱과 동료들은 7개국에 걸쳐 약 7,000명의 데이터를 수집했는데, 각 경우에 환경보호 활동 참여, 쓰레기 줄이기 또는 친환경 제품 구매가 고소득층과 저소득층 모두에서 더 높은 개인 만족도 점수와 동반되었다. 물론 연구자들은 이러한 상관관계가 건강한 삶에 관한 개인적 감각이 환경을 보살피는 행동을 초래했을 수도 있고 그 반대일 수도 있다는 것을 잘 알고 있다. 그러나 가능한 모든 방법으로 환경문제와 관련해 작은 주도성을 갖는 것이 심각한 불안이 우리를 압도하는 것을 방지하는 한 가지 방법이라는 생각을 뒷받침한다.

그러나 이것이 정부가 환경을 오염시키는 기업과 자연을 파괴하는 산업에 하는 투자를 중단하도록 강요하는 것을 대신할 수 없다. 우리는 거기에 도달하기 위해 다방면으로 노력해야 한다. 예를 들어, 영국에서는 지역적 차원에서 시의회가 다양한 오염 방지 정책을 추구해 왔다. 브리스톨 에너지 협동조합 Bristol Energy Cooperative은 의회의 시 도약City Leap 프로젝트와 연계해 도시를 위한 저탄소 에너지 인프라를 구축하기 위한 지역사회 소유의 이니셔티브다.[60] 유럽연합 내에도 이미 지속가능한 녹색 전환을 목표로 하는 다양한 패키지가 있다. 미국에서는 버니 샌더스Bernie Sanders 상원의원이 있는 버몬트주가 가장 많은 재생에너지 자원을 보유하고 있다. 버몬트주 벌링턴시는 이미 풍력과 태양광발전을 통해 주 전력의 거의 100퍼센트를 생산하고 있다.[61]

그러나 이미 과열된 지구에서는 기후*정의*를 위한 시도만이 우리를 문제의 핵심으로 이끌 수 있다. 세계적인 재조림을 위한 부유한 국가의 광범위한 지원이 필요하며, 소규모 농업을 위한 지원과 집약적 농업 기업의 전면적 축소가 필요하고, 공장식 동물 사육이 중단되어야 한다. 전 지구적으로 사고한다는 것은 부유한 국가가 가난한 국가의 청정에너지 프로젝트에 대한 공공 소유권을 지원하고, 보편적인 공공 의료 서비스와 함께 고품질의 대중교통, 수자원 및 주택 인프라 확장을 위한 자원을 지원하는 것을 의미한다.[62]

그러나 다양한 종류의 작은 행동도 대안적인 형태의 집단 소비 및 공유하는 즐거움을 발전시키면서 보다 환경적인 지속가능한 생활방식을 장려한다. 이것이 바로 철학자 케이트 소퍼Kate Soper가 한동안 탐구해 온 내용이다.63 탄소가 많은 환경에서 벗어나는 데에는 진정한 즐거움이 있다. 이러한 생활방식은 더욱 집단적인 모델을 창안하는데, 이웃에 대한 개념을 재건하고 모든 사람을 위한 돌봄 시설을 제공하기 위해 싸우거나 지원하는 데 우리의 상상력을 급진적으로 사용한다. 여기서는 유급 노동시간을 단축하는 것이 매우 중요하며, 요즘에는 이것인 실질적인 견인력을 얻고 있다.

다시 한번 말하지만, 이러한 생각은 돌봄을 정치의 중심에 두라는 페미니스트들의 일관된 요구와 연결된다. 《돌봄선언》에서 설명했듯이, 우리에게 필요한 것은 가장 친밀한 관계부터 지구 자체와의 관계에 이르기까지 삶의 모든 차원에서 이루어지는 창의적 형태의 집단적 돌봄이다. 탄소 집약적인 기술 투자와는 달리 돌봄노동은 어디에서든 환경친화적인 노동이다. 우리가 살펴보았듯이 모든 수준에서 돌봄을 우선시하는 것은 이익을 추구하는 글로벌 기업에 의존하지 않고 복지 국가를 다시 활성화하고 협동조합과 공공 소유로 강화된 공동체 구축을 의미한다. 이는 의미 있고 꼭 필요한 일을 제공할 뿐만 아니라 특히 도움이 필요할 때 우리의 모든 삶을 개선할 수 있는 일이다. 돌봄노동은 우리가 그것에 투자하고 적절한 급여를 보장할 때 훨씬 더 보람될 것이다.

오염과 자원채굴을 최소화하는 기술로 전환해 일상생활을 향상하고 공공 인프라를 개선하는 데 필요한 즉각적이고 실질적인 변화를 촉진하는 더 많은 전략들이 있다. 물론 이를 장려한다는 것은 최근 수십 년간의 경쟁적인 개인주의에서 바로 벗어난다는 의미다. 우리가 서로의 관계를 우선시하고 우리가 살고 있는 자연 세계를 소중히 여기지 않으면 건강하기는커녕 존재 가능한 미래가 없다는 것을 알기 때문이다. 흔히 명백한 사실을 끝없이 되풀이해 말하고 반복해서 투쟁해야 하지만, 다행히도 우리에게는 그렇게 하는 소수의 환경 전사 부대가 있다.

이 부대는 현재 세계적으로 활동하고 있는 멸종저항Extinction Rebellion, XR 같은 기후 캠페인 전담 그룹으로 주로 구성되어 있다. 그들의 생각은 풍부한 내용과 통찰로 활기에 넘치는 선언문 《이것은 훈련이 아니다This Is Not a Drill》에 명확히 제시되어 있는데, 전 세계 다양한 인구에 미치는 환경 피해의 영향을 조사하고 저항하는 최선의 방법을 고민하고 있다. 이 선언문은 방해가 되는 모든 문화적 장애물을 피하면서 사람들에게 그들이 할 수 있는 많은 실제적인 일을 알리는 것을 목표로 한다. 인도 농부부터 캘리포니아 소방관까지, 선구적인 페미니스트 경제학자 케이트 레이워스Kate Raworth, 원주민 활동가 힌두 우마로우 이브라힘Hindou Oumarou IBrahim, 녹색당 의원 클라이브 루이스Clive Lewis까지 다양한 분야의 기고자들이 설명해놓은 다양한 압력 및 활동 방법은 XR의 유연한 전술을 훨씬 뛰어넘는 수준이다.[64]

로완 윌리엄스는 XR 선언문의 뒷부분에서 대단히 설득력 있게, 그리고 조심스럽게 결론을 내린다. "효과가 있을 수도 있다. 지속적인 압력이 의사 결정자와 '부의 창출자'들의 마음을 다소 바꾸는 것이 *가능하고* 일부 심각한 조정이 이루어질 수도 있다."

그러나 그 역시 정치인과 기업가들이 집착하는 엄청난 왜곡과 부정에서 벗어나 방향을 바꾸도록 설득하는 것이 얼마나 어려운지 알고 있다. 너무 많은 이들이 나머지 세계와 조화롭게 산다는 것이 무엇을 의미하는지에 대한 감각을 성공적으로 억누르고 오로지 기술적 승리라는 관점에서만 생각했다. 그러나 놀랍게도 윌리엄스는 급진적인 표현을 사용하며 역설적이게도 오직 혁명만이 우리가 지금 살고 있는 "미친 듯이 위험한 곳"에서 우리를 되돌릴 수 있다고 주장한다. "분노, 사랑, 기쁨은 서로 어울리지 않는 것처럼 들릴 수도 있다. 그러나 이것들은 성공이 아닌 삶을 제공할 미래의 씨앗이다"라고 그는 말한다. 역사상 현재 이 순간에 살고 있는 우리에게 그 혁명에 동참하는 것이 우리의 임무라고 그는 결론짓는다.[65]

미국의 영향력 있는 페미니스트 학자 도나 해러웨이Donna Haraway는 분명히 동의한다. "우리의 임무는 문제를 일으키고, 파괴적인 사건에 대한 강력한 대응을 촉구하는 것뿐만 아니라, 문제를 해결하고 평화로운 곳을 재건하는 것이다."[66] 우리는 확실히 그 어느 때보다 바로 지금 대응해야 할 많은 파괴적인 사건을 겪고 있다. 그러나 나는 우리가 그러한 평화로운 곳을 재건하고 사람들 사이의 분노를 완화하기 위해 자주 손을 내밀고 다름과 국경을 초월하는 연결을 만들었을 때 이 일을 계속할 수 있다고 생각한다.

기후 비상사태는 분명히 지역이나 국가 수준에서 시작되어야 하지만 단순히 지역이나 국가 수준에서 해결될 수는 없다. 이는 우리가 이러한 수준을 넘어 상호 연결되는 방식을 항상 인식하면서 지역 기반 서비스를 재건하고 지역공동체의 부를 구축하는 프로젝트를 창안해야 한다는 것을 의미한다. 전 지구적으로 생각해보면, 인류의 장기적인 미래를 위해서는 우리가 의존하는 삶의 터전을 파괴해온 현재 자본주의 체제에 대한 대안을 찾아야 한다는 것이 분명해진다.

6장

돌보는 미래

Lean on Me

현재의 삶은 극적인 상황과 긴급 상황으로 어려움을 겪고 있다. 20세기 중반에 태어난 우리 세대는 황금세대라고 불린다. 종종 사회적 계층 상승이 가능했으며 이전 세대나 이후 세대보다 더 나은 삶을 살 가능성이 높다. 21세기가 진행되면서 모든 연령층의 사람들에게 힘든 시기가 닥치기 시작했다. 이제 주택, 의료, 식품 등 필수 자원에 접근하기가 더 어려워졌다. 심지어 고용되어 일을 하고 있는 일부 사람들도 푸드뱅크를 이용할 수밖에 없다. 그러나 저항과 희망의 실천은 사라지지 않았으며, 오늘날 그러한 실천들은 돌봄을 우선시할 뿐 아니라 돌봄을 혁신하기도 한다.

소소한 방법으로 이런 일이 우리 주변 곳곳에서 일어나고 있다. 바로 우리 동네에서 친구와 이웃들이 지역 푸드뱅크에서 도움을 주거나 수많은 커뮤니티 장소에서 음식을 준비하고 나누는 일을 하고 있다. 스토크 뉴잉턴Stoke Newington에 있는 세컨드 찬스 카페 Second Chance Café도 여기에 포함된다. 금요일에 맛있는 점심을 먹으러 내가 자주 가는 곳인데, 가난한 사람들에게는 무료이고 다른 사람들의 자발적인 기부도 받는다. 목표는 단순히 기본적인 욕구를 충족시키는 것이 아니라, 자기 이익과 수익이 최우선인 세상에서 대안적인 공동체 의식을 만들고 육성하는 데 도움을 주는 것이다. 한때 번성했던 상업 활동을 포함해 전통적인 자원들이 점점 위기에 처해 있는 상황에서도, 유사한 대안적 시도들이 현재 많은 지역사회 환경에서 속속 등장하고 있다.

건강, 교통, 교육 분야를 막론하고 필수 근로자들은 최근 몇 년 동안 자신의 생활 수준과 근로 조건이 얼마나 악화되었는지 알기 때문에, 또 이것이 그들이 제공하는 돌봄과 서비스에 미치는 영향에 대해 심각하게 고민하며, 더 나은 임금과 근로 조건을 요구하기 위해 거리로 나섰다. 특이하게도 그들의 투쟁은 사람들에게 어려움과 불편을 초래했는데도 대중의 많은 지지를 얻었다. 더 멀리 떨어진 곳에서는 자원활동가들이 전 세계적으로 가장 도움이 필요한 사람들에게 돌봄과 지원을 제공하려고 노력하고 있다.

서로에 대한 돌봄과 관심을 정치의 중심, 삶의 중심에 두기 시작해야만 인간의 생존을 보장할 수 있다는 사실을 그 어느 때보다 더 많은 사람들이 깨닫고 있는 것은 분명하다. 불행한 미래를 피하려면 사적 축적에 기반한 세계에서 벗어나 배려, 연대, 평등의 정치로 대체하고 모든 사회적 상호작용에서 돌봄 의식을 키워야 한다.

그러나 여기에서 빠진 부분은 정부나 기업 차원에서 겉으로만 그럴싸해 보이는 것이 아닌 진정으로 돌봄을 우선시하려는 움직임이다. 나와 돌봄 문제를 함께 고민한 사람 중 한 명인 베브 스케그스는 다음과 같이 말한다. "나를 계속 놀라게 하는 한 가지는 우리 사회가 가장 무관심한 사람들, 즉 다른 사람들에 대해 신경 쓰지 않고 또 신경을 쓸 수 있는데도 신경 쓰지 않는 사람들에게 상을 준다는 점이다."[1] 이것이 바로 우리가 어디를 보든 가장 도움이 필요한 사람들을 향한 냉혹한 잔인함을 목격하는 이유다. 이는 종종 달리 행동할 수 있는 가장 큰 힘을 가진 사람들로부터 나온다. 파키스탄 출신 영국 작가 카밀라 샴시Kamila Shamsie는 "타인에 대한 잔인함은 정부 정책의 초석"이라고 말하며 지난 10년간 영국의 "적대적인 환경"이 가져온 비극적인 결과에 대해 한탄한다. 등록되지 않은 이민자는 영국에서 살 수 없게 만드는 정책이 초래한 결과에 관한 것이다. 표적이 되어 추방되는 사람들 중 상당수는 실제로 머물 권리가 있었고, 그 결과 끔찍한 고통을 겪었다.[2]

비관주의를 넘어서

영국에서는 지난 10년 동안 심화된 복지 축소가 브렉시트와 세계적 팬데믹이 초래한 유해한 환경과 결합되어 1400만 명이 넘는 사람들이 빈곤에 빠졌고, 그들 중 거의 절반이 장애인이거나 장애인과 함께 살고 있는 가족이다. 여전히 세계에서 가장 부유한 국가인 미국에서는 약 4000만 명(11퍼센트)이 빈곤 속에 살고 있다. 실제로 프랑스의 저명한 경제학자 토마 피케티Thomas Piketty는 몇 년 전에 진행한 연구에서 가파르게 증가하는 불평등은 이제 단순히 일상적인 상태이며, 지난 30년 동안 하위 50퍼센트의 소득은 전혀 증가하지 않은 반면, 상위 1퍼센트의 소득은 300퍼센트 증가했다고 결론지었다. 그가 《21세기 자본》에서 결론지었듯이, 상위 1퍼센트는 99퍼센트를 희생시키면서 "도적 떼처럼 행동해 왔다." 현재 심화되고 있는 이러한 만성적인 구조적 불평등은 필연적으로 수백만의 노동자 가정을 빈곤에 빠뜨렸으며, 특히 미국에서 항상 소외당했던 계층인 흑인과 유색인종 시민들, 이민자와 난민들, 그중에서도 불균형적으로 많은 여성과 소녀들이 이에 해당된다.[3]

이렇게 가혹한 시기에는 단순히 끝없는 불평등과 공포를 나열하는 것에서 벗어나 희미한 희망에 초점을 맞추기가 어려울 수 있다. 우리는 전 세계적으로 8,400만 명이 넘는 난민이 있다는 유엔의 추산에 귀를 기울이기만 해도 어느 정도 무력감을 느낄 수 있다.[4] 그러나 사람들이 굳건히 긍정의 불꽃을 키우려 하면서도 절망감에 시달린 것이 이번이 처음이 아니다. W. H. 오든W.H.Auden이 '1939년 9월 1일'(W. H. 오든이 쓴 시의 제목이자 제2차 세계대전 시작일.-옮긴이) 전야에 그러한 갈망을 표현할 수 있었다면, 우리는 절망에 맞서 긍정을 찾는 것이 유일한 출발점임을 깨달아야 한다. 오든처럼 우리가 환상이나 부정을 거부하면서도 "불확실하고 두려워"할 것이

분명하지만 말이다.5

20세기 말, 멕시코 치아파스 원주민 봉기의 낭만적 상징이었던 사파티스타Zapatista 지도자 부사령관 마르코스Marcos는 "인류를 향한 제4차 세계대전"에 대해 극적으로 서술했다. 세계 상황에 대한 그의 요약은 간결하고 설득력 있다. 그는 극소수에 세계적 부가 외설적일 만큼 집중되어 있는 것과 "희망 없는 빈곤"의 확대에 대해 자세히 묘사한다. 민주적 통제의 위축과 국가 탄압의 강화, 지역공동체의 붕괴, 강제 이주, 사회적 "폐기물"로 취급되는 땅 없는 사람, 집 없는 사람, 투옥된 사람 등 잉여 인구의 불가피한 생성. 그러나 그의 결론은 똑같이 명확했다. 절망하지 말고 "잉여"와 "다음에 제거될" 사람들을 지키기 위해 새로운 세상을 구축해야 한다는 것.6

이것이 가까이서 그리고 멀리서 나를 감동시키는 사람들이 나아가기로 결심하는 방식이다. 나의 초기 정치 생활에서 우리가 공유했던 새롭고 더 나은 시대에 대한 비전이 절망의 암시로 인해 흐려지지 않았다는 것은 행운이라고 느낀다. 당시 서구 활동가들은 반식민지 투쟁을 인식하고 있었고 지지했지만, 1960년대 말 나이지리아 내전 중 거의 200만 명의 비아프라인이 사망했던 예외적인 분쟁 시기를 제외하고는 세계 특정 지역의 극심한 어려움에 대해 민감하게 반응하지 않았다.

수십 년 후, 나는 유대계 사람으로서 평화와 정의를 위한 팔레스타인 투쟁에 참여했다. 그리고 그때 나는 팔레스타인 사람들이 그들의 조상 대대로 내려온 땅에서 얼마 남지 않은 영토를 이스라엘

이 강탈하고 군사적으로 침공하는 것을 막으려는 시도가 영구적인 교착 상태에 빠진 것을 보면서 단순한 좌절감을 넘어 깊은 절망감을 경험했다. 내가 이 글을 쓰는 동안에도 잔학 행위가 매일 증가하고 있다.

현재까지 자유로운 이동과 잔혹한 점령의 종식을 갈망하는 많은 팔레스타인인들에게 유일한 선택지는, 어떤 형태의 집단 저항이라도 도움이 되긴 하지만, 단순히 절망에 저항하거나 살아남는 것뿐이다. 너무나 많은 사람들이 항상 그들의 집에서 멀지 않은 곳에 있는 이스라엘 방위군의 폭탄과 총알의 표적이 되고 있다. 그러나 그 모든 역경에도 불구하고 그들의 투쟁은 계속되고 있으며 그들을 지지하는 유대인 이스라엘 좌파들의 투쟁도 마찬가지다. 여기에는 〈+972매거진〉을 제작하는 사람, 침묵을 깨다 Breaking the Silence(이스라엘 방위군 퇴역 군인들이 2004년에 설립한 이스라엘 비정부 기구.-옮긴이)에서 적극적으로 활동하는 사람, 평화와 정의를 위해 헌신하는 (2021년에 이스라엘이 부정하게 '테러 조직'으로 선언한) 6개의 주요 팔레스타인 인권 단체를 지원하기 위해 일하는 사람들이 포함된다.

다시 영국에 대해서 말하자면, 임금과 복지를 억압하는 정부 정책으로 수백만 명의 경제적 생존이 위태로워질 때, 내 집 앞에서 절망과 맞서 싸우는 것이 때때로 필요하다. 세계에서의 위상이 하락했음에도 불구하고 영국이 국가로서 얼마나 부유한지를 생각하면, 이 상황의 부조리를 인정하는 것이 그 어느 때보다 시급하다. 나는 재분배, 평등, 차이와 다양성에 대한 문화적 존중을 변함없는 목표로 삼고 이곳에서 정치적으로 활동하면서 50년 이상을 보냈다. 그러나 오늘 나는 우리가 가치 있고 지속 가능한 미래를 위해 노력할 때, 돌봄과 연민이 정치에서 수행해야 하는 역할을 강조하는 것부터 시작하려 한다.

만물과 지구의 복지를 육성하는 것과 함께 인간의 삶을 번영시키는 모든 활동을 포함하는 돌봄의 급진적인 개념은 자비나 연민과는 전혀 다르다. "우리가 누군가를 가난하게 만들지 않는다면/연민은 더 이상 없을 것이다."(시인 윌리엄 블레이크William Blake가 쓴 〈인간의 추상〉의 한 구절.-옮긴이) 동시에 모든 생명에 대한 존중과 존엄성이, 블레이크에게도 그랬듯이, "고통과 행복이 뒤섞인 이 계곡"에서 우리의 목표가 되어야 한다.

더 친절하고 평등한 시대를 위해 일생을 바친 나의 정치적 친구와 지인 중 상당수는 전 세계적인 팬데믹이 변화에 대한 요구를 증폭시키는 데 도움이 되기를 희망하기 시작했다. 확실히 지난 40년 동안 사회적 혼란을 초래해 왔던 부풀려진 개인주의와 자유로운 시장 관행을 지지하던 것에 마침내 반대할 때가 되었다.

'전염병', '모든 사람'에 대한 이 위협이 우리가 공유하는 취약성과 관련하여 새로운 사고를 장려하지 않을까? 그것은 지금까지 대부분의 사람들이 일반적으로 무시했던 우리의 전 지구적 상호의존성과 다양한 형태의 돌봄과 지원이 평생 필요하다는 점을 매우 강력하게 드러냈다. 더욱이 우리가 본 바와 같이, 팬데믹은 전 세계적으로 돌봄 노동자들의 희생과 보살핌이라는 영웅적인 노력을 *자극*

*했*을 뿐만 아니라 돌봄과 동반자 관계가 필요한 사람들을 위한 상호 지원을 실천하는 풀뿌리 운동을 촉진했다. 그중 일부는 오늘날에도 지속되고 있다.

그러나 상황을 바꿀 수 있는 위치에 있는 사람들은 대부분 기억력이 짧고 습관적으로 행동이 이중적이다. 전 세계적으로 우리는 팬데믹이 한창일 때 '간병인', 특히 병원에서 일하는 사람들에게 박수를 보냈다. 그리고 나서는 정부는 눈 하나 깜짝하지 않고 우리 모두를 지탱하는 필수 노동의 상당 부분을 계속해서 무시하거나 평가절하했다. 돌봄 노동자들은 그 어느 때보다 저임금을 받고 있으며, 집에서 무급 돌봄노동에 종사하는 사람들을 지원할 수 있는 공공자원이 거의 남아 있지 않다. 2022년 말, 영국의 간호사들은 어쩔 수 없이 처음으로 파업에 나섰고, 운송, 교육, 우편, 에너지, 공무원 등 필수 서비스 분야의 다른 근로자들도 이미 하락하고 있는 임금이 더 이상 하락해 생활비 위기가 고조되는 것을 막기 위해 파업을 할 수 밖에 없었다.

미래를 바라보며, 분명히 우리는 모두 매우 다른 출발점에서 시작한다. 일부는 살던 집과 생계에서 비참하게 쫓겨나고, 다른 사람들은 시간은 부족하지만 충분히 부유하며, 상당수는 심각한 빈곤, 심지어는 노숙에 직면해 있다. 그러나 아마도 우리 대부분은 미래 세대에게 물려줄 세상에 대해 걱정하고 있다. 하지만 환경문제와 타인의 돌봄을 정치의 중심에 두는 데 필요한 모든 변화를 고려하면 무엇이 바뀌어야 하는지 파악하기가 그리 어렵지 않다.

노예 제도의 참상, 식민지 탄압, 현대의 강탈에 대해 폭넓게 글을 쓴 카메룬의 반식민지 이론가 아킬레 음벰버Achille Mbember는 오늘날 "우리 시대의 정치는 공동의 세계를 재건하라는 긴급함에서 출발해야 한다"고 주장한다. 식민지 개척자들은 한때 세계의 다른 지역으로 이동하여 그곳을 착취하고, 그들이 점령한 땅과 오랫동안 그곳에 살았던 사람들의 자원을 재배치하며, 결코 그들이 갖고 있지 않았던 것의 소유권을 주장했다. 오늘날, 음벰버가 설득력 있게 요약하듯이, 그 반대가 이루어져야 한다. 인간은 "생물권biosphere과 함께 진화하고, 그것에 의존하고, 생물권과 함께, 또 그것을 통해 정의되며, 서로 책임과 보살핌의 빚을 지고 있다"는 점을 인정해야 한다.7

물론, 삶과 생계를 수시로 파괴하고 때로는 사람들을 버려지고 빈곤하게 만드는 과정에서, 끊임없는 자본주의적 이윤 추구를 되돌리기 위해서는 모든 것이 여전히 투쟁의 대상으로 남아 있다. 이것이 바로 수많은 진보적 활동가들이 투옥에 맞서 싸우고 난민과 망명 신청자들에게 피난처와 지원을 제공하고 새로운 조국에서 안전한 피난처를 찾는 여정을 지원하는 이유다.

돌보는 감옥 폐지론자들

계속되는 좌절 속에서도 가끔 좋은 소식이 전해졌다. 이는 돌보는 정치가 일상적으로 용인되는 부주의한 잔인함에 대해 조치를 취할 때 어떤 일이 일어날 수 있는지를 강조한다. 예를 들어, 세계에서 가장 부유한 '민주주의' 국가인 미국은 세계 최고 수준의 투옥률과 엄청난 불평등을 유지하고 있으며, 이곳에서 감옥 폐지론자들과 급진적인 형사 사법 개혁 옹호론자들이 몇 차례 중요한 승리를 거두었다. 그들은 더욱 돌보는 미래를 향한 길을 제시한다.

2022년 로스앤젤레스에서는 대체 치료 형태를 제공해 투옥을 줄이는 프로그램이 큰 관심을 끌었다. 3년 전인 2019년에는 대량 투옥에 반대하는 많은 연합 중 하나가 대규모 감옥 확장 계획을 중단시키는 데 성공했으며 대신 복지 확대를 통해 감옥을 대신할 대안 프로그램에 대한 공식적인 지지를 얻었다. 이듬해 로스앤젤레스는 "도움이 필요한 사람들에게 체포와 투옥 대신 치료와 서비스"를 약속하는 "돌봄 먼저, 감옥은 최후에"라는 전략을 채택했다.

같은 해 (2020년 5월) 경찰이 조지 플로이드George Floyd를 살해한 사건은 "경찰에 자금 지원을 중단하라"는 요구와 함께 블랙 라이브즈 매터를 미국 역사상 가장 큰 사회운동 중 하나로 바꾸는 데 중추적인 역할을 했다. 이는 또한 덜 위협적인 것으로 보이는 "돌봄 먼저, 감옥은 최후에"라는 의제를 강화하는 데에도 중요했다. 구금률 뒤에 있는 인종차별과 빈곤의 역할을 항상 강조하면서, 감옥 반대 운동가들은 카운티의 가용 일반 자금 중 10퍼센트를 복지 의제를 이행하는 데 투자하도록 성공적으로 추진했다.

곧 전 세계가 알게 된 것처럼, 플로이드는 직장을 잃은 지 얼마 되지 않은 흑인 남성이었으며, 수갑이 채워진 채 길거리에 엎드려 있는 동안 백인 경찰관 데릭 쇼빈Derek Chauvin이 그의 목을 거의 10분 동안 무릎으로 눌렀다. 플로이드는 숨지기 전 다른 경찰관 세 명이 지켜보는 가운데 "숨을 쉴 수 없다"고 울부짖고 있었다. 플로이드의 죽음 이후에도 1,000명 이상의 사람들이 경찰에 의해 사망했지만, 경찰의 폭력이 계속되는 가운데 많은 주들은 로스앤젤레스의 감옥 반대 운동가들의 성공에 주목하며, 그들의 "수감 인구 감축과 서비스 확장을 위한 획기적인 로드맵"에서 무엇을 배울 수 있는지 고민하고 있다.[8]

그러나 모든 성공은 매우 오랜 시간이 걸렸다. 미국에서 가장 유명한 감옥 개혁가이자 흑인 저항의 세계적인 아이콘인 안젤라 데이비스Angela Davis가 그녀의 첫 책 《그들이 아침에 온다면: 저항의 목소리 If They Come in the Morning: Voices of Resistance》를 편찬한 지 50년이 넘었다. 에세이, 편지, 시, 기사로 구성된 책에서 데이비스 자신을 포함해 27명의 흑인 투사들은 자신들이 투옥에 맞서 싸우고, 미국에서 흑인 투쟁을 짓밟기 위한 체포와 투옥의 제도적 이용에 맞서 싸운 내용을 묘사하고 있다. 자주 보도된 바와 같이, 어리사 프랭클린 Aretha Franklin이 얼마든지 간에 데이비스의 보석금을 내겠다고 제안한 것은 그녀가 흑인 투쟁을 억압하는 데 있어 감옥의 역할을 이해했기 때문이었다. "감옥은 지옥과 같은 곳입니다. 나는 그녀를 자유롭게 해줄 것입니다. (…) 왜냐하면 그녀는 흑인 여성이고 흑인들의 자유를 원하기 때문입니다."

오늘날 데이비스는 친구이며 흑인 학자이자 활동가인 루스 윌슨

길모어Ruth Wilson Gilmore를 포함해 다른 수천 명의 감옥 폐지 운동가들과 함께 그 어느 때보다 열정적으로 싸우고 있다. 길모어는 지난 30년 동안 미국 전역의 감옥 지리학을 편찬했다. 이 활동가들과 작가들이 모두 말하고 있는 요점은 감옥 폐지가 변함없는 대의라는 것이다. 사람들을 감옥으로 몰아가는 방치와 무관심의 환경 자체가 폐지되어야 하는 사회를 위해 일하는 것이기 때문이다. 길모어의 말처럼 그 투쟁은 "단순한 부재가 아니라 (…) 폐지는 다르게 살아낸 사회생활의 육체적이고 물질적인 증거"다.9

모든 폐지론자들이 지적하듯이, 교도소 예산을 삭감하려면 우리 경제 질서를 전면적으로 재편해야 하며, 그토록 많은 이들을 궁핍하게 만든 자본주의적 탐욕을 뒤집어엎어야 한다. 그들은 사회에서 대부분의 절도와 폭력을 근절하려면 어떤 변화들이 필요한지 자세히 설명한다. 공공 주택을 통해 노숙 문제를 해결하고, 의료, 보육, 교육을 포함한 모든 형태의 복지에 투자하며, 민주적으로 운영되는 일자리와 포용적인 공동체를 성장시켜 서로를 보살피며 지구의 자원을 소중히 여기는 방향으로 나아가야 한다.

데이비스, 길모어를 비롯한 감옥 폐지론자들은 수십 년 동안 이러한 주장을 해왔고 오늘날 블랙 라이브즈 매터의 관점에 반영되어 있다. 블랙 라이브즈 매터의 2016년 선언문 〈흑인의 삶을 위한 비전Vision for Black Lives〉은 "모두를 위한 경제적 정의와 우리 지역사회에 대한 단순 접근권이 아닌 집단 소유권을 보장하는 경제적 재건"과 함께 감옥에 대한 투자를 철회하고 대신 교육과 의료 돌봄에

투자할 것을 포함한 여섯 가지 요구사항을 담고 있다.[10]

영국의 감금 반대 운동은 그다지 활발하지 않았다. 그러나 이 운동은 커지고 있고 민주적으로 운영되는 직장과 공동체와 함께 복지에 대한 투자의 필요성에 대해 모든 같은 지적을 하고 있다. 여기에서도 이 운동은 블랙 라이브즈 매터에 참여하는 흑인 활동가들이 주도하고 있다. 그들의 대변인 중 한 명인 애덤 엘리엇-쿠퍼 Adam Elliot-Cooper가 《영국 경찰에 대한 흑인의 저항 Black Resistance to British Policing》에서 설명했듯이 흑인들은 이 나라에서 끊임없이 경찰의 인종차별을 겪고 있다. 이는 젊은 남성에 대한 경찰의 일상적이고 때로는 치명적인 폭력에서 볼 수 있고, 법정에서는 흑인 피고인에게 훨씬 더 가혹한 징역형이 선고되는 것에서 알 수 있다. 실제로 법률 전문가를 대상으로 한 최근 설문 조사에서 그들 중 절반 이상이 판사가 인종적으로 편향된 방식으로 행동하는 것을 목격했다고 보고했다.[11] 미국 감옥 폐지론자들과 마찬가지로 엘리엇-쿠퍼는 근본적인 투쟁은 "사회의 경찰과 감옥 시스템에 대한 의존을 약화시키고, 대신 애초에 해를 끼칠 수 있는 불평등에 대해 지역사회 주도의 사회적 해결책을 강화하기" 위한 것이라고 주장한다. 그는 또 경찰의 인종차별에 대한 저항과 감옥 폐지에 대한 대부분의 요구는 흑인 여성들이 주도했다고 지적한다.[12]

영국 흑인 여성들의 감옥 반대 운동은 크래들공동체 Cradle Community의 활동에 반영되어 있다. 크래들공동체는 최근 첫 번째 중요한 개입인 《한 번에 벽돌 하나씩: 감옥 없는 세상을 구축하는 방법Brick by Brick: How We Build a World without Prisons》을 출간했다. 이는 영국의 수감 인구가 서유럽에서 가장 많으며, 유럽연합 국가와 비교해도 최악의 조건을 가지고 있다고 폭로한다. 실제로, 오싹하게도 4일에 한 번씩 감옥에서 누군가가 죽는다. 또한 투옥 이면에 숨은 사회적 박탈을 강조하며, 크래들공동체는 체포 당시 수감자의 3분의 2가 실업 상태이며, 15퍼센트는 노숙자이고 많은 사람들이 정신 건강 문제를 겪고 있다고 지적한다.

더욱이 감옥은 많은 수감자들이 체포되기 전에 겪었던 폭력과 방치의 악순환을 해소할 수 있는 안전한 공간을 전혀 제공하지 못한다. 또 오늘날 감옥에서는 수감자들이 석방된 후 사회에 기여할 수 있는 유용한 기술을 습득할 수도 없다. 크래들공동체는 불심검문의 폐지와 더불어 성 노동의 비범죄화, 마약법과 부랑죄 폐지 등 사람들을 감옥에 가두지 않게 할 일련의 즉각적인 요구를 제시한다. 그러나 전반적으로 그들도 감금 국가 해체가 이민자들의 범죄화 종식과 더불어 인종차별 없는 의료, 교육, 주거 정의 제공을 시작으로 불평등을 제거하여 사회를 변혁시키는 것을 의미한다고 믿는다.[13]

한편, 영국의 범죄학자인 조 심Joe Sim이 수십 년 동안 설명해 왔듯이, 우리의 감옥은 여전히 체계적인 굴욕, 방치, 무관심의 장소로 남아 있으며, 그 안에 있는 거의 모든 사람에게 절망을 불러일으킨다. 예를 들어 《벌과 감옥Punishment and Prisons》에서 그의 연구는 감옥 체제의 무자비함을 확인할 뿐만 아니라 어떤 형태의 재활도 창출

하지 못하는 전면적인 실패를 설명한다.[14]

심은 대부분의 법률 위반자, 특히 기업 또는 국가 범죄에 연루된 사람이 감옥에 가는 경우는 거의 없다고 강조한다. 우리가 본 것처럼 감옥은 압도적으로 박탈당한 사람들을 위해 존재하며 점점 인종화되고 있다. 심의 경험에 따르면 드문 경우를 제외하고 감옥 안에서 그가 목격한 유일한 보살핌과 연민은 동료 수감자들에게서 나왔다. 남성 교도소, 특히 여성 교도소에서 발생하는 자해의 엄청난 수준을 기록하면서 심은 훈련되고 헌신적인 직원이 운영하는 잘 지원되는 구금 대안이 마련되기 전에는 이러한 잔인성이 끝나지 않을 것이라고 주장한다. 또 동시에 그는 권력자들의 처벌받지 않은 범죄에 대해서도 비판한다.

난민 지원

감옥 폐지를 향한 급진적인 움직임은 돌보는 미래의 필수적인 요소다. 그러나 아마도 오늘날 훨씬 더 시급한 과제는 망명을 원하는 난민들이 직면한 세계적인 인도주의적 위기를 해결하는 일일 것이다. 지난 10년 동안 아프리카, 아프가니스탄, 시리아 및 기타 중동 지역의 갈등이나 빈곤 지역에서 피난처를 찾는 이주민들의 대규모 이동이 있었다. 대부분의 유럽 국가들은 이런 상황을 해결하는 대신 국경을 무자비하게 강화했으며, 이로 인해 매년 수만 명의 이주민이 사망하고 있다.

난민들의 시신은 이제 지중해를 카펫처럼 뒤덮어 세계 최대의 묘지로 변모시켰다. 이는 2011년 리비아에서 이탈리아로 향하던 이주민 63명이 사망한 이후 영국과 유럽 국가들이 곤경에 처한 이주민 보트를 구출하는 것을 꺼려하는 이른바 '죽도록 내버려 두자' 정책을 펼치고 있기 때문이다. 조난 신호를 보냈음에도 불구하고, 북대서양조약기구NATO의 감시하에 그들은 작은 배가 가라앉고 9명을 제외한 모두가 익사할 때까지 14일 동안 표류해야 했다.[15]

현재 승인받지 않은 난민을 르완다로 추방하려는 영국 정부의 수치스러운 시도는 난민을 '인간쓰레기'처럼 취급하는 것으로 묘사되었는데, 결코 틀린 말이 아니다. 르완다는 내부 비판자들에게 구금과 고문이 일상인 나라로 알려졌기에 더욱 그렇다. 국제앰네스티 영국지부Amnesty International UK의 최근 보고서에 나타난 바와 같이, 영국으로 오기를 희망하는 난민들이 이용할 수 있는 안전하고 합법적인 경로가 없다는 점은 더욱 비열하다. 우리는 이미 대부분의 다른 유럽 국가보다 훨씬 적은 수의 난민을 받아들이고 그들을 더 오랫동안 구금하고 있다.[16] 하지만 여러 수준에서 이루어지는 극심하고 살인적인 무관심에도 불구하고, 우리는 이주민들을 위한 인상적인 연대, 돌봄, 지원의 움직임도 목격했다. 공식 기관을 통한 것은 거의 없지만 말이다.

《새로운 국제주의자들The New Internationalists》에서 내 친구인 수 클레이턴Sue Clayton은 망명이 필요한 사람들을 향한 비인간적 행위에 맞서 싸우는 수천 명의 자원봉사자 중 60명의 회고를 소개한다.[17] 클레이턴 자신도 칼레 정글Calais Jungle에 고립된 어린이들을 위해 일했고, 이는 그녀가 감독한 감명 깊은 영화 〈칼레의 아이들Calais Children: A Case to Answer〉에 기록되어 있다. 다른 자원봉사자들은 난민들에게 긴급 구호를 제공하고, 해상 구조를 수행하거나, 이주민 지원을 위한 시위와 옹호 활동을 조직하는 것을 도왔다. 이 활동가들은 난민들이 억압적인 '구금지'로 몰리고 망명 신청이 처리되기를 기약 없이 기다리는 동안 지켜보는 것 외에는 아무것도 할 수 없는 국제NGO 단체들의 치명적인 실패를 기록한다. 혼자 여행하는 어린이를 포함하여 모든 연령층의 이주민들이 겪는 고통을 목격하면서 자원활동가들은 때때로 정신 건강 문제를 경험하기도 한다. 이는 수년 동안 불확실한 상태에 묶인 난민들뿐만 아니라 이들을 돕는 자원활동가들에게도 심리적 지원이 필요함을 시사한다.

클레이턴이 주장하는 것처럼, 이러한 자원봉사자들은 우리에게 시민적 책임, 돌봄, 연대 실천의 새로운 사례를 제공한다. 전 세계 활동가들은 각 정부의 비인간적 행위를 공개적으로 비난하면서 다양한 방법을 통해 난민들을 위한 피난처를 마련하고 그것이 필요한 사람들을 환영하기 위해 노력해 왔으며 다양한 성공 사례를 보여주었다.

자원활동가들에게는 또 다른 딜레마가 있다. 일부는 자신들이 실제로 얼마나 도움이 될 수 있는지 의문을 품고, 다른 일부는 난민을 도왔다는 이유만으로 정부로부터 구체적인 위협을 받는다. 내가 이 글을 쓰는 동안 그리스에서는 자원봉사자 24명이 레스보스섬Lesbos에 도착한 난민들을 구출한 후 간첩 행위를 포함한 여러 혐의로 재판을 받고 있다. 피고인 중 한 명은 전 시리아 난민이자 수영 챔피언이 사라 마르디니Sarah Mardini다. 동료 난민들이 터키에서 그리스까지 바다를 건너는 것을 도운 사라 마르디니의 이야기는 영화 〈더 스위머스The swimmers〉에 영감을 주었다.

난민 활동가의 참혹한 경험은 현재 '난민 역사' 게시물에 기록되고 있으며, 여기에는 2015년 여름에 주목할 만한 풀뿌리 자선단체인 칼레 액션Calais Action의 설립을 도운 영국 작가이자 극작가인 테스 베리-하트Tess Berry-Hart의 이야기도 포함되어 있다.[18] 그 이후로 칼레 액션은 칼레, 됭케르크Dunkirk, 사모스섬Samos, 아테네의 난민들을 구호하기 위해 배송 컨테이너에 필요한 물품을 수집했다. 이러한 활동은 프랑스 자원봉사 단체인 로베르쥐 데 미그랑L'Auberge des Migrants과 유럽 전역의 많은 풀뿌리 조직에 의해 지원되고 있다. 특히 서방 국가로 입국하려는 수많은 난민들이 있는 그리스에서의 지원 활동이 두드러진다. 여기에는 지방자치단체의 지원을 받는 아테네연대센터Athens Solidarity Centre, ASC의 창립과 더불어 레스보스섬의 구금센터에서 탈출한 사람들을 포함해 난민을 지원하기 위해 노력하는 다양한 풀뿌리 이니셔티브가 포함된다.

———◆———

그러므로 좀 더 돌보는 미래를 위해 일하는 것은 난민들이 왜 그들의 고향을 떠날 수밖에 없었는지를 설명하는, 들리지 않았던 그들 스스로의 이야기와 생각에 귀를 기울이는 것을 의미한다. 다니엘 트릴링Daniel Trilling의 《먼 곳에서 빛나는 불빛들Lights in the Distance: Exile and Refuge on the Borders of Europe》은 수십 명의 난민을 따라가며 그들이 유럽에서 안전한 피난처를 찾기 위해 애쓰는 위험한 시기 동안 단순히 생존을 위해 필요했던 강인함을 강조한다. 그들이 겪은 인종차별과 목격한 동료 이민자들의 죽음이나 투옥에도 불구하고, 트릴링은 그가 인터뷰한 난민들이 여전히 그들이 도달해 피난처를 찾으려고 시도하는 새로운 사회에 기여할 수 있기를 바랐다고 보고한다.[19]

현재 런던의 마리나 워너Marina Warner와 팔레르모Palermo의 발렌티나 카스타냐Valentina Castagna가 만들고 관리하는 '이동 중인 이야기들Stories in Transit' 프로젝트와 같이 모든 난민이 자신의 이야기를 할 수 있도록 격려하고 돕기 위해 창안된 많은 중요한 이니셔티브가 있다. 이들의 목표는 팔레스타인 시인 마흐무드 다르위시Mahmud Darwish가 "말의 나라"라고 표현한 것을 구축해 피난처를 찾아 이동 중인 사람들의 권리, 정체성, 회복력을 강화하는 데 도움을 주는 데 있다.[20]

그러나 비극적이게도 많은 망명 신청자들은 모든 것을 견디며 마침내 도착한 국가에서 계속해서 차별과 버림을 받고 있다. 예를 들어, 영국에서는 최근 망명 신청 중인 어린이 200명이 내무부가 운영하는 호텔에 수용된 후 실종되었다. 사람들이 경고했듯이, 아이들은 적절한 감독이나 돌봄의 부족으로 인해 그들을 착취와 학대의 삶으로 몰아넣은 범죄 조직의 손쉬운 먹잇감이 되었다. 한편, 영국 내 망명 신청자 15만 명은 현재 발이 묶인 채 일을 할 수 없으며 내무부의 평가를 기다리고 있다. 더 나쁜 것은 그들이 수용된 음울한 숙소에서도 조직적인 학대와 적대감을 경험하는 경우가 많다는 것이다. 정부는 수치스럽게도 피난처가 필요한 사람들을 이민자 '침략'이라는 표현으로 언급하고, 이는 반이민 세력을 부추긴다. 영국은 유럽에서 가장 적은 수의 망명 신청자를 수용했는데, 이는 독일의 약 3분의 1에 불과하다.

물론, 전 세계적으로 피난처를 찾아 이동하는 사람들에 대한 공식적인 적대감과 무시는 유럽과 미국에만 국한되지 않는다. 내가 태어난 곳인 호주는 치욕스러운 망명 전략으로 앞서 나갔다. 호주가 파푸아뉴기니의 악명 높은 마누스섬 구금센터에 호주로 입국하려는 난민을 장기간 투옥한 사실이 쿠르드-이란 언론인 베루즈 부차니Behrouz Boochani의 강렬한 글을 통해 폭로되었다. 쿠르드족 학대 실태를 폭로한 것에 대한 이란의 박해를 피해 도망쳤던 부차니는 2013년부터 구금센터가 폐쇄되었던 2017년까지 마누스섬에 투옥되었다. 그는 《산밖에는 친구가 없다No Friend but the Mountains: Writing from Manus Prison》로 호주에서 문학상을 두 번이나 수상했음에도 불구하고 호주에서 난민 지위를 부여받지 못했다. 마누스 감옥에서 연필이나 종이 사용이 허락되지 않았던 부차니는 반복되는 압수

수색을 피해 숨겨야 했던 휴대폰을 통해 친구들에게 단편적으로 보낸 글로 회고록을 작성했다. 부차니는 후에 "화장실은 우리의 유일한 자유의 성소였다"고 말했는데, 수용소에서 CCTV 카메라가 없는 유일한 장소였기 때문이다.

호주 근해 감옥에서 오랜 시련을 겪은 후, 부차니는 자신을 가로막는 많은 장애물을 어떻게든 극복하고 2019년 말 글쓰기 컨퍼런스를 위해 오클랜드로 날아갔다. 그곳에서 그는 난민 지위를 부여받았고 곧 뉴질랜드인들로부터 따뜻한 환영을 받았다. 이후 부차니는 난민 인권 침해에 대해 계속해서 목소리를 높여왔다. 그가 2021년과 2022년에 여러 인터뷰를 통해 독일 작가 지나 카이예르 Jina Khayyer에게 설명했듯이, 그의 꿈은 전 세계 소외된 사람들에게 힘을 실어주는 것, 즉 "비인간화된 사람들을 다시 인간화하는 것"이다. 부차니는 또한 호주 원주민과의 연극 작업에 대해 이야기하면서 난민과 원주민의 운명이 서로 연결되어 있다고 강조했다. 작가로서 부차니의 야심은 인간에게는 상호 따뜻함과 지지 외에는 안식처가 없다고 더 많은 사람들을 설득하는 것이다.[21]

연민의 정치 확장하기

우리가 서로에게 제공할 준비가 되어 있고, 또 받기를 바라는 따뜻함과 지지가 이 책에 관한 전부다. 이것은 오늘날 더 자주 표현되는 감정, 즉 방치와 탐욕이 우리를 현재의 혼란에 빠뜨렸고, 오직 돌봄과 관대함만이 우리를 그 혼란으로부터 구할 수 있다는 믿음과 일치한다. 우리가 상호의존성을 인정하고 받아들인다면, 더 평등하고 친절한 세상을 만드는 데 도움이 되는 우정과 폭넓은 연대의 중요성이 분명해진다. 그러나 거기에 도달하는 것은 단순히 개인 간의 문제가 아니다. 지방 당국, 중앙정부, 지역 및 세계적 네트워크만이 보장하거나 보장하려고 노력할 수 있는 자원들을 활용하여, 우리가 서로를 이해하고, 관계 맺고, 지원할 수 있는 능력을 촉진하는 것이 분명히 필요하다.

우리 정치의 중심에 돌봄과 친절을 두는 것은 돌보는 미래를 성취하는 데 없어서는 안 되는 과정이다. 증오가 증오를 낳듯이 연민이 연민을 낳기 때문이다. 하지만 우리가 모두 지구의 자원을 보호하고 공유하고 노력하는 진정한 평등주의 세계를 달성하는 데 연민만으로 충분할까? 40년 전 우리를 위해 처음으로 오웬주의 페미니스트들을 부활시킨 사회주의 페미니스트 역사가인 내 친구 바바라 테일러는 연민의 정치에 관한 최근 모음집에 기고한 글에서 연민의 역사를 살펴본다. 여기에서 테일러는 "좋은 사람들이 소중히 여기는 것"을 지지하기 위해 "필요하다면 얼마나 강인해질 수 있는지"를 상기시킨다. 진정한 변화를 일으키려면 돌봄과 친절함과 함께 강인함을 갖추어야 한다는 것은 분명한 사실이다.

테일러는 데이비드 흄과 장 자크 루소와 같은 철학자들을 인용하며 연민은 역사적으로 거리를 둔 동정이 아닌 다른 사람들과 *함*

께 느끼는 것이라고 지적한다. 더욱이 테일러는 우리가 현재 처한 "연민의 비상사태"에 비추어 다음과 같은 결론을 내린다. "그렇게 강인한 마음을 가진 연민이 요구되는 때가 있다면, 즉 강경한 연민의 정치가 필사적으로 요구되는 때가 있다면, 바로 지금이 분명히 그러한 때다."

주류 철학자인 앤서니 그레일링Anthony Grayling은 정확히 그러한 결론에 도달하면서 같은 모음집에서 다음과 같이 말한다: "만일 세상을 더 나은 곳으로 만들 단 하나의 명령이 있고, 그것에 순종한다면, 그것은 '연민을 베풀라'일 것이다." 그러나 두 작가 모두 자세히 설명하지 않았지만, 세상을 더 나은 곳으로 만들기 위한 힘든 투쟁은, 연민을 확장해 가깝든 멀든 우리를 묶는 모든 유대를 소중히 여기도록, 그리고 살만한 행성에서 모두를 위한 좋은 삶을 제공할 수 있는 사회·경제적 정책들을 위해 싸우도록 사람들을 설득하는 것을 의미한다.

또 다른 기여자인 영감을 주는 페미니스트 변호사이자 활동가인 프라그나 파텔은 연민의 중요성에 동의하지만 중요한 주의 사항에 주목한다. 파텔은 사우스얼 흑인 시스터즈의 창립자 중 한 명이며 최근까지 이 단체의 카리스마 넘치는 책임자였다. 파텔은 대중과 정치담론에서 다루어지는 연민에 대한 절실한 필요에 대해 모두 알고 있으며 그러한 담론들이 우익 포퓰리즘으로 자주 변질되고 공적 생활에 있어서 전반적인 신뢰가 부족하다는 점을 설명한다. 물론 그러한 변질은 이민자의 권리를 보호하는 이민 변호사를 표적으로 삼는 공격을 포함하여 우리 정부가 망명 신청자들을 끔찍하게 대우하는 것에서 명백히 드러난다.

파텔은 정부의 조치가 공적 영역 전반에 걸쳐 선동적인 인종차별을 정상화했다고 말하며, 얼마 전 한 로펌에서 발생한 흉기 공격을 예로 든다. 그러나 파텔이 덧붙인 것처럼 인종차별주의와 외국인혐오증은 이미 영국에 깊숙이 뿌리내려 모든 제도에 걸쳐 자원과 삶의 기회에 있어 불평등한 분배를 형성하고 있다. 따라서 그녀는 현재 존재하는 친절, 용기, 저항, 연대의 모든 공간을 소중히 여기며 정치에서 더 큰 연민을 추구하는 동시에, 이 암울한 역사의 순간에도 연민이 포괄적인 사회 정의에 대한 비전 및 투쟁과 연결되어야 한다고 주장한다. 그러한 의제를 추진했을 때만이 우리는 "권력을 뒤흔들고 마음과 생각을 바꾸고 [모든] 국민의 이익을 위해 작동하는 정치 문화를 재구상할 기회를 갖게 된다."[22]

따라서 정치에서 더 큰 연민을 강조하고 정치 및 사회생활의 모든 수준에서 돌봄을 우선시하는 것이 필수적이다. 하지만 더 나은 것을 만들 수 있는 힘을 가진 사람들을 어디에서 찾고 지지할 수 있을까? 이 과정은 길고 느릴 것이기에 내가 할 수 있는 일은 그 과정을 관찰하는, 가능하다면 기여하는 방법을 가리키는 일뿐이다.

우리가 여러 번 보아왔듯이, 풀뿌리 지원 활동은 예상치 못한 위기의 시기에 정기적으로 나타난다. 이를 희망을 위한 중요한 자원 중 하나로 본 작가 리베카 솔닛은 지진, 허리케인, 또는 기타 자연재해 이후 갑작스럽고 절박한 상황에 대응하여 생겨난 공동체를 수년 동안 기록해 왔다. 《이 폐허를 응시하라》에서 전개되는 역사 연구는 두려움과 상실 속에서도 사람들을 고립시키는 일상적인 분열을 뛰어넘고 생존자들 사이에 새로운 친밀감을 형성하면서 지역 공동체와 서로를 지원하는 새로운 네트워크가 항상 발생한다는 것을 확인한다.

그러나 우리가 알고 있듯이 이러한 네트워크는 비상사태가 끝나고 기존의 거버넌스와 사회적 행동의 관행이 다시 돌아오면 사라진다. 하지만 솔닛은 일부 사람들은 돌이킬 수 없을 정도로 변화된 상태로 남아 있다는 사실을 발견한다. 이는 우리에게 이러한 일시적인 돌봄 네트워크가 유지되고 지속 가능한 공동체를 조직하는 방법에 대해 많은 것을 가르쳐줄 수 있음을 시사한다. 우리가 예상하는 끊임없는 재난과 재앙, 그리고 무엇보다도 다가오는 기후 비상 상황을 생각하면 이는 더욱 필요하다.[23]

희망을 키우다

그럼에도 불구하고, 나의 오랜 정치적 친구와 각계각층의 협력자들 중 다수는 영국과 전 세계의 좌파 상황에 대해 깊은 우울을 느끼고 있다. 나처럼 2017년과 2019년에 각각 코빈Corbyn과 맥도넬McDonnell이 이끄는 노동당이 내놓은 진보적 선언문에 영감을 받은 많은 사람들은 모든 것에 대해 계속되는 보수당의 잘못된 관리와 노동당이 새로운 지도자인 키어 스타머Keir Starmer하에 우경화되는 것으로 인해 충격에 빠졌다.

그러나 마이크 핍스Mike Phipps가 《내일에 대해 생각하는 것을 멈추지 말라Don't Stop Thinking about Tomorrow》에서 주장한 것처럼, 코빈 프로젝트에서 영감을 받은 모든 사람들에게 활력을 불어넣었던 폭발적인 에너지, 상상력, 희망이 완전히 증발했다고 믿는 것은 분명 잘못이다. 이는 정치 교육을 위한 새로운 급진 언론 매체의 회복력과 증가하는 위기에 대한 모든 형태의 저항에 대한 지속적인 지원 속에 살아 있다.[24] 코빈이 지도자였을 때 열린 첫 번째 노동당 전당대회에 맞추어 2016년에 시작된 연례 축제 '변화된 세상The World Transformed, TWT'은 계속해서 힘을 키워왔다. 처음부터 그 목표는 진보적 운동과 공동체 활동에서뿐만 아니라 노동당 안팎에서 좌파의 입지를 구축하고 정당과 운동 정치 간의 교류를 장려하는 것이었다. 각 연례행사에는 항상 10대부터 나와 같은 70대 노년층까지 모든 연령층의 연설자와 청중이 참여해 왔다.

영국에서 번성하고 있는 현재 진행 중인 좌파 교육 매체로는 노카라 미디어Nocara Media의 거의 매일 올라오는 팟캐스트와 기사들이 있다. 이 팟캐스트는 10여 년 전 대학 등록금 인상에 반대하는 학생 시위 중에 아론 바스타니Aaron Bastani와 제임스 버틀러James Butler가 설립했으며 곧 애쉬 사카르Ash Sarkar 등이 합류했다. 진행 중인 급진 좌파 문화는 〈샐비지Salvage〉 창간 직후 〈트리뷴Tribune〉의 재출간과 오웬 존스 같은 잘 알려진 급진주의자들의 다양한 주간 팟캐스트에서도 분명히 드러났다. 이러한 새로운 언론 매체는 잡지 〈레드 페퍼Red Pepper〉와 같은 더 많은 사회주의 페미니스트 제작물에 합류한다. 〈레드 페퍼〉는 1995년 창간 때부터 40여 년 전 《파편을 넘어서》를 나와 함께 쓴 작가이자 사회주의 페미니스트인 힐러리 웨인라이트와 함께 했다.

또한 2023년은 영국 전역에서 노조 투쟁이 지속적으로 고조되면서 시작되었다. 전국철도해운운송노조 National Union of Rail, Maritime and Transport Workers, RMT 사무총장인 침착하고 영리한 믹 린치Mick Lynch는 영국 내 삶의 불평등이 심화되고 있다는 점을 분명하게 규탄하고 파업을 설득력 있게 옹호함으로써 일종의 미디어 스타가 됐다. 남은 노동당 좌파와 함께 린치는 다른 노동자들, 특히 수십 년 동안 하락해 온 임금을 유지하기 위해 싸우고 있는 대부분 필수 서비스를 제공하는 노동자들의 투쟁을 지지한다.

비슷한 궤적이 미국에서도 뚜렷이 나타났다. 우선, 좌파는 버니 샌더스 상원의원이 2016년과 2020년에 민주당 대통령 후보가 되려고 할 때 홍보를 위해 열심히 싸웠다. 많은 사람들이 2016년에는 샌더스의 진보적인 정치만이 트럼프의 반동적인 포퓰리즘을 이길 가능성이 있다고 생각했지만, 샌더스는 두 번 모두 2위를 차지했다. 민주당의 다른 좌파 의원들은 샌더스를 지지했으며 그중 알렉산드리아 오카시오-코르테스와 '스쿼드Squad'(2018년에 오카시오-코르테스를 비롯한 네 명의 여성의원 모임으로 시작된 미국 하원에서 민주당 코커스의 일부를 구성하는 비공식적인 진보적이고 좌파적인 연합.-

옮긴이)가 가장 잘 알려져 있다.

미국에서도 노동조합 가입과 노조 투쟁이 폭발적으로 증가했다. 2022년 크리스 스몰스Chris Smalls는 뉴욕주 스탠튼 아일랜드에 있는 아마존 물류 창고에서 성공적인 캠페인을 조직하고 진행하는 데 도움을 주었고, 그 이후로 50개가 넘는 다른 아마존 물류 창고가 자체 노동조합을 설립하기 시작했다. 스타벅스 직원들은 현재 임금 인상과 더 나은 근무 조건을 요구하며 노동조합을 만들려고 시도하고 있고, 처음으로 부분적인 성공을 거두었다. 마찬가지로 급진적인 언론 매체와 팟캐스트도 확장되었다. 그중 하나인 〈자코뱅Jacobin〉은 바스카르 순카라Bhaskar Sunkara가 2010년에 말에 창간호를 낸 이후 독자층과 국제적 연대, 그리고 유명 기고자들을 꾸준히 늘려왔다.

그러나 국가 차원에서 좌파가 집권할 것이라는 희망을 가장 크게 증폭시킨 계기는 라틴 아메리카 전역을 휩쓸고 있는 이른바 핑크 타이드pink tide(중남미 국가들에서 좌파 정권이 다수 집권하는 현상.-옮긴이)의 성장이다. 콜롬비아에서 구스타보 페드로Gustavo Petro의 대통령 당선과 브라질에서의 루이스 이나시우 룰라 다 시우바Luiz Inácio Lula da Silva의 승리(인정하건대 아주 적은 표차로)는 좌파 세력이 미국과 세계 자본이 선호하는 가혹한 신자유주의 체제에 맞서 전진하고 있음을 시사한다. 이는 최근 멕시코, 아르헨티나, 볼리비아, 칠레, 그리고 짧은 기간이지만 페루에서의 선거 승리로 입증되었다. 이러한 대담한 좌파의 성향은 2022년 6월 조 바이든Joe Biden 미국 대통령이 쿠바, 니카라과, 베네수엘라를 독재를 이유로 미주정상회의Summit of the Americas에 초대하지 않자 여러 라틴 아메리카 지도자들이 불참하면서 표면화됐다. 미국에 본부를 둔 국제 평화를 위한 여성 단체 코드핑크CODEPINK의 창립자 중 한 명인 메데아 벤자민Medea Benjamin은 정상회의에 참석한 국가들이 미국의 라틴 아메리카 개입이라는 어두운 전통을 너무나 잘 알기에 미국이 이 지역의 주권을 존중할 것을 요구했다고 지적했다.[25]

비슷한 진보적 자신감이 2022년 최대 규모의 세계 기후 정상회담인 COP27에서도 나타났다. 30년간의 끊임없는 옹호 끝에 원주민과 개발도상국의 다른 목소리들이 마침내 손실과 피해 기금을 요구하는 데 성공했다. 가난한 국가들이 기후변화의 파괴적인 영향에 대처하도록 부유한 국가로부터 받는 보상이다. 이제 부유한 국가들이 약속을 이행하고 돈을 내도록 강제하는 매우 힘든 일이 남아 있다. 이는 끊임없는 환경 파괴에 직면하여 마침내 전환을 진지하게 받아들이는 것을 의미한다.

요즘 나는 여행을 많이 하지 않는데, 사실 예전에도 많이 하지 않았다. 하지만 2023년 새해 첫날, 원주민과 기타 상습적으로 착취당하는 브라질 소수민족들 곁에 서 있던 룰라 다 시우바의 세 번째 브라질 대통령 취임식에는 참석하고 싶었다. 왜냐하면 국가 지도자가 배려의 언어, 즉 대부분의 남성 정치인의 레퍼토리에는 없는 언어를 사용하는 독특한 연설을 들었을 것이기 때문이다. 남성 정치인들은 '돌봄'을 너무 '부드럽고' '여성적'인 것이라고 여기고 멀리

한다. 룰라의 연설은 그의 정치적 목표에 대한 다음과 같은 내용으로 마무리되었다.

> 내가 통치한다고 말할 때, 나는 돌본다는 것을 의미합니다. 나는 통치보다 사랑으로 나라와 브라질 국민을 보살필 것입니다. 나는 모든 브라질인, 특히 도움이 가장 필요한 사람들을 돌보겠다는 약속을 다시 한번 강조합니다. 이 나라에서 다시는 굶주림이 없게 하겠습니다. [남은 뼈를 얻기 위한] 뼈 대기열에 줄을 서는 가난한 사람들을 정부 예산에 포함시키겠습니다.[26]

그럼에도 불구하고 2020년대의 지속적인 좌절에 맞서려면 우리가 어디에 있든 높은 수준의 낙관주의와 매우 다양한 형태의 저항이 필요하다. 기후 비상사태로 인한 극심한 불평등, 세계 보건 위협, 여성과 기타 취약계층에 대한 지속적인 폭력으로 인해 발생하는 생활비 위기에 더해, 이제 우리는 러시아-우크라이나 전쟁의 기괴한 폭력을 목격한다. 또 수단, 예멘, 미얀마 등지에서는 내란과 불안이 계속되고 있다. 더욱이, 미국에는 여전히 백인 우월주의와 트럼프의 미국 우선주의 운동을 지지하는 동시에 여성의 권리를 맹렬하게 공격하는 극우 성향의 초기 파시스트 목소리가 존재한다. 유럽의 많은 지역에서 우리는 특히 이민의 '위협'에 대한 반응으로 민족주의-보수주의의 강력한 부상을 목격했다. 유럽 전역에서 볼 수 있지만 특히 헝가리와 폴란드에서 가장 성공적으로 자리 잡고 있다.

한편 인도는 무슬림에 대한 언어적, 신체적 공격과 무슬림의 가옥과 재산에 대한 파괴를 허용하는 등 극단적 권위주의를 보여주는 나렌드라 모디Narendra Modi의 힌두 민족주의의 장악하에 있다. 튀르키예 진보주의자들은 모든 형태의 쿠르드족 저항에 대해 전쟁을 벌이는 레제프 타이이프 에르도안Recep Tayyip Erdoğan의 지속되는 탄압과 함께 살고 있다. 지난 40년 동안 약 5만 명의 쿠르드족이 살해당했고, 폭력 종식을 요구하는 수백 명이 투옥됐다. 이스라엘 벤자민 네타냐후Benjamin Netanyahu의 최근 연립정부가 가장 극단적인 형태의 반팔레스타인 정착민 민족주의를 표방하는 것은 중동에서의 평화와 정의를 향한 노력에 있어 엄청난 후퇴다.

그러나 이 모든 것들에도 불구하고 희망(때때로 경험보다는 희망이 중요하다)을 보존하는 일은 모든 삶이 가치 있고 연결되어 있다고 주장하는 우리 모두에게 일종의 의무로 남아 있다. 이는 다른 사람들에 대한 관심이나 지구의 미래에 대한 관심을 포기하지 않는다는 의미다. 그 희망은 그 순간의 공포를 직시하며 받아들이는 것을 의미하며, 또한 우리가 잔혹한 권력의 과시에 저항하고 도움이 필요한 너무나 많은 사람들에 대한 돌봄 부족, 또는 우리를 지탱하는 세상에 대해 소리 높여 이야기하면서 아무리 사소한 방식일지라도 우리의 행동이 중요하다고 믿는 것을 의미한다.

우리의 행동은 중요하며, 특히 다른 사람을 향한 관심과 돌봄을 표현할 때 가장 중요하다. 매우 그리운 데이비드 그레이버David

Graeber가 잘 말했듯이, 돌봄노동은 다른 사람들의 자유를 가능하게 하는 일이다. 더욱이, 내가 이 책 전체를 통해 하는 주장처럼 그레이버는 우리가 모두 보살핌을 받아야 할 뿐만 아니라 다른 사람을 보살피거나 적어도 무언가를 보살펴야 하는 훨씬 큰 심리적 필요성이 있다고 공언했다.[27]

그러나 돌봄을 주고받는 능력에 대한 희망을 유지하기 위해서는, 우리는 모든 단계에서 다른 사람들의 지원이 반드시 필요하다. 개인적으로 자신감을 유지하고 지역공동체 생활과 소속감을 전반적으로 보존하려면 어느 정도의 공공 참여가 필요하다. 타인에 대한 더 큰 포용성과 개방성은 우리가 다양한 형태의 환대와 국제주의를 두려워하기보다는 즐기는 데 도움이 된다. 다른 사람에게 관심을 가지고 가능한 경우 지원하는 것, 멀리서 왔든 가까이에서 왔든 '낯선 사람'을 두려워하기보다는 환영할 준비가 되어 있는 것이 우리 자신의 내적 공포와 외로움을 달래는 데 도움이 되고 우리가 더 살아 있음을 느끼게 한다는 것을 깨닫는 사람이 결코 나 혼자만은 아니다.

내가 《급진적 행복Radical Happiness》에서 설명했듯이, 우리는 일시적일지라도, 피켓라인이나 다른 공공 공간에서 우리가 타인에 대한 불의나 해악에 집단적으로 저항할 때마다, 또 우리가 자신의 삶을 개선하기 위해 싸우는 이들을 지원하기 위해 앞으로 나아갈 때, 공유된 열정을 느끼며 즐긴다.[28]

페미니스트 좌파의 귀환

나에게는 오늘 또 다른 친구인 조 리틀러가 그녀의 새 모음집인 《좌파 페미니즘: 개인적인 것과 정치적인 것에 관한 대화 Left Feminisms: Conversations on the Personal and the Political》에서 축하한 생기를 되찾은 좌파 페미니즘을 보는 즐거움도 있다.[29] 좌파 페미니스트들이 모두 동의하는 것은, 현재 자본주의 체제가 페미니스트들이 예전에 싸웠던 모든 것들과 상반되게, 모순되고 억압적인 방식으로 여성을 관련짓고 포섭한다는 점이다. 소수의 여성이 직업적으로 성공을 거두고 때로는 경영진에 합류하는 것도 사실이다. 하지만 이는 무엇보다도 복지 축소와 외주화, 그리고 모든 형태의 돌봄노동에 대한 전적인 지원 부족으로 인해 대다수 여성들의 빈곤이 심화하는 배경 속에서 일어났다. 오늘날 돌봄노동은 저임금, 이주노동자들에 의해 일상적으로 수행되며, 새로운 형태의 인종차별적인 성차별을 고착시키고 있고, 우리 대부분은 서로를, 지역사회를 적절하게 돌볼 시간이나 자원이 없다.

이러한 상황에 대한 불만이 최근 전 세계적으로 여성 투쟁이 활발하게 성장하도록 자극하고 있다. 전통적인 남성성을 방어하려는 시도가 다양한 형태의 반동적 세력들을 키워왔다는 인식을 바탕으로 여성의 권리에 대한 공격에 맞서는 광범위하고 포용적인 연대를 요구하고 있다. 따라서 페미니즘과 젠더 정의 운동은 많은 새로운 전 지구적 투쟁의 주요 동력이 되었다. 더욱이, 이러한 페미니스트 운동들은 정치 조직 내에서 반인종주의적 관점의 필요성을 다시 중심에 두었다. 마지막으로, 케냐 페미니스트 아위노 오케크 Awino Okech가 그녀의 모든 글에서 주장했듯이, 이 모든 페미니스트 조직들에서 가장 두드러지게 나타나는 것은 돌봄의 문제다. 파키스탄, 나이지리아, 브라질, 인도, 아르헨티나 또는 레바논, 어디에서든지 돌봄과 복지는 페미니스트 저항을 구축하고 유지하는 핵심이다.

돌봄이 지속 가능한 미래를 위해 필요한 포괄적인 변화의 핵심임을 인식하면, 우리가 알고 있는 세상의 기반을 뒤집을 수 있는 새로운 집단적 상상력을 구축해야 한다는 것은 분명하다. 좌파 페미니스트들은 현재 거의 모든 국가 지도자들이 집권당이든 여당이든 여전히 지지하고 있는 불특정 '성장'에 대한 강조에 반대하면서 우리 모두를 지탱하는 사회 기반 시설에 대한 상당한 투자부터 시작해야 한다는 데 동의한다.

따라서 성장이 있겠지만, 엄격하게 지속 가능하고 돌보는, 배려하는 성장이어야 한다. 돌봄에 대한 강조는 우리가 단지 주당 근무 시간 단축뿐만 아니라 필요한 사람들을 위한 근무일 단축 등 모두를 위한 근무시간 단축에 대한 약속을 우선시하도록 요구한다. 이를 통해 돌봄 노동을 공유하는 동시에 일과 소비 사이의 연결을 끊을 수 있기를 바란다. 현재 사람들이 보상적 소비주의로 도피하려는 욕구를 부채질하는 것은 터무니없는 과로 문화다. 사람들이 궁극적으로 쓸데없는 일에 에너지를 소비하거나, 특히 공공부문에서 중요한 유용한 작업에 일상적으로 수반되는 무의미한 관료주의에 지쳐 있기 때문이다.

이러한 변화를 뒷받침하려면 일하거나 일하지 않는 사람들에게 최소한의 소득 보장을 포함한 특정한 보편적인 권리를 약속하는 새로운 사회적 계약이 필요하다. 이는 무엇보다도 개인의 복지 요구를 충족하고 지속 가능한 지역공동체를 만들기 위해 반드시 필요한 보편적 돌봄에 대한 접근을 약속해야 한다.

우선, 이익이 계속 증가하는 화석연료 기업에 막대한 횡재세를 부과해야 하며, 궁극적으로는 그들을 단계적으로 퇴출하는 것을 목표로 해야 한다. 우리는 모든 금융 거래에 대해 소위 토빈세Tobin Tax를 시행할 수 있다. 이는 대부분의 유럽연합 국가가 지지하는 움직임이며, 상당한 신규 수익을 창출한다. 우리는 또한 군사비, 특히 영국의 무의미한 핵 억제력에 낭비되는 금액을 줄여야 한다. 실제로 영국은 나머지 서유럽 국가들에 비해 복지 혜택에 더 적은 비용을 지출하고 있지만 국방에는 다른 어떤 국가보다 더 많이 비용을 지출하고 있다.[30] 이러한 변화는, 유토피아적으로 들릴지 모르지만, 우리가 헌신한다면 분명히 실현 가능하다.

예를 들어, 과도한 업무 문화에도 불구하고 최근 영국에서는 3,000명 이상의 근로자를 대표하는 70개 회사가 급여 손실 없는 주 4일, 32시간 근무라는 흥미로운 시범 프로젝트를 진행했다. 보고된 결과는 생산성, 복지, 생활비 위기 대처 측면에서 인상적이다. 거의 절반에 가까운 근로자가 스트레스를 덜 받고, 수면 패턴이 개선되었으며, 가정생활을 더 잘하게 되었고, 병가를 덜 내고 직장에 머무르는 것이 더 행복하다고 보고했다.[31] 현재 다른 곳에서도 비슷한 계획이 개발되고 있다.

제네바에 본부를 둔 국제노동기구International Labour Organization가 발표한 근무시간 보고서에 따르면, 기업들의 근무시간 단축을 장려하는 프로젝트가 다른 유럽 국가에서도 시범적으로 진행되고 있다. 여기에는 현재 성공을 거두고 있는 스페인 일부 지역의 주 4일 근무제와, 2018년과 2019년에 아이슬란드 정부가 시행한 또 다른 프로젝트가 포함된다. 이들은 근무시간 감소가 전반적으로 사람들의 건강한 삶과 일과 가정생활 사이의 조화를 증대한다는 것을 시사했다.[32]

이러한 계획은 소박한 시작이다. 보다 급진적으로, 일부 페미니스트들이 수십 년 동안 주장해 온 것처럼 우리에게 필요한 것은 일 자체를 위한 노동의 개념을 버리고 모든 사람을 위한 생활임금과 함께 '시간제' 유급 노동을 표준으로 만드는 것이다. 분명한 이점은 일과 성장을 분리하고 모든 수준에서 더 많은 돌봄을 위한 시간을 확보한다는 것이다. 물론 우리는 이것이 글로벌 기업들이 지속적으로 추진하는 것과는 정반대라는 사실을 알고 있고, 그래서 더욱 더 중요하다.[33]

우리는 서로 연결되어야 한다

모든 사람을 위한 생활임금은 현재 영국에서 거의 고려되지 않고 있으며, 우리는 세금을 줄이고 복지국가를 축소하는 가혹한 정책을 여전히 고수하고 있다. 영국의 주요 좌파 경제학자 중 한 명인 제임스 미드웨이James Meadway는 2022년 초에 다음과 같이 썼다. "영국은 독특하게도 어떤 경제 문제에 대해서도 최악의, 가장 단기적이고 어리석은 해결책을 내도록 설계된 기관들로 가득 차 있다. 예를 들어 은행가의 금융 위기에 대응하기 위해 10년 동안 간호사의 급여를 삭감하는 것을 보라."[34] 이는 내가 제안한 희망의 의무에 확실히 반한다.

그러나 미드웨이조차도 두 가지 긍정적인 징후를 본다. 첫 번째는 영국에서 노조 투쟁이 승리하고 있다는 점이다. 현재 많은 노조 지도자들이 전통적인 노동주의를 훨씬 뛰어넘어 진정한 사회주의적 관점으로 귀결되는 모든 수준에서의 진보적 정치와 가치의 필요성을 선포하고 있다. 두 번째는 자유주의 중도부터 극좌까지 광범위한 진보적 사람들을 하나로 묶는 점점 커지는 기후변화에 대한 인식이다. 이는 기업의 탐욕이 규제와 감시 없이 계속될 수 있다는 생각을 조롱하는 것이다.

실제로 린치뿐만 아니라 일부 영국 노조 지도자들은 공정한 임금을 위한 투쟁을 더 나은, 지속 가능한 세상을 확보하려는 투쟁과 연결하기 시작했다. 그들은 우리의 필수 공익사업 중 더 많은 것이 공공 소유로 전환되고 민주화된다면 기후 비상사태를 상쇄하는 데 크게 도움이 될 수 있다고 지적한다. 우리가 모든 자원의 급진적인 민주화에 전념한다면 이러한 일은 부문별로 일어날 수 있다. 제레미 길버트Jeremy Gilbert와 알렉스 윌리엄스Alex Williams가 《현재의 헤게모니Hegemony Now》에서 지적했듯이 "사회주의의 대의에 직접적이고 객관적인 관심을 가진 사회적인 지지층의 범위가 위축되는 것이 아니라 성장하고 있다."[35] 최근 여론조사에 따르면 비슷한 현상이 보고되었다. 흑인과 여성을 중심으로 예상치 못한 사회주의에 대한 지지가 증가하고 있다는 것이다.[36]

그러나 그러한 목표에 가까이 접근이라도 하려면 변화를 위해 노력하는 모든 진보적인 사람들이 결속하여, 가능한 한 가장 광범위한 연합을 구축해야 한다. 많은 사람들이 중요한 활동이 시작되는 풀뿌리에서 바쁘겠지만, 그들은 커뮤니티 네트워크, 페미니스트 조직, 노동조합부터 정당 전반에 걸쳐 미래 지향적인 사람들에 이르기까지 기관 내외에서 일하는 다른 사람들과 연결하여 그들 사이의 연대를 최대한 육성할 수 있다. 이는 특히 단순다수대표제first-past-the-post electoral system(한 선거구에서 최다 득표자를 당선자로 선출하는 제도. 전체 득표의 절반을 넘기지 못해도 한 표라도 더 많이 득표한 사람이 당선되므로 대표성에 결함이 있는 것으로 지적된다.-옮긴이)로 인해 소수 정당의 발언이 거부되는 영국에서 중요할 것이다. 우리는 포괄적인 탈탄소화라는 환경 목표에 전념하는 모든 사람들과 사회적 불평등을 줄이고 전반적으로 건강한 삶을 증진하기 위해 노력하는 연합이나 정당 간의 유대를 강화해야 한다.

이러한 동맹은 인류의 생존을 위해 반드시 필요하지만, 의미 있는 결과를 얻기 위해서는 장기간의 투쟁이 필요하다는 사실을 누구도 의심할 수 없다. 그 과정에서 사회 인프라 재건을 시작으로 사회 복지에 대한 적절한 투자, 친환경 주택으로의 전환과 건설, 녹색 기술로의 전환 등 계속해서 싸워야 할 것이 너무 많다. 우리는 급진적 치료를 위한 새로운 인프라를 구축하는 시도들의 시작을 보았지만, 그것들은 여전히 흩어져 있다.

급진적으로 돌보는 자치제가 어떤 모습일지 가장 잘 보여주는 사례는 2015년 급진적인 바르셀로나 앙 코뮈Barcelona en Comú 의회가 선출된 후의 바르셀로나이다. 바르셀로나 당국은 더 나은 이웃 돌봄과 교육을 제공하기 위해 보육센터에 투자하기 시작했다. 또한 많은 가사 노동자를 회원으로 두고 있는 지역 이주여성 협동조합인 무헤레스 팔란테Mujeres Pa'lante를 지원한다. 2015년부터 2021년 사이에 사회복지, 건강, 교육을 포함한 사회적 돌봄을 위한 바르셀로나 앙 코뮈 예산은 39.7퍼센트 증가했다.[37]

그러나 아직 다른 곳에서 이와 견줄만한 사례를 본 적이 없다. 영국의 많은 지방자치단체들이 지역 투자를 촉진하기 위해 지역공동체 자산 기금을 설립하려고 하고 있으며, 엄청난 재정적 제약과 공공자원의 민영화로 인한 파괴적인 영향에 맞서면서 돌봄 서비스를 개선할 자원을 구할 방법을 모색하고 있지만, 아직 바르셀로나의 수준에는 미치지 못한다. 영국의 급진 경제학자이자 활동가인 크리스틴 베리Christine Berry가 보고한 것처럼, 새롭고 협력적인 돌봄 관행이 어떤 모습일지에 대한 몇 가지 소규모 사례가 있다. 여기에는 돌보는 가족Caring Families으로 알려진 런던 뎁트퍼드Deptford의 부모 주도 어린이집과 영국 북부 핼리팩스Halifax에 기반을 둔 협동 플랫폼인 동등돌봄 협동조합Equal Care Co-op이 포함된다. 동등돌봄 협동조합은 협동 기반의 돌봄 노동자 그룹을 지원한다. 이 두 가지 이니셔티브는 이윤 추구 없이 일부 지역의 지원을 받는 돌봄 관행이 어떤 것인지에 대한 예를 보여줄 뿐만 아니라 돌봄 전문가와 무급 돌봄을 제공하는 부모, 친구, 친척 사이의 장벽을 없애려고 노력한다.[38]

오늘날에도 여전히 무관심이 만연해 있음에도 불구하고, 더욱 돌보는 미래를 요구하는 목소리는 점점 더 커지고 있으며, 현재의 구조적 제한 안에서는 돌봄과 관련된 잘못된 점들을 고칠 수 없다는 깨달음을 표명하고 있다. 이는 우리가 집단적 요구와 상상력으로 우리 중 일부가 평생 싸워온 총체적인 변화를 실현하기 위해 계속해서 밀어붙여야 한다는 것을 의미한다.

나는 이 책을 《서로가 아니라면 우리가 누구에게(원제: Lean on Me)》라고 불렀는데, 이는 우리의 상호의존성을 확인하고 우리가 어디에 있든 모두 서로로부터 인정과 돌봄과 지지를 받을 필요가 있고, 또 그것들을 빚지고 있다는 것을 확인하는 나의 방식이다. 인간의 조건은 우리의 욕망이 종종 거부되거나 무시되는 것처럼 육체도 종종 우리 뜻대로 되지 않는다는 사실을 아는 것을 의미해야 한다. 그렇다고 해서 이것이 우리가 다른 사람들의 삶에 관심을 기울이지 않을 변명이 되지는 않는다. 사실은 그 반대다.

급진적인 행동과 개인적인 즐거움과 건강한 삶을 유지해주는 새로운 세대 간의 만남을 계속 추구하면서도 나 자신은 조금씩 더 허약해지고 있다. 우리 중 누구도 친구, 지인, 심지어 낯선 사람의 보살핌과 친절 없이는 잘 살아남을 수 없다. 쫓기는 시대에 많은 이들이 그러한 돌봄의 친밀감을 형성하거나 유지하는 데 겪는 어려움이 바로 거의 모든 연령층을 괴롭히고 있는 병적 우울증이 급증하는 이유다. 이러한 어려움은 우리 대부분에게 삶의 의미와 만족을 제공하는 데 있어 상호 연결성을 유지하는 일이 가장 중요하다고 말해준다. 이것이 바로 우리가 모두 일상적인 상호작용과 삶의 모든 수준에 걸쳐 있는 제도에서 더욱 자비로운 지역공동체를 만들기 위해 노력해야 하는 이유다.

인간 존재의 상호 연결된 취약성을 인정하는 것만으로도 가까이에 있든 멀리 있든 다른 사람들과의 유대를 충분히 강화할 수 있다. 이는 허황된 개인적 만족감을 약속하면서 이러한 깨달음을 방해하는 시장 주도적 수사의 지속적인 메세지를 무시하는 것을 의미한다. 분명, 우리가 자비롭고 포용적인 사회성에 대한 헌신을 심화하고 돌봄을 삶과 정치의 중심에 두면서 현재의 지속적인 위험과 미래의 숙명적인 예감에 대응할 시간은 지났다. 저명한 신학자이자 시인인 로완 윌리엄스Rowan Williams가 단언하듯이 "부서지기 쉬운 세상에서 우리는 우리의 동료 인간에게 의지해야 한다."

우리 함께 의지해보자.

감사의 말

이 책은 인간의 유대와 서로를, 또 우리를 둘러싼 세상을 평생 돌봐야 하는 필요성을 예찬하고 싶은 내 오랜 바람 속에서 진화해 왔다. 《서로가 아니라면 우리가 누구에게(원제: Lean on Me)》라는 제목은 몇 년 동안 내 머릿속에서 맴돌며, 그것에 생명을 불어넣을 글을 기다리고 있었다. 나의 가장 친한 친구인 안드레아스 하치다키스 Andread Chatzidakis와 캐서린 로튼버그가 돌봄이라는 주제를 함께 고민하기로 했다. 뒤이어 조 리틀러와 제이미 하킴 Jamie Hakim이 합류해 우리는 빠르게 케어 컬렉티브를 결성했고, 2020년에 출간되어 큰 호응을 얻은 《돌봄선언》을 함께 썼다. 그래서 나는 우선 함께 서로를 잘 돌보며 돌봄에 관한 생각을 확장할 수 있었던 우리의 작은 집단에 깊은 감사를 드린다. 두 번째로, 버소Verso의 편집자 레오 홀리스Leo Hollis에게 매우 감사드린다. 그는 이 책을 의뢰했을 뿐만 아니라 이 책이 가능한 한 넓은 독자층에 닿도록 하겠다는 확고한 의지가 있었다. 그 작업은 최종 편집자인 로나 스콧 폭스Lorna Scott Fox에 의해 더욱 향상되었다. 또한 집필을 격려하고 출판 계약을 성사시킨 나의 에이전트인 퓨 리터러리 에이전시Pew Literary Agency의 엘리노어 번Eleanor Birne에게 감사한다. 캐서린 로튼버그에게는 그녀의 풍부한 편집 능력에 대해 다시 한번 감사를 전한다.

   글을 쓰는 내내 나는 현명하고 관대한 친구들의 도움을 받았다. 각자 너무나 다양한 방식으로 도움을 주어서 일일이 꼽아보기가 불가능하다. 하지만 몇 명은 꼭 언급하지 않을 수 없다. 에이먼 미키온Éamonn McKeown, 마리아 브록Maria Brock, 미샤 루드네프Misha Rudnev, 레이첼 무어Rachel Moore, 드니즈 라일리Denise Riley와 코로나 봉쇄 기간 동안 나를 찾아와 준 타냐 스킬런Tanya Skillen, 그녀와 함께 온 나의 사랑스러운 이웃 줄리안 루사다Julian Lousada, 조나단 고어Jonathan Gore, 니브 고든Neve Gordon, 토니 그레이엄Tony Graham, 킴 론지노토Kim Longinotto, 하이버리Highbury의 정치적 동지들은 이스라엘을 포함해 전 세계에 있는 유대인 친구들과 마찬가지로 매우 어려운 시기를 헤쳐나가는 데 도움을 주었다. 그들은 이스라엘의 지속적인 잔혹한 점령과 팔레스타인의 권리 부정을 비판하는 것이 자연스럽게 우리의 유대인 정체성의 본질이 되었다는 것을 알고 있다.

   친구들의 따뜻함과 보살핌이 삶을 가치 있게 만든다는 사실을 나는 안다. 특히, 세대를 넘나드는 친구들이 요즘 젊은이들이 직면한 새로운 도전과제들과 나를 연결해 주기에 이 사실을 더욱 잘 알게 되었다. 나의 페미니스트 글쓰기 그룹 원년 멤버인 샐리 알렉산

더Sally Alexander, 캐서린 홀Catherine Hall, 코라 캐플란Cora Kaplan 및 바바라 테일러는 항상 내 글을 격려하고 자신들의 글을 공유했다. 나는 지금 나를 힘껏 지지해 주는 가족공동체의 덕을 보고 있다. 나와 닉 데이빗슨Nick Davidson은 최근에 합류한 스티브 스케이스Steve Skaith와 클라우디아 디아즈Claudia Diaz, 그들의 아들 대니Danny를 맞아들였다. 내 자신의 가족인 바바라Barbara, 그램Graeme, 짐리 시걸Zimri Segal, 빌 턱Bill Tuck, 마리나 워너Marina Warner는 언제나 최선을 다해 따뜻하고 도움이 되어주며, 파트너인 앙네스 볼쇠Agnes Bolsø는 물리적 거리를 넘어선 친밀감의 가능성에 대해 매일 깨닫게 해준다.

참고문헌
찾아보기

참고문헌

서문: 우리는 서로에게 의지하며 살아간다

1 Martin Evans, 'Critic Reveals She Was the True Inspiration behind Blanche DuBois', *Telegraph*, 27 July 2014.
2 Quoted in Nina Auerbach, *Ellen Terry: Player in Her Time*, New York: Norton, 1987, p. 126.
3 Eric Fromm, *To Have or to Be?* London, New York: Continuum, 1977, p. 87. 《소유냐 존재냐》, 차경아 옮김, 까치, 2020년.
4 John Locke, *Two Treatises of Government*, 1690, 'Of the State of Nature', Chapter 2, Section 4, line 1.
5 Immanuel Kant, 'An Answer to the Question: What Is Enlightenment?'(1784), in *Practical Philosophy: The Cambridge Edition of the Works of Immanuel Kant*, trans. and ed. Mary J., Gregor, New York: Cambridge University Press, 1999.
6 Adriana Cavarero, *Inclinations: A Critique of Rectitude*, trans. Amanda Minervini and Adam Sitze, Stanford: Stanford University Press, 2016, pp. 2, 3, 15.
7 Cyril Connolly, *The Enemies of Promise*, London: Andre Deutsch, 1938, p. 110.
8 Cavarero, *Inclinations*, p. 131.
9 Judith Butler, *Precarious Life*, London: Verso, 2004, pp. xiv, 42–3. 《위태로운 삶》, 윤조원 옮김, 필로소픽, 2018년.
10 Emmanuel Levinas, *Totality and Infinity: An Essay on Exteriority*, Pittsburg: Duquesne University Press, 1969, p. 51.
11 Sigmund Freud, 'A Difficulty in the Path of Psycho–analysis', in *The Standard Edition of the Complete Works of Sigmund Freud*, vol. 17 [1917], London: Vintage, 2001, p. 142.
12 Jean Laplanche, *Life and Death in Psychoanalysis*, trans. J. Mehlman, Annapolis, MD: Johns Hopkins University Press, 1976, p. 129.
13 Sarah Benton, 'Dependence', *Soundings: A Journal of Politics and Culture*, 70, Winter 2018, pp. 61, 62.
14 The Health Foundation, *What Geographic Inequalities in COVID–19 Mortality Rates and Health Can Tell Us about Levelling Up*, 17 July 2021.

15 Future Care Capital, *The Marmot Review: Longevity and a Call to Action*, 18 February 2020.
16 Jonathan Freedland, 'Coronavirus Crisis Has Transformed Our View of What's Important', *Guardian*, 8 April 2020.
17 There have been many exposures of government corruption in court cases won by the Good Law Project. See 'BREAKING: High Court Finds Government PPE "VIP" Lane for Politically Connected Suppliers "Unlawful"', 12 January 2022, goodlawproject.org.
18 The Health Foundation, 'Unequal Pandemic, Fairer Recovery', July 2021, health.org.uk.
19 The World Bank, 'COVID–19 and Rising Inequality', 25 January 2022, live.worldbank.org.
20 Women's Budget Group, 'Creating a Caring Economy: A Call to Action', 30 September 2020.
21 The Leap, *The Leap Manifesto: Caring for the Earth and One Another*, September 2015, theleap.org.
22 Foundation for European Progressive Studies (FEPS), *Towards a Fairer, Care-Focused Europe* (FEPS and Friedrich–Ebert–Stiftung, 2020), feps–europe.eu.
23 FEMNET, *The Care Manifesto: Towards a Caring Economy, as Envisioned by Women*, June 2021, p. 1, femnet.org.
24 Joan C. Tronto, *Caring Democracy: Markets, Equality, and Justice*, New York: New York University Press, 2013, p. 94. 《돌봄 민주주의》, 김희강, 나상원 옮김, 아포리아, 2014년.
25 Nancy Fraser, 'Contradictions of Capital and Care', *New Left Review*, 100, July–August 2016; Laura Briggs, *How All Politics Became Reproductive Politics: From Welfare Reform to Foreclosure to Trump*, Oakland: University of California Press, 2017.
26 Ellie Benton and Anne Power, 'Community Responses to the Coronavirus Pandemic: How Mutual Aid Can Help', *LSE Public Policy Review*, 1 (3), 2021.
27 Susanna Rustin, 'Beyond Radical Neighbourliness: The Case for Micro-Democracy', *Soundings* blog, 10 June 2020, lwbooks.co.uk.
28 These attempts at radical municipalism are described in the Care Collective, 'Caring Communities', in *The Care Manifesto*, London: Verso, 2020, Chapter 3.
29 Jia Tolentino, 'Can I Help You?: What Mutual Aid Can Do during a Pandemic', *New Yorker*, 11 May 2020.

30 Miranda Bryant, 'Coronation's Big Help Out Volunteering Project at Risk of Lack of Participants', theguardian.com, 16 April 2023.
31 Rebecca Solnit, ' "The Way We Get through This Is Together": The Rise of Mutual Aid under Coronavirus', theguardian.com, 14 May 2020.
32 Dean Spade, *Mutual Aid: Building Solidarity during This Crisis(and the Next)*, London: Verso, 2020, p. 148.
33 Malte Klar and Tim Kasser, 'Some Benefits of Being an Activist: Measuring Activism and Its Role in Psychological Well-Being', *Political Psychology*, 30 (5), October 2009, pp. 755-77.

1장_ 저런 사람을 엄마라고 불러야 할까?

1 Ellen Ross, *Love and Toil: Motherhood in Outcast London, 1870-1918*, Oxford: Oxford University Press, 1993.
2 Mary Wollstonecraft, *A Vindication of the Rights of Woman*, London: Everyman, 1922 [1792], p. 7.
3 Charlotte Perkins Gilman, 'Moving the Mountain', 1911, in *Charlotte Perkins Gilman: Her Progress toward Utopia with Selected Writings*, ed. Carol Farley Kessler, Liverpool: Liverpool University Press, 1995.
4 Ada Nield Chew, quoted in Ann Oakley, 'Feminism, Motherhood and Medicine', in *What Is Feminism?*, ed. Juliet Mitchell and Ann Oakley, Oxford: Blackwell, 1983, p. 131.
5 Mrs Bertrand Russell, *The Right to Be Happy*, New York: Garden City Publishing, 1927, p. 185.
6 Simone de Beauvoir, *The Prime of Life*, London: Andre Deutsch and Weidenfeld & Nicolson, 1962, p. 292.
7 Christopher M. Callahan and German Berrios, *Reinventing Depression: A History of the Treatment of Depression in Primary Care, 1940-2004*, Oxford: Oxford University Press, 2005, p. 107; Jonathan Metzl, '"Mother's Little Helper": The Crisis of Psychoanalysis and the Miltown Resolution', *Gender and History*, 15 (2), 2003, pp. 240-67, 240.
8 R. D. Laing, *Politics of the Family*, Toronto: CBC Massey Lectures, 1969, p. 35.
9 Adam Phillips, 'Unforgiven', *London Review of Books*, 7 March 2019.
10 Simone de Beauvoir, *The Second Sex*, trans. H. M. Parshley, London: Vintage

Classics, 1997, p. 528.
11 Rochelle (Sheli) P. Wortis, 'Child–Rearing and Women's Liberation', in Michelene Wandor, *The Body Politic: Writings from the Women's Liberation in Britain*, London: Stage 1, 1969–1972, p. 129.
12 Alix Kates Shulman, *A Marriage Agreement and Other Essays: Four Decades of Feminist Writing*, New York: Open Road, 2012.
13 Jan Williams, Hazel Twort, and Ann Bachelli, 'Women and the Family', in *Once a Feminist*, ed. Michelene Wandor, London: Virago, 1990, p. 228.
14 Ann Oakley, *Housewife*, London: Allen Lane, 1974, p. 236.
15 Institute of Employment Studies, *Women in the Labour Market: Two Decades of Change and Continuity*, 1994.
16 Sarah Crook, 'The Women's Liberation Movement: Activism and Therapy at the Grassroots, 1968–1985', *Women's History Review*, 27 (7), 2018, pp. 1152–68.
17 Sheila Rowbotham, *A Century of Women: The History of Women in Britain and the United States*, London: Viking, p. 425.
18 Lynne Segal, ed., *What Is to Be Done about the Family?*, Harmondsworth: Penguin, 1983; Michèle Barrett and Mary McIntosh, *The Anti–Social Family*, London: Verso, 1982. 《반사회적 가족》, 김혜경, 배은경 옮김, 나름북스, 2019년.
19 Adrienne Rich, *Of Woman Born: Motherhood as Experience and Institution*, New York: Norton & Company Inc., 1976, pp. 285–6. 《더 이상 어머니는 없다》, 김인성 옮김, 평민사, 2018년
20 Nancy Chodorow, *The Reproduction of Mothering: Psychoanalysis and the Sociology of Gender*, Oakland: University of California Press, 1978. 《모성의 재생산》, 김민예숙, 강문순 옮김, 한국심리치료연구소, 2008년.
21 Carol Gilligan, *In a Different Voice: Psychological Theory and Women's Development*, Cambridge, MA: Harvard University Press, 1982; Sara Ruddick, *Maternal Thinking: Toward a Politics of Peace*, Boston: Beacon Press, 1989. 《침묵에서 말하기로》, 이경미 옮김, 심심, 2020년; 《모성적 사유》, 이혜정 옮김, 철학과현실사, 2002년.
22 Oakley, 'Feminism, Motherhood and Medicine', p. 140.
23 Alice Walker, *In Search of Our Mothers' Gardens: Womanist Prose*, New York: Harcourt Brace Jovanovich, 1983; Toni Morrison, 'Rootedness: The Ancestor as Foundation', in *Black Women Writers (1950–1980): A Critical Evaluation*, ed. Mari Evans, New York: Doubleday, 1988, pp. 342–3.
24 bell hooks, *Feminist Theory: From Margin to Center*, New York: Routledge,

1984, p. 133.

25 Maureen Freely, *What about Us? An Open Letter to the Mothers Feminism Forgot*, London: Bloomsbury, 1995; Madeleine Bunting, *Labours of Love*, London: Granta, 2020, p. 28.《사랑의 노동》, 김승진 옮김, 반비, 2022년.
26 Pew Research Center, *Motherhood Today – A Tougher Job, Less Ably Done*, 9 May 1997.
27 Marianne Levy, *Don't Forget to Scream: Unspoken Truths about Motherhood*, London: Phoenix, 2022; Tami Amit, 'Depleted Mother Syndrome', *Counselling BC*, 4 October 2014.
28 Anne Enright, *Making Babies: Stumbling into Motherhood*, London: Jonathan Cape, 2004, p. 136.
29 See Roberta Garrett, 'Novels and Children: "Mum's Lit" and the Public Mother/Author', *Studies in the Maternal*, 5 (2), 2013, pp. 1–28.
30 Angela McRobbie, 'Feminism, the Family and the New "Mediated" Maternalism', *New Formations*, 80, 2013, pp. 119–37.
31 Catherine Rottenberg, *The Rise of Neoliberal Feminism*, Oxford: Oxford University Press, 2018.
32 Human Rights Council, *Report of the Special Rapporteur on Extreme Poverty and Human Rights*, April 2019.
33 Shani Orgad, *Heading Home: Motherhood, Work, and the Failed Promise of Equality*, New York: Columbia University Press, 2018, pp. 192, 255.
34 Jo Littler, 'Mothers Behaving Badly: Chaotic Hedonism and the Crisis of Neoliberal Social Reproduction', *Cultural Studies*, 33 (4), 2020, pp. 499–520.
35 Brigid Shulte, '"The Second Shift" at 25: Q & A with Arlie Hochschild', *Washington Post*, 6 August 2014.
36 See, for example, Tine Rostgaard, *Family Policies in Scandinavia*, Berlin: Friedrich–Ebert–Stiftung, 2014.
37 Jemima Olchawski, *Parents, Work and Care: Striking the Balance*, Fawcett Society, May 2016; Giselle Cory and Alfie Stirling, *Pay and Parenthood: An Analysis of Wage Inequality between Mums and Dads*, TUC, March 2016.
38 Eliane Glaser, 'Parent Trap: Why the Cult of the Perfect Mother Has to End', *Guardian*, 18 May 2021.
39 Adam Phillips, 'Unforgiven', review of *Down Girl: The Logic of Misogyny*, *London Review of Books*, March 2019, emphasis added.
40 Jacqueline Rose, *Mothers: An Essay on Love and Cruelty*, London: Faber &

Faber, 2018. 《숭배와 혐오》, 김영아 옮김, 창비, 2020년.
41 Helen Penn, 'Policy Rationales for Early Childhood Services', *International Journal of Child Care and Education Policy*, 5, 2011, pp. 1–16.
42 Maddy Savage, 'How Covid–19 Is Changing Women's Lives', BBC Worklife, 30 June 2020, bbc.com.
43 Maude Perrier, *Childcare Struggles, Maternal Workers and Social Reproduction*, Bristol: Bristol University Press, 2022.
44 Dani McClain, *We Live for the We: The Political Power of Black Motherhood*, New York: Bold Type Books, 2019.
45 Angela Garbes, *Essential Labor: Mothering as Social Change*, New York: Harper Wave, 2022, pp. 9, 14.
46 Jia Tolentino, 'Can Motherhood Be a Mode of Rebellion?', *New Yorker*, 8 May 2022.
47 Laura Briggs, *How All Politics Became Reproductive Politics*, Oakland: University of California Press, 2017; Lynne Layton, 'Irrational Exuberance: Neoliberal Subjectivity and the Perversion of Truth', *Subjectivity*, 3, 2010, p. 308.
48 Sarah Knott, *Mother: An Unconventional History*, London: Viking, 2019, p. 258. 《엄마의 역사》, 이진욱 옮김, 나무옆의자, 2024년.

2장_ 교육의 가치

1 Martha C. Nussbaum, 'Compassion and Terror', *Daedalus*, 132 (1), 2003, p. 24.
2 Paulo Freire, *Pedagogy of the Oppressed*, London: Penguin, 1996 [1968]. 《페다고지》, 남경태 옮김, 그린비, 2018년.
3 bell hooks, *Teaching to Transgress: Education as the Practice of Freedom*, New York: Routledge, 1994, p. 207. 《벨 훅스, 경계 넘기를 가르치기》, 윤은진 옮김, 모티브북, 2008년.
4 Stuart Hall, 'Absolute Beginners: Reflections on the Secondary Modern Generation', in Paul Gilroy and Ruth Wilson Gilmore, *Selected Writings on Race and Difference*, Durham, NC: Duke University Press, 2021, pp. 29, 25.
5 Bernard Coard, *How the West Indian Child Is Made Educationally Sub-normal in the British School System*, London: New Beacon Books, 1971.
6 See interviews in Selina Todd, *The People: The Rise and Fall of the Working Class 1910–2010*, London: John Murray, 2015.

7   Diane Ravitch, *The Death and Life of the Great American School System: How Testing and Choice Are Undermining Education*, New York: Basic Books, 2010.
8   Department for Education, *Participation Rates in Higher Education Academic Years 2006–2018*, National Statistics, 26 December 2019, gov.uk.
9   Stefan Collini, *What Are Universities For?* London: Penguin, 2012, p. 243. See also Raewyn Connell, *The Good University: What Universities Actually Do and Why It's Time for Radical Change*, London: Zed Books, 2019; Joe Berry, *Reclaiming the Ivory Tower: Organizing Adjuncts to Change Higher Education*, New York: Monthly Review Press, 2005; Christopher Newfield, *The Great Mistake: How We Wrecked Public Universities and How We Can Fix Them*, Baltimore, MD: Johns Hopkins University Press, 2016; Wendy Brown, *Undoing the Demos: Neoliberalism's Stealth Revolution*, Brooklyn: Zone Books, 2015. 《민주주의 살해하기》, 배충효, 방진이 옮김, 내인생의책, 2017년.
10 Rosalind Gill, 'Girl Interrupted', from 'How We Got Here', unpublished collection of essays in which women reflect on education, work, and social mobility since the 1950s.
11 Les Back, *Academic Diary*, London: Goldsmiths Press, 2016, p. 214.
12 Jo Littler, 'Universities', from 'How We Got Here'.
13 See Ludwig Wittgenstein, *Philosophical Investigations*, Oxford: Basil Blackwell, 1968, II, xiv, p. 232. 《철학적 탐구》, 이영철 옮김, 책세상, 2019년.
14 Solomon Asch, *Social Psychology*, Englewood Cliffs, NJ: Prentice Hall, 1962; Michael Argyle, *The Psychology of Interpersonal Behaviour*, Harmondsworth: Penguin, 1967; *Gaze and Mutual Gaze*, Cambridge: Cambridge University Press, 1976.
15 George Brown and Tirril Harris, *Social Origins of Depression*, London: Tavistock, 1978.
16 See Michael Billig, *Social Psychology and Intergroup Relations*, London: Academic Press, 1976.
17 Ian Taylor, Paul Walton, and Jock Young, *The New Criminology: For a Social Theory of Deviance*, London: Routledge, 1973.
18 Littler, 'Universities'.
19 Sheila Rowbotham, Lynne Segal, and Hilary Wainwright, *Beyond the Fragments: Feminism and the Making of Socialism*, London: Merlin, 1980.
20 These early publications included *Is the Future Female? Troubled Thoughts on Contemporary Feminism*, London: Virago, 1987; *Slow Motion: Changing*

Masculinities, Changing Men, London: Virago, 1990; *Straight Sex: The Politics of Pleasure*, London: Virago, 1994; *Why Feminism?: Gender, Psychology, Politics*, Cambridge: Polity Press, 1999.
21 Judith Butler, *Gender Trouble: Feminism and the Subversion of Identity*, London: Routledge, pp. 147, 148. 《젠더 트러블》, 조현준 옮김, 문학동네, 2008년.
22 Stefan Collini, *Speaking of Universities*, London: Verso, 2017, p. 154.
23 Will Davies, *Contextualising the Assault on Universities*, Goldsmiths Political Economy and Research Centre, 5 August 2020, perc.org.uk.
24 Nathan M. Greenfield, 'The Unkindest Cut? – Behind the Paring of the Humanities', *University World News*, 13 August 2022, universityworldnews.com.
25 Marina Warner, 'Why I Quit', *London Review of Books*, 36 (17), 11 September 2014.
26 John Williams, 'Rowan Williams on Higher Education's "Inhuman and Divisive" Jargon', *THE*, 29 January 2015.
27 Anisa Purbasari Horton, 'Why Australia Is Doubling Fees for Arts Degrees', BBC Worklife, 29 July 2020, bbc.com.
28 Joy Connolly, 'The Assault on the Humanities and Social Sciences', *ACLS*, 6 April 2021.
29 The British Academy, *Qualified for the Future*, London: British Academy, May 2020.
30 Liz Morris, 'Pressure Vessels: The Epidemic of Poor Mental Health among Higher Education Staff', HEPI (Higher Education Policy Institute) Occasional Paper, 23 May 2019.
31 Nussbaum, 'Compassion and Terror'.

3장_ 페미니스트의 삶

1 From the song 'We Don't Need the Men', words and music by Malvina Reynolds, copyright 1959, Schroder Music Co. (ASCAP). All rights reserved. I am very grateful to Ruth Pohlman for arranging the copyright permission.
2 Barbara Taylor, *Eve and the New Jerusalem: Socialism and Feminism in the Nineteenth Century*, London: Virago, 1983, pp. xi, xiv.
3 Edward Aveling and Eleanor Marx, 'The Woman Question: From a Socialist Point of View', *Westminster Review*, 125, January 1886.

4 E. Sylvia Pankhurst and Kathryn Dodd, *A Sylvia Pankhurst Reader*, Manchester: Manchester University Press, 1993, pp. 141–9.
5 Simone de Beauvoir, *The Second Sex*, trans. H. M. Parshley, Harmondsworth: Penguin, 1972 [1949], p. 1.《제2의 성》, 이정순 옮김, 을유문화사, 2021년.
6 Sheila Rowbotham, *Daring to Hope: My Life in the 1970s*, London: Verso, 2021, p. 2.
7 Valerie Charlton, 'The Patter of Tiny Contradictions', *Red Rag*, 5, 1973.
8 Reported in Mary Holland, 'Hell-Bent on Women's Liberation', *Observer*, 1 March 1970; Audrey Wise, 'Equal Pay Is Not Enough', *Black Dwarf*, 10 January 1969.
9 See Audrey Wise, Women and the Struggle for Workers' Control, Spokesman Pamphlet, no. 33, London: The Bertrand Russell Foundation, 1973.
10 Swasti Mitter, *Common Fate, Common Bond: Women in the Global Economy*, London: Pluto Press, 1986, p. 163.
11 This description of Derrick Day appeared in Phil Cohen and Carl Gardner, eds, *It Ain't Half Racist, Mum: Fighting Racism in the Media*, London: Comedia/CARM, 1982; the contribution is available online in '"The Only Black and the Only Woman Reporter …": Hackney Gazette in the 1970s', The Radical History of Hackney, 29 January 2022, hackneyhistory.wordpress.com/tag/derrick-day.
12 Sally Belfridge, 'Nine Years Together', *Spare Rib*, April 1978, reprinted in *Spare Rib Reader: 100 Issues of Women's Liberation*, ed. Marsha Rowe, Harmondsworth: Penguin, 1982, p. 569.
13 Eleanor Stephens, 'The Moon within Your Reach: A Feminist Approach to Female Orgasm', *Spare Rib*, December 1975, p. 15.
14 As reported by Rowe in *Spare Rib Reader*, p. 440.
15 Barbara Ehrenreich, 'What Is Socialist Feminism?', Working Papers on Socialism and Feminism published by the New American Movement(NAM) in 1976, available at marxists.org.
16 Kimberlé Crenshaw, 'Demarginalizing the Intersection of Race and Sex: A Black Feminist Critique of Antidiscrimination Doctrine, Feminist Theory and Antiracist Politics', *University of Chicago Legal Forum*, 140, 1989, pp. 139–67; Patricia Hill Collins, *Black Feminist Thought: Knowledge, Consciousness, and the Politics of Empowerment*, New York and London: Routledge, 1990.
17 Herbert Marcuse, 'On the Need for an Open Marxist Mind', *The Listener*, 9 February 1978, p. 171; André Gorz, *Farewell to the Working Class*, London:

Pluto Press, pp. 85–6.
18 Ellen Willis, 'Radical Feminism and Feminist Radicalism', *in The 60s without Apology*, ed. S. Sayrers et al., Minneapolis: Minneapolis University Press, 1984, p. 93.
19 Ann Rossiter, 'Risking Gossip and Disgrace: Asian Women Strike', *Spare Rib*, 18 January 1977.
20 Angela Carter, *The Sadeian Woman: An Exercise in Cultural History*, London: Virago, 1979, p. 9.
21 Barbara Ehrenreich, 'Life without Father', *Socialist Review*, 14 (1), January–February 1984, p. 49.
22 Michael Ann Mullin, 'Why Socialist Feminism? Gatherings in Paris and Amsterdam', in Rowe, *Spare Rib Reader*, pp. 387–8.
23 Catharine A. MacKinnon, 'Feminism, Marxism, Method, and the State: An Agenda for Theory', *Signs*, 7 (3), Spring 1982, pp. 515–44.
24 See Lynne Segal, *Straight Sex: Rethinking the Politics of Pleasure*, London: Verso, p. 62.
25 Ronald Butt, 'Mrs Thatcher: The First Two Years: Interview for *Sunday Times*', *Sunday Times*, 3 May 1981.
26 Anne Phillips, *Hidden Hands: Women and Economic Policies*, London: Pluto, 1987.
27 Sasha Roseneil, 'Queering Home and Family in the 1980s: The Greenham Common Women's Peace Camp', talk given at Queer Homes, Queer Families: A History and Policy Debate, British Library, 17 December 2012.
28 Beverley Bryan, Stella Dadzie, and Suzanne Scafe, *Heart of the Race: Black Women's Lives in Britain*, London: Virago Press, 1985; Shabnam Grewal et al., eds, *Charting the Journey: Writings by Black and Third World Women*, London: Sheba Press, 1988.
29 The Management Committee, 'Activism Is the Rent We Pay to Live on This Planet – Our Tribute to Pragna Patel', Southall Black Sisters, 17 November 2021, southallblacksisters.org.uk.
30 Melissa Benn, 'Trailblazer of Feminism', *Guardian*, 22 July 2000.
31 Polly Toynbee, 'Fay Plays the Fool', *Guardian*, 1 July 1998; Libby Brooks, 'Time for a Good Scrap on What Our Feminism Really Is', *Guardian*, 23 July 2009.
32 Libby Brooks, 'No Turning Back on Questions about Feminism's Future: Reviewing Lynne Segal's *Why Feminism? Gender, Psychology, Politics*', *Guardian*, 13 November

1999.
33 Juliet Mitchell, 'Reflections on Twenty Years of Feminism', in *What Is Feminism?*, ed. J. Mitchell and A. Oakley, Oxford: Blackwell, 1986, pp. 45–8.
34 Nancy Fraser, *Fortunes of Feminism*, London: Verso, 2013. 《진화하는 페미니즘》, 임옥희 옮김, 돌베개, 2017년.
35 Angela McRobbie, *The Aftermath of Feminism: Gender, Culture and Social Change*, London: Sage, 2008.
36 Sheryl Sandberg, *Lean In: Women, Work, and the Will to Lead*, New York: Alfred A. Knopf, 2013, pp. 8, 9. 《린 인》, 안기순 옮김, 와이즈베리, 2013년.
37 Kate Losse, 'Feminism's Tipping Point: Who Wins from Leaning In?', *Dissent*, 26 March 2013.
38 Dawn Foster, *Lean Out*, London: Repeater Books, 2016, p. 56.
39 Catherine Rottenberg, *The Rise of Neoliberal Feminism*, Oxford: Oxford University Press, 2018.
40 See Jia Tolentino, 'Barbara Ehrenreich Is Not an Optimist but She Has Hope for the Future', *New Yorker*, 21 March 2020.
41 See Julie Turkewitz, 'How Colombian Feminists Decriminalized Abortion – With Help from Their Neighbours', *New York Times*, 23 February 2022.
42 Verónica Gago, *Feminist International: How to Change Everything*, London: Verso, 2020, pp. 1, 4.
43 Ewa Majewska, *Feminist Antifascism: Counterpublics of the Common*, London: Verso, 2021.
44 Rosa Campbell, 'Global Feminisms', *History Workshop*, 4 March 2022, historyworkshop.org.uk.
45 Sandra E. Garcia, 'The Woman Who Created #MeToo Long before Hashtags', *New York Times*, 20 October 2017.
46 See Jessica Ringrose and Emma Reynold, 'Slut–Shaming, Girl Power and "Sexualisation": Thinking Through the Politics of the International SlutWalks with Teen Girls', *Gender and Education*, 24 (3), 4 May 2012, pp. 333–43.
47 Sally Hines, 'Trans and Feminist Rights Have Been Falsely Cast in Opposition', *Economist*, 28 April 2019.
48 Selma James, *Sex, Race, and Class – The Perspective of Winning: A Selection of Writings 1952–2011*, London: PM Press, 2012. See also Becky Gardiner, 'A Life in Writing: Selma James', *Guardian*, 8 June 2012.
49 Silvia Federici, with Arlen Austin, *Wages for Housework: The New York Committee*

1972–1977: History, Theory, Documents, Brooklyn: Autonomedia, 2017.
50 Sara Jaffe, 'The Factory in the Family: The Radical Vision of Wages for Housework', *Nation*, 14 March 2018.
51 Joke Swiebel, 'Unpaid Work and Policy-Making towards a Broader Perspective of Work and Employment', United Nations, DESA Discussion Paper Series, no. 4, February 1999.
52 Mike Maciag, 'The Fastest-Growing Jobs and Where They're Most Common', *Governing: The States and Localities*, 7 November 2017.

4장_ 어려운 문제는 누구에게나 있다

1 Barbara Taylor, 'No Island Is an Island: Covid and the Deadliness of Willed Isolation', Solitudes – Past and Present blog, 16 November 2021, solitudes. qmul.ac.uk.
2 Sigmund Freud, 'Thoughts for the Time of War and Death', *The Standard Edition of the Complete Psychological Works of Sigmund Freud*, London: Vintage, 2001 [1915], pp. 273–301.
3 Walt Whitman, 1841, originally published from 'We All Shall Rest at Last' in the *Long Island Democrat*, 14 July 1840.
4 Liz Crow, 'Including All of Our Lives: Renewing the Social Model of Disability', in *Encounters with Strangers: Feminism and Disability*, ed. Jenny Morris, London: Women's Press, 1996. See also Jenny Morris, *Pride against Prejudice: Transforming Attitudes to Disability*, London: Women's Press, 1991; Michael Oliver, *The Politics of Disablement*, London: Macmillan, 1990.
5 Lois Keith, *Take Up Thy Bed and Walk: Death, Disability and Cure in Classic Fiction for Girls*, London: Taylor & Francis, 2001.
6 Jenny Morris, 'Impairment and Disability: Constructing an Ethics of Care that Promotes Human Rights', *Hypatia*, 16 (4), 'Feminism and Disability', Autumn 2001, pp. 2, 15.
7 See Maggie Sullivan, *Boss Ladies of CLE: Stories from 20 Leading Women in Their Own Words*, Cleveland: Media Lady Press, 2020.
8 Margrit Shildrick, *Dangerous Discourses of Disability, Subjectivity, and Sexuality*, London: Palgrave Macmillan, 2009.
9 Tim Dartington, *Managing Vulnerability: The Underlying Dynamics of Systems*

of Care, London: Routledge, 2010, pp. 149, 141.

10 Department for Work and Pensions, *Equality Impact Assessment–Response to the Work Capability Assessment Independent Review*, 23 November 2010, gov.uk.

11 Department for Work and Pensions, 'Mortality Statistics: ESA, IB and SDA Claimants', official statistics, 27 August 2015, gov.uk.

12 Jenny Morris, 'Shocking Survey Results Show "Yawning Gap" between Care Act and Real Life', *Disability News*, 16 October 2015, disabilitynewsservice.com.

13 'Scrapping Work Capability Assessments Could Lead to Even More Broken Benefits System', Mind, 16 March 2023, mind.org.uk.

14 Eileen Clifford, *The War on Disabled People: Capitalism, Welfare and the Making of a Human Catastrophe*, London: Zed Books, 2020.

15 Frances Ryan, *Crippled: Austerity and the Demonization of Disabled People*, London: Verso, 2019; Stef Benstead, *Second Class Citizens: The Treatment of Disabled People in Austerity Britain*, Sheffield: Centre for Welfare Reform, 2019.

16 Office for National Statistics (ONS), 'Updated Estimates of Coronavirus (Covid–19) Related Deaths by Disability Status, England: 24 January to 20 November 2020', 11 February 2021, ons.gov.uk.

17 Rebecca Vallas, '7 Facts about the Economic Crisis Facing People with Disabilities in the United States', The Century Foundation, 21 April 2022, tcf.org.

18 Jenny Morris, 'Fulfilling Potential or Potential Unfulfilled?', blog, 6 March 2012, jennymorrisnet.blogspot.com.

19 Luke Beesley, 'From Cuts, to Resistance, to Where? The State and Non–state Actors in the Strategy of Disabled People against Cuts', Beyond the Manifesto, *New Socialist*, 30 May 2019.

20 China Mills, 'For as Long as the DWP Has Been Killing People, Disabled Activists Have Been Fighting Back', Novara Media, 26 November 2021, novaramedia.com.

21 Robert McRuer and Anna Mollow, eds, *Sex and Disability*, Durham, NC: Duke University Press, 2012.

22 Alice Wong, *Year of the Tiger: An Activist's Life*, New York: Vintage, 2022, pp. 70–1.

23 Riva Lehrer, *Golem Girl: A Memoir*, London: Virago, 2020, pp. 155, 353.

24 Frances Ryan, 'Living in a Woman's Body: This Body Is a Genetic Mistake – But It Is Sex, Laughter and Beauty Too', *Guardian*, 9 February 2022.

25 NSPCC, ' "We Have the Right to Be Safe": Keeping Disabled Children and Young People Safe from Abuse', letterfromsanta.nspcc.org.uk; Joseph Shapiro, 'The Sexual Assault Epidemic No One Talks About', National Public Radio, 8 January 2018, npr.org.
26 Stephanie Wright, 'Between Vulnerability and Sexual Agency', *History Workshop*, (Un)Silenced: Institutional Sexual Violence, 10 February 2022, historyworkshop.org.uk.
27 Tom Shakespeare, 'We Are All Frail', *Aeon*, 16 November 2021, aeon.co.
28 Anne Boyer, *The Undying: A Meditation on Modern Illness*, London: Penguin, 2019, pp. 141, 53, 109. 《언다잉》, 양미래 옮김, 플레이타임, 2021년.
29 Eva Feder Kittay, *Love's Labor: Essays on Women, Equality, and Dependency*, New York: Routledge, 1999, pp. xii–xiii. 《돌봄: 사랑의 노동》, 나상원, 김희강 옮김, 박영사, 2016년.
30 Shakespeare, 'We Are All Frail'.
31 Grace Paley, 'Upstaging Time', in *Just as I Thought*, London: Virago, 1999 [1989], p. 294.
32 Olga Tokarczuk, *Drive Your Plow over the Bones of the Dead*, London: Fitzcarraldo Editions, 2018. 《죽은 이들의 뼈 위로 쟁기를 끌어라》, 최성은 옮김, 민음사, 2020년.
33 William Ian Miller, *Losing It*, New Haven: Yale University Press, 2012, p. 3.
34 Scott A. Small, *Forgetting: The Benefits of Not Remembering*, New York: Crown, 2023. 《우리는 왜 잊어야 할까》, 하윤숙 옮김, 북트리거, 2022년.
35 Age UK, *All the Lonely People: Loneliness in Later Life*, 1 September 2018, ageuk.org.uk.
36 For example, Christina R. Victor et al., 'Loneliness in Mid–life and Older Adults from Ethnic Minority Communities in England and Wales', *European Journal of Ageing*, 18 (1), March 2021, pp. 5–16.
37 Kerstin Gerst–Emerson and Jayani Jayawardhana, 'Loneliness as a Public Health Issue: The Impact of Loneliness on Health Care Utilization among Older Adults', *American Journal of Public Health*, May 2015; K. F. Ferraro and T. P. Shippee, 'Aging and Cumulative Inequality: How Does Inequality Get under the Skin?', *Gerontologist*, 49, 2009.
38 Campaign to End Loneliness, 'Preventing and Alleviating Loneliness for Older Women', January 2023, campaigntoendloneliness.org.
39 Margaret Atwood, 'Torching the Dusties', in *Stone Mattress: Nine Tales*, London:

Bloomsbury, 2014, pp. 245, 265, 256–7.
40 Margaret Morganroth Gullette, *American Eldercide: How It Happened, How to Prevent It Next Time*, in press.
41 Helen Hogan et al., 'Preventable Deaths Due to Problems in Care in English Acute Hospitals: A Retrospective Case Record Review Study', *BMJ Quality and Safety*, 21 (9), September 2012, qualitysafety.bmj.com.
42 Dartington, *Managing Vulnerability*, p. 50.
43 Beverley Skeggs, 'A Crisis in Humanity: What Everyone with Parents Is Likely to Face in the Future', *Sociological Review Magazine*, 18 January 2017, thesociologicalreview.org.
44 Michael Marmot et al., *Health Equity in England: The Marmot Review 10 Years On*, London: The Health Foundation, February 2020.
45 Susan Douglas, *In Our Prime: How Older Women Are Reinventing the Road Ahead*, New York: W. W. Norton & Company, 2020.
46 OECD, *Promoting an Age–Inclusive Workforce: Living, Learning and Earning Longer*, Paris: OECD Publishing, 16 December 2020, oecd–library.org.
47 Ursula Le Guin, *The Wave in the Mind: Talks and Essays on the Writer, the Reader, and the Imagination*, Boston: Shambhala Publications, 2004, p. 142.
48 Jane Miller, *In My Own Time: Thoughts and Afterthoughts*, London: Virago, 2016, p. 1.
49 One of the most comprehensive and useful is the report from the Centre for Ageing Better, *Reframing Ageing: Public Perceptions of Ageing, Older Age and Demographic Change*, London: Centre for Ageing Better, July 2021.
50 Barbara Ehrenreich, quoted in Stassa Edwards, 'Barbara Ehrenreich Isn't Afraid to Die', *Jezebel*, 1 May 2018, jezebel.com.
51 Ashton Appleton(Ashton Applewhite), *This Chair Rocks: A Manifesto against Ageism*, New York: Celadon Books, 2019.
52 Leah Thorn, 'Older Women Rock', leahthorn.com, January 2023.
53 Ajit Shah et al., 'Suicide Rates in Five–Year Age–Bands after the Age of 60 Years: The International Landscape', *Aging and Mental Health*, 20 (2), 2016, pp. 131–8; Diego De Leo, 'Late–Life Suicide in an Aging World', *Nature Aging*, 2 (1), 2022, pp. 7–12.
54 See, for example, Benjamin Cornwell, 'Independence through Social Networks: Bridging Potential among Older Women and Men', *Journal of Gerontology Series B*, 66 (6), November 2011, pp. 782–94.

55 Kylie King et al., '"Is Life Worth Living?": The Role of Masculinity in the Way Men Aged over 80 Talk about Living, Dying, and Suicide', *American Journal of Men's Health*, 14 (5), September–October 2020.

56 Maria T. Brown and Brian R. Grossman, 'Same-Sex Sexual Relationships in the National Social Life, Health and Aging Project: Making a Case for Data Collection', *Journal of Gerontological Social Work*, 57 (2–4), 2014, pp. 108–29; Amy Chandler, 'Boys Don't Cry? Critical Phenomenology, Self-Harm and Suicide', *Sociological Review*, 67 (6), 2019, pp. 1350–66.

57 Anne Karpf, 'The Liberation of Growing Old', *New York Times*, 3 January 2015.

58 Sara Alhatou, 'The Generational Digital Divide', 1 October 2021, storymaps.arcgis.com.

59 Elana D. Buch, *Inequalities of Aging: Paradoxes of Independence in American Home Care*, New York: NYU Press, 2018, pp. 2–3, 7.

60 The King's Fund, 'Staffing Shortfall of 100,000 Could Reach Quarter of a Million by End of Next Decade', 15 November 2018, kingsfund.org.uk.

61 Joan Tronto, 'Democratic Care Politics in an Age of Limits', in *Global Variations in the Political and Social Economy of Care: Worlds Apart*, ed. Shahra Razavi and Silke Staab, London and New York: Routledge, 2012, pp. 29–42.

5장_ 지구 복구하기

1 Amitav Ghosh, 'European Colonialism Helped Create a Planet in Crisis', *Guardian*, 14 January 2022.

2 Anne Karpf, *How Women Can Save the Planet*, London: Hurst, 2021.

3 See 'John Keats Letter to Benjamin Bailey, 8 October 1817', *English History*, 24 February 2015, englishhistory.net.

4 Ralph Waldo Emerson, 'Nature' (1936), in *Nature and Selected Essays*, New York: Penguin Classics, 2003; Henry David Thoreau, *Walden, or Life in the Woods*, New York: Dover, 1996 [1854].《월든》, 강승영 옮김, 은행나무, 2011년.

5 Walt Whitman, *Leaves of Grass*, Brooklyn: 1855, p. vi; *Leaves of Grass*, Philadelphia: David McKay, 1891–2, p. 319, Walt Whitman Archive, whitmanarchive.org.《풀잎》, 허현숙 옮김, 열린책들, 2011년.

6 Robert MacFarlane, *Landmarks*, London: Penguin, 2016; Richard Muir, *Landscape Encyclopaedia: A Reference to the Historic Landscape*, Oxford: Windgather Press,

2004; Roger Deakins, *Wildwood: A Journey through Trees*, London: Unbound, 2007.《나무가 숲으로 가는 길》, 박중서 옮김, 까치, 2011년.

7   Katharine Norbury, ed., *Women on Nature*, London: Unbound, 2021, p. 8.
8   Kathleen Jamie, *Sightlines*, London: Sort of Books, 2012, p. 242.《시선들》, 장호연 옮김, 빛소굴, 2024년.
9   Penelope Lively, 'The Gardening Eye', *in In the Garden: Essays on Nature and Growing*, ed. Jamaica Kincaid, London: Daunt Books, 2021, pp. 12–13.
10 Kirsty Nutt, 'Nature Prescriptions Helping Hundreds of Patients in Edinburgh', Royal Society for the Protection of Birds, 17 January 2022, rspb.org.uk.
11 Victoria Forster, 'Canadian Physicians Can Now Prescribe Nature to Patients', Forbes Healthcare, 28 February 2022.
12 See Lynne Segal, *Radical Happiness: Moments of Collective Joy*, London: Verso, 2017.
13 Barbara Taylor, *Eve and the New Jerusalem: Socialism and Feminism in the Nineteenth Century*, London: Virago, 1983.
14 John Bellamy Foster, *Marx's Ecology: Materialism and Nature*, New York: Monthly Review Press, 2000; Paul Burkett, *Marxism and Ecological Economics: Toward a Red and Green Political Economy*, Chicago: Haymarket Books, 2009.《마르크스의 생태학》, 김민정, 황정규 옮김, 인간사랑, 2016년.
15 Karl Marx, *Capital: A Critique of Political Economy*, New York: International Publishers, 1967 [1867], pp. 505–7.《자본론》, 김수행 옮김, 비봉출판사, 2015년.
16 Friedrich Engels, *The Origin of the Family, Private Property, and the State*, London: Penguin Classics, 2010 [1884], pp. 260–1.《가족, 사적 소유, 국가의 기원》, 김경미 옮김, 책세상, 2018년.
17 William Morris, 'How We Live and How We Might Live', published online by Cambridge University Press, August 2013 [1884], available at marxists.org.
18 William Morris, *News from Nowhere, in News from Nowhere and Other Writings*, London: Penguin Classics, revised edn, 1993 [1890].《에코토피아 뉴스》, 박홍규 옮김, 필맥, 2008년.
19 Edward Carpenter, *Towards Democracy*, 1922, p. 240, available at edwardcarpenter.net.
20 John Ruskin, *The Storm–Cloud of the Nineteenth Century*, New York: J. Wiley, 1884, available at Project Gutenberg, gutenberg.org.
21 See for instance, Marquita K. Hill, *Understanding Environmental Pollution*, Cambridge: Cambridge University Press, 2012; Monica Crippa et al., 'Forty

Years of Improvements in European Air Quality: Regional Policy–Industry Interactions with Global Impacts', *Atmospheric Chemistry and Physics*, 16 (6), 2016, pp. 3825–41.

22 Royal College of Physicians, 'Doctors Say 40,000 Deaths a Year Linked to Air Pollution', news release, 23 February 2016, rcplondon.ac.uk.

23 See, for instance, Jocelyn Timperley, 'Who Is Really to Blame for Climate Change?', BBC Future, Climate Emotions, 19 June 2020, bbc.com.

24 Naomi Oreskes and Erik M. Conway, *Merchants of Doubt: How a Handful of Scientists Obscured the Truth on Issues from Tobacco Smoke to Global Warming*, London: Bloomsbury Paperbacks, 2012.《의혹을 팝니다》, 유강은 옮김, 미지북스, 2012년.

25 Neela Banerjee et al., *Exxon: The Road Not Taken*, London: CreateSpace Independent Publishing Platform, 2015.

26 Fiona Harvey, 'Enormous Emissions Gap between Top 1% and Poorest', *Guardian,* 1 November 2022.

27 Yannick Oswald, Anne Owen, and Julia K. Steinberger, 'Large Inequality in International and Intranational Energy Footprints between Income Groups and across Consumption Categories', *Nature Energy*, 5, 2020, pp. 231–9.

28 Peter Stott, *Hot Air: The Inside Story of the Battle against Climate Change Denial*, London: Atlantic Books, 2021.

29 George Monbiot, 'From the Amazon to Australia, Why Is Your Money Funding Earth's Destruction?', *Guardian*, 30 November 2022.

30 See Bill McKibben, 'In a World on Fire, Stop Burning Things', *New Yorker*, 18 March 1922.

31 Rachel Carson, *Silent Spring*, London: Penguin Classics, 2000 [1962].《침묵의 봄》, 김은령 옮김, 에코리브르, 2024년.

32 Natural Resources Defense Council, 'The Story of *Silent Spring*', 13 August 2015, nrdc.org.

33 Susan Griffin, *Woman and Nature: The Roaring Inside Her*, New York: Harper, 1978, pp. 5, 26.

34 Barbara Tannenbaum, 'Hear Her Roar: Ecofeminist Author Susan Griffin Isn't Going Away', *California* (Cal Alumni Association magazine), 29 March 2017, alumni.berkeley.edu.

35 Françoise d'Eaubonne, *Feminism or Death*, trans. Ruth Hottell, London: Verso, 2022 [1974].

36 Vandana Shiva, *Staying Alive: Women, Ecology and Development*, London: Zed Press, 1989 [1988]; Vandana Shiva, *Reclaiming the Commons: Biodiversity, Traditional Knowledge, and the Rights of Mother Earth*, Santa Fe, NM: Synergetic Press, 2020.

37 Val Plumwood, *Feminism and the Mastery of Nature*, London and New York: Routledge, 1993. The Norwegian sociologist Agnes Bolsø has written an excellent overview of Plumwood's work, 'Val Plumwood: Organizing for the Future', in *Morality, Ethics and Responsibility in Organization and Management*, ed. Robert McMurray and Alison Pullen, London: Routledge, 2020.

38 Kim TallBear, 'Caretaking Relations, Not American Dreaming', *Kalfou*, 6 (1), 2019.

39 Robin Gomes, 'Myanmar Military's Offensive against Karen People', *Vatican News*, 7 April 2021.

40 Dev Kumar Sunuwar, 'Victoria Tauli–Corpuz Reflects on Her Six–Year Tenure as Special Rapporteur on the Rights of Indigenous Peoples', *Cultural Survival*, 23 April 2020.

41 Front Line Defenders, *Global Analysis 2019*, Dublin, Ireland, February 2020.

42 Ashish Ghadiali, 'Editorial: Planetary Imagination', *Soundings*, 78, 2021, p. 6.

43 Quoted in Donna Lu, 'Extremes of 40C above Normal: What's Causing "Extraordinary" Heating in Polar Regions?', *Guardian*, 21 March 2022.

44 United Nations Climate Change, 'What Is the Kyoto Protocol?', unfccc.int.

45 Richard Partington, 'UK Green Economy Has Failed to Grow since 2014, According to Official Data', *Guardian*, 17 February 2022.

46 Andreas Malm, *How to Blow Up a Pipeline*, London: Verso, 2021, p. 3.

47 Andreas Malm, quoted in George Eaton, 'Andreas Malm: "The Likely Future Is Escalating Catastrophe"', *New Statesman*, 14 October 2020.

48 See, for example, Lourdes Sanchez, 'Five Missed Opportunities to Support the Energy Transition in COVID–19', *IISD–SDG Knowledge Hub Recovery*, 14 October 2021.

49 Ann Pettifor, *The Case for the Green New Deal*, London: Verso, 2019; Naomi Klein, *On Fire*, London and New York: Allen Lane, 2019.

50 Rebecca Solnit, 'Every Protest Shifts the World's Balance', *Guardian Review*, 1 June 2019.

51 George Monbiot, *Out of the Wreckage: A New Politics for an Age of Crisis*, London: Verso, 2016.

52 Jason Hickel, *Less Is More: How Degrowth Will Save the World*, London: Windmill Books, 2021. 《적을수록 풍요롭다》, 김현우, 민정희 옮김, 창비, 2021년.
53 Mark Z. Jacobson et al., 'Low–Cost Solution to the Grid Reliability Problem with 100% Penetration of Intermittent Wind, Water, and Solar for All Purposes', PNAS, 112 (49), 8 December 2015.
54 See McKibben, 'In a World on Fire'.
55 Molly S. Castelloe, 'Coming to Terms with Ecoanxiety: Growing an Awareness of Climate Change', *Psychologist*, 9 January 2018.
56 Susan Kassouf, 'Thinking Catastrophic Thoughts: A Traumatized Sensibility on a Hotter Planet', *American Journal of Psychoanalysis*, 82 (1), March 2022, pp. 60–79.
57 Stuart Capstick, 'Climate Change: Greener Lifestyles Linked to Greater Happiness – In Both Rich and Poor Countries', *The Conversation*, 4 April 2022.
58 Matt McGrath, 'Climate Change: IPCC Scientists Say It's "Now or Never" to Limit Warming', BBC Science, 4 April 2022, bbc.com.
59 Stuart Capstick et al., 'The Connection between Subjective Wellbeing and Pro–environmental Behaviour: Individual and Cross–National Characteristics in a Seven–Country Study', *Environmental Science and Policy*, 133, 2022, pp. 63–73.
60 Bristol Energy Cooperative, *Community Benefit 2020*, October 2020, bristolenergy.coop.
61 Justine Calma, 'The Places Paving the Way to 100 Percent Renewable Energy', *Verge*, 25 May 2021.
62 See, for example, Mathew Lawrence and Laurie Laybourn–Langton, *Planet on Fire: A Manifesto for the Age of Environmental Breakdown*, London: Verso, 2021.
63 Kate Soper, *Post–growth Living: For an Alternative Hedonism*, London: Verso, 2020. 《성장 이후의 삶》, 안종희 옮김, 한문화, 2021년.
64 Extinction Rebellion, *This Is Not a Drill: An Extinction Rebellion Handbook*, London: Penguin, 2019.
65 Rowan Williams, afterword in ibid., pp. 181, 184.
66 Donna Haraway, *Staying with the Trouble: Making Kin in the Chthulucene*, London and Durham, NC: Duke University Press, 2016, p. 1. 《트러블과 함께하기》, 최유미 옮김, 마농지, 2021년.

6장_ 돌보는 미래

1. Beverley Skeggs, 'Care with Bev Skeggs', *Sociological Review*, 22 April 2022, thesociologicalreview.org.
2. Kamila Shamsie, 'A Hostile Environment Baton Passed from Theresa May to Priti Patel – And a Decade of Cruelty', *Guardian*, 23 June 2022.
3. Thomas Piketty, *Capital in the Twenty-First Century*, Cambridge, MA: Harvard University Press, 2014; Oxfam America, 'Poverty in the USA', January 2023, oxfamamerica.org.
4. United Nations High Commissioner for Refugees, *Global Trends: Forced Displacement in 2021*, Copenhagen: UNHCR, 2022, unhcr.org.
5. W. H. Auden, 'September 1, 1939', available at poets.org.
6. Subcomandante Marcos, 'Why We Need Independent Media', Zapatista address to the Freeing the Media Teach-In, 31 January–1 February 1997, New York, available at subsol.c3.hu.
7. Sindre Bangstad and Torbjørn Tumyr Nilsen, 'Thoughts on the Planetary: An Interview with Achille Mbembe', *New Frame*, 5 September 2019, newframe.com.
8. Los Angeles County Alternatives to Incarceration Work Group, *Care First, Jails Last*, final report, October 2020, ceo.lacounty.gov.
9. Clément Petitjean and Ruth Wilson Gilmore, 'Prisons and Class Warfare: An Interview with Ruth Wilson Gilmore', Verso blog, 2 August 2018, versobooks.com.
10. Movement for Black Lives (M4BL), 'Vision for Black Lives', Policy Platforms, January 2023, m4bl.org.
11. Keir Monteith et al., *Racial Bias and the Bench: A Response to the Judicial Diversity and Inclusions Strategy (2020–2025)*, Manchester: University of Manchester, November 2022, manchester.ac.uk.
12. Adam Elliott-Cooper, *Black Resistance to British Policing (Racism, Resistance and Social Change)*, Manchester: Manchester University Press, 2021.
13. Cradle Community, *Brick by Brick: How We Build a World without Prisons*, London: Hajar Press, 2021.
14. Joe Sim, *Punishment and Prisons: Power and the Carceral State*, London: Sage, 2009.
15. Forensic Oceanography, 'The Left-to-Die Boat', 11 April 2012, forensic-

architecture.org.
16 Amnesty International UK, 'Safe and Legal Routes to the UK', briefing, January 2021, amnesty.org.uk.
17 Sue Clayton, *The New Internationalists: Activist Volunteers in the European Refugee Crisis*, London: Goldsmiths Press, 2020.
18 Tess Berry-Hart, 'People to People: The Volunteer Phenomenon', Refugee History, 19 June 2018, refugeehistory.org.
19 Daniel Trilling, *Lights in the Distance: Exile and Refuge on the Borders of Europe*, London: Picador, 2018.
20 Marina Warner, 'Stories in Transit: Words on the Move', January 2023, storiesintransit.org.
21 Behrouz Boochani, interview by Jina Khayyer, *Fantastic Man*, 34, Autumn and Winter 2021/22, fantasticman.com/features/behrouz.
22 Barbara Taylor, 'The History of Compassion'; Anthony Grayling, 'The Philosophy of Compassion'; Pragna Patel, 'Justice', in *How Compassion Can Transform Our Politics, Economy and Society*, ed. Matt Hawkins and Jennifer Nadel, Abingdon: Routledge, 2022.
23 Rebecca Solnit, *A Paradise Built in Hell: The Extraordinary Communities that Arise in Disaster*, New York: Viking Press, 2009. 《이 폐허를 응시하라》, 정혜영 옮김, 펜타그램, 2021년.
24 Mike Phipps, *Don't Stop Thinking about Tomorrow*, London: Or Books, 2022.
25 Medea Benjamin, 'A World of Possibilities: 10 Surprisingly Good Things that Happened in 2022', *Salon*, 31 December 2022, salon.com.
26 Lula da Silva's inauguration speech, 1 January 2023, as translated by my friend João Manuel de Oliveira.
27 David Graeber, 'From Managerial Feudalism to the Revolt of the Caring Classes', talk given to 36th Chaos Communication Congress, 27 December 2019, transcript available at opentranscripts.org.
28 Lynne Segal, *Radical Happiness: Moments of Collective Joy*, London: Verso, 2017.
29 Jo Littler, ed., *Left Feminisms: Conversations on the Personal and Political*, London: Lawrence and Wishart, 2023.
30 IPR, 'How Generous Is the British Welfare State?', University of Bath, 28 October 2022, blogs.bath.ac.uk; Statista, 'Healthcare and Military Expenditure as a Percentage of GDP in Select Countries Worldwide in 2020', 12 December 2022,

statista.com.
31 Heather Stewart, 'Four–Day Week: "Major Breakthrough" as Most UK Firms in Trial Extend Changes', *Guardian*, 21 February 2023.
32 International Labour Organization, *Working Time and Work–Life Balance around the World*, Geneva: International Labour Office, 6 January 2023, ilo.org.
33 See, for example, Maeve Cohen and Sherilyn MacGregor, *Towards a Feminist Green New Deal for the UK*, London: Women's Environmental Network, Women's Budget Group, 2020, genderclimatetracker.org.
34 James Meadway, 'If You Thought 2022 Was Bad for Your Bank Balance, Just Wait for the Sequel. Still, There Are Reasons for Hope', Novara Media, 31 December 2022, novaramedia.com.
35 Jeremy Gilbert and Alex Williams, *Hegemony Now: How Big Tech and Wall Street Won the World (and How We Win It Back)*, London and New York: Verso, 2022, p. 252.
36 Laura Wronski, Axios–Momentive Poll: 'Capitalism and Socialism', surveymonkey.com.
37 Angelina Kussy et al., 'The Caring City? A Critical Reflection on Barcelona's Municipal Experiments in Care and the Commons', *Urban Studies*, 8 December 2022.
38 Christine Berry, 'Challenging the Asset Economy: Ownership in the Care Sector', Autonomy think tank, 22 December 2021, autonomy. work.

찾아보기

《가족에 관해 무엇을 할 것인가?》 53
《급진적 행복》 307
《메이킹 트러블》 53
《미래는 여성형인가? 현 페미니즘의 고뇌》 101, 253
《숭배와 혐오: 모성이라는 신화에 대하여》 68
《왜 페미니즘인가?》 164
《아웃 오브 타임》 218
《파편을 넘어서》 101
1세대 페미니즘 39, 125
2세대 페미니즘 31, 39-50, 131-132, 251, 252

(ㄱ)

〈가디언〉 29, 96, 164
가사 노동 45, 129, 137, 178, 179, 253
가사노동임금캠페인 147, 151
가정 폭력 67, 145, 161, 177, 202
감옥폐지 284-290
개인독립수당 18
건강 불평등 215
고갈된 엄마 증후군 60
고등교육 86-91, 97-100, 104, 108-113, 156, 167, 180
공동진료소 29
과로 문화 69, 309
광역런던의회 159
교토의정서 260
구조적 불평등 279

국민전선당 139
국제가사노동임금협회 180
국제노동기구 311
국제앰네스티 영국지부 291
국제여성파업 172
국제 정신분석학회 267
그레이스 페일리 207, 218
그레타 툰베리 265
그룬윅파업 148
그린 뉴딜 264
그린 웨이브 171, 180
그린햄커먼여성평화캠프 104, 160, 226
글로벌 페미니즘 171
급진적 페미니스트 105, 153, 173
기후변화 177, 223, 232-234, 246-249, 255, 256, 267, 268, 304, 312
기후변화에 관한 정부 간 패널 233
기후 위기 263
기후정의 248, 259, 264, 269

(ㄴ)

나오미 오레스케스 247
나오미 클라인 23
낙태 권리 136, 173
난민 130, 279, 284, 290-296
남성과 여성 클럽 127
남성의 성 154
남성의 폭력 154
낸시 초도로우 56, 94
낸시 프레이저 24, 167

네이션 178
노동연금부 18, 198
노동운동 148
노조 결성 50
녹색 정치 264
뉴요커 27, 71
뉴욕 타임스 28
니 우나 메노스 (하나도 적지 않다) 운동 172

(ㄷ)

다트머스공원어린이커뮤니티센터 134
당사국총회 233
대기오염 245
대니 맥클레인 70
대체에너지 248, 266
데이비드 흄 297
도나 해러웨이 272
도널드 위니코트 41
도라 러셀 40
도약 선언 23
돌봄선언 22
동등돌봄 협동조합 315
동일 임금 103, 136
디어링 보고서 98, 99
딘 스페이드 29, 30

(ㄹ)

랄프 왈도 에머슨 236
R. D. 랭 42, 43, 92
런던무역협의회 136
레스 백 87
로널드 레이건 156, 157, 192
로라 브릭스 24, 72
로버트 맥루어 199
로버트 맥팔레인 237
로베르타 개럿 61
로빈스 보고서 97-99
루이스 이나시우 룰라 다 시우바 303
루크 비슬리 197
리바 레러 200
리버풀 블랙시스터즈 162
리아 손 222
리처드 뮈어 237
린 레이턴 72

(ㅁ)

마가렛 대처 98, 156
마가렛 애트우드 211
마누스섬 구금센터 295
마리나 워너 111, 294
마사 누스바움 77
마이크 올리버 189
마이클 마멋 20, 216
맨체스터 흑인여성협동조합 162
메리 베르디 - 플레처 192
메리 울스턴크래프트 38, 39, 124
멜리사 벤 163
멸종저항 271
모녀 유대 관계 55
모성 13, 35-45, 54-72, 107, 128, 129
모성박탈 가설 42
무헤레스 팔란테 314
미국 장애인법 192, 196
미셸 오바마 168
미즈월드 대회 시위 121
미즈 46, 47
미혼모 48, 54, 64, 91, 123

(ㅂ)
바바라 에런라이크 143, 144, 152, 170, 221
바바라 테일러 124
반포르노 캠페인 154
반핵 운동 161
발 플럼우드 254, 255
발륨 42, 44
버니 샌더스 269, 302
버지니아 울프 35
베로니카 가고 172
베루즈 부차니 295
베브 스케그스 215
벤조다이제핀 42, 93
벨 훅스 78
변화를 위한 일자리 160
보리스 존슨 22
보이지 않는 손 28
붉은 깃발 149
브렉시트 278
브리스톨 에너지 협동조합 269
블랙 드워프(신문) 135
블랙 라이브즈 매터 30, 176, 258, 287
비라고출판 150
비판적 교육학 78, 84

(ㅅ)
사라 러딕 56
사라 벤튼 18
사라 크룩 49
사샤 로즈닐 161
사우스얼 흑인 시스터즈 162, 176, 298
사회 돌봄 자금 227
사회심리학 91
사회 정의 158, 299
사회적 재생산 145

사회주의연맹 125
사회주의 페미니즘 116, 122-125, 130, 143, 144, 147, 156, 157, 163, 166
사회주의 민주연맹 243
산후 우울증 42, 47
상호 돌봄 27
상호의존성 13, 16, 71, 107, 146, 151, 187, 227, 297
상호지원 그룹 24, 25
성차별 법안 103
성차별주의 121, 252
세계보건기구 21, 41
세계여성파업 180
세라 놋 72
세컨드 찬스 카페, 스토크 뉴잉턴 277
센터 포 에이징 베터 228
셀리나 토드 83
셰릴 샌드버그 168
수 클레이턴 291, 292
수 힘멜바이트 158
수잔 그리핀 252
수잔 더글라스 216
스테판 콜리니 87, 109, 110
스테프 벤스테드 196
스튜어트 홀 46, 81, 88, 93
스페어 립 47, 123, 142-149
슬럿워크 175
시몬 드 보부아르 40, 44, 131
시스터즈 언컷 176
신 모성주의 41
신자유주의 11, 61, 64, 72, 110, 158, 166-168, 178, 193, 303
실라 로보섬 51, 101, 132, 134, 144, 149, 150, 155, 159, 163
실비아 125, 128-130

(ㅇ)
아네트 쿤 80
아다 콜라우 26
아동빈곤대책그룹 159, 174
아드리아나 카바레로 12
아드리엔느 리치 55
아마존 분지 원주민 조직 연합 257
아시시 가디알리 258
아킬레 음벰버 284
아프리카·아시아계 여성조직 161
안드레아 드워킨 105, 150
안드레아스 말름 261
안젤라 가베스 70
안젤라 데이비스 286
안젤라 맥로비 61, 167
안젤라 카터 150
알렉산드리아 오카시오-코르테즈 28
알리사 밀라노 175
애나 몰로우 199
애덤 엘리엇-쿠퍼 288
애쉬턴 애플화이트 222
앤 보이어 203-205
앤 오클리 47, 48, 54, 57, 94
앤 카르프 234
앤 페티포 264, 265
앤 필립스 158
앤서니 그레일링 298
앨리스 워커 57, 96
앨리스 웡 199
야간청소부캠페인 132
야심 찬 페미니즘 168, 174
어리사 프랭클린 286
어슐러 르 귄 218
엄마 문학 61
엄마 역할 40, 41, 45, 49, 55-61, 64-73

엄마의 작은 도우미 42, 92
에리히 프롬 10
에릭 콘웨이 247
에마뉘엘 레비나스 14
에멀린 126, 128
에바 마에브스카 173
에식스로드여성센터 50, 123, 134, 142, 149
에이지 UK 209
에이지 컨선 213, 228
에코페미니즘 252-254
엘렌 로스 38
엘리 벤튼 25
엘리노어 래스본 40, 131
엘리노어 마르크스 125-127
여성 살해 172
여성예술그룹 23, 159
여성해방 컨퍼런스 45, 135
연령차별주의 208, 211, 216, 222, 225
영국 공산당 130, 149
영국 유통업체 노동자동맹 조합 135
영국 해방 운동 45
영국대학방어위원회 111
영국의학저널 213
영국의학협회 227
W. H. 오든 279
오웬주의 운동 124, 242
오프 아워 백 47
올가 토카르추쿠 207
왕립 조류보호협회 240
월트 휘트먼 185, 237
윌 데이비스 110
윌 스트론지 248
윌리엄 모리스 243, 244
윌리엄 워즈워스 236

유럽진보연구재단 23
유엔 62, 86, 178, 195, 233, 250, 258, 260, 263, 279
유토피아 사회주의 241, 242
의식고양그룹 47, 140
이동 중인 이야기들 294
이바 키테이 23, 204
이즐링턴 거터 프레스 138
이즐링턴 커뮤니티 출판사 101, 144
인사이드 클라이메이트 뉴스 247
인종차별 20, 27, 82, 83, 93, 139-141, 152-162, 175-179, 204, 252, 258, 285, 288, 289, 294, 299, 308
인종차별과 파시즘에 반대하는 이즐링턴캠페인 139
인종차별에 맞서는 록 콘서트 96
임마누엘 칸트 11-13
임페리얼 타자기 공장 파업 136

(ㅈ)

자립적 생활 전략 191
자메이카 킨케이드 240
자야벤 데사이 148
장 라플랑슈 14
장 자크 루소 77
장애인 가시성 프로젝트 199
장애인 권리 운동 191
장애인 삶의 기회 개선하기 보고서 190
장애인 운동 188-199
장애차별주의 189
재생산권 123, 133, 134
재클린 로즈 68
저임금 부서 158
전국 교육 연합 84
전국철도해운운송노조 302

정신분석 14-16, 94, 100
제2인터내셔널 125
제3시대 대학 115
제4인터내셔널 136
제니 모리스 188-190. 195-197
제니 허스트필드 158
제러미 코빈 264
제레미 워너 213
젠더 정체성 106
젠더 폭력 175
조 리틀러 64, 89, 97, 308
조앤 트론토 23, 24, 229
조지 몬비오 249, 250, 265
존 던 184
존 로크 11
존 볼비 41
존 키츠 236
종교 근본주의 162
좌파 페미니즘 91, 92, 163, 308, 309
주디스 버틀러 13, 106
줄리엣 미첼 94, 149
지구온난화 233, 261
지그문트 프로이트 14
질 트위디 96

(ㅊ)

체트킨 컬렉티브 261
총 노동조합회의 136
취약성 12-14, 19, 41, 57, 62, 67, 77, 115, 157, 181, 186-193, 201-206, 211, 239, 267, 282, 316
치아파스 원주민 봉기 280
칩코운동 234

(ㅋ)
카릴 처칠 166, 169
칼 마르크스 125, 149, 242
칼레액션 293
캐럴 길리건 56
캐서린 노버리 238
캐서린 로튼버그 61, 169, 170
캐서린 맥키넌 105, 153, 154
캠든여성그룹 134
케어 컬렉티브 226
케이트 레이워스 271
케이트 로세 169
켄 리빙스턴 159
코로나 팬데믹 174, 228
크래들공동체 288, 289
크리스 설 81
크리스타벨 팽크허스트 128
클라이브 루이스 271
클리브랜드 모델 26
키어 스타머 300
킴벌리 크렌쇼 145

(ㅌ)
탄소세 248
테네시 윌리엄스 8
토니 모리슨 57
토마 피케티 279
토빈세 310

(ㅍ)
파울루 프레이리 78
패트리샤 힐 콜린스 57, 145
퍼넬러피 라이블리 240
페미니스트 리뷰 103, 162
페미니스트 방법론 107

페미니스트 성 전쟁 105
페미니스트 영성 253
페미니스트 잡지 149
페미니스트 환경주의 251-253
페컴라이여성단체 46
포르노 105, 150-154
포셋 소사이어티 174
포스트모더니즘 106
풀뿌리 운동 26, 103, 146, 155, 283, 293, 299
프라그나 파텔 162
프란시스 라이언 195
프란츠 파농 93, 149
프레스턴 모델 26
프리드리히 엥겔스 242
핑크 타이드 303

(ㅎ)
해크니·이즐링턴음악워크샵 52
허리케인 카트리나 29
헨리 데이비드 소로 236
혁명적 페미니즘 153
호모 에렉투스 12
화석 연료 233, 247
황금세대 276
힌두 우마로우 이브라힘 271
힐러리 웨인라이트 101, 155, 159, 302

서로가 아니라면 우리가 누구에게

초판 1쇄 발행 2025년 7월 15일
초판 2쇄 발행 2025년 8월 25일

지은이 린 시걸
옮긴이 정소영

펴낸이 이혜경
기획·관리 김혜림
편 집 변묘정, 박은서, 김수연
디자인 여혜영
마케팅 양예린

펴낸곳 니케북스
출판등록 2014년 4월 7일 제300-2014-102호
주소 서울시 종로구 새문안로 92 광화문 오피시아 1717호
전화 (02) 735-9515
팩스 (02) 6499-9518
전자우편 nikebooks@naver.com
블로그 blog.naver.com/nikebooks
페이스북 facebook.com/nikebooks
인스타그램 (니케북스) @nike_books (니케주니어) @nikebooks_junior

한국어판출판권 © 니케북스 2025

ISBN 979-11-94706-02-1 03300

책값은 뒤표지에 있습니다.
잘못된 책은 구입한 서점에서 바꿔드립니다.